中学物理教学策略分析

——双减背景下基于物理学科核心素养的分层教学

李长军　李子臣　著

团结出版社
UNITY PRESS

图书在版编目（CIP）数据

中学物理教学策略分析：双减背景下基于物理学科核心素养的分层教学 / 李长军，李子臣著 . -- 北京：团结出版社，2024.1

ISBN 978-7-5234-0378-5

Ⅰ . ①中 ... Ⅱ . ①李 ... ②李 ... Ⅲ . ①中学物理课 – 教学研究 Ⅳ . ① G633.72

中国国家版本馆 CIP 数据核字 (2023) 第 162798 号

中学物理教学策略分析：
双减背景下基于物理学科核心素养的分层教学

出版发行：团结出版社
　　　　　（北京市东城区东皇城根南街 84 号）
电　话：（010）65228880　65244790
网　址：http://www.tjpress.com
E — mail：65244790@163.com
经　销：全国新华书店
印　刷：武汉鑫佳捷印务有限公司

开　本：170mm×240mm　1/16
印　张：15.75
字　数：247 千字
版　次：2024 年 1 月第 1 版
印　次：2024 年 1 月第 1 次印刷

书　号：ISBN 978-7-5234-0378-5
定　价：88.00 元

编委会

目录

第一章　核心素养在农村中学落地生根

第一节　关于物理核心素养

物理学是自然科学领域研究物质的基本结构、相互作用和运动规律的一门基础学科。物理学通过科学观察、实验探究、推理计算等形成系统的研究方法和理论体系。从古代的自然哲学，到近代的相对论、量子论等，物理学引领着人类对自然奥秘的探索，深化着人类对自然界的认识。物理学对化学、生物学、天文学等自然科学产生了重要影响，推动了材料、能源、环境和信息等领域的科学技术进步，促进了人类生产生活方式的变革，对人类的思维方式、价值观等都产生了深远影响，为人类文明和社会进步做出了巨大贡献[①]。

一、义务教育阶段物理教育的主要任务

义务教育物理课程是一门以实验为基础的自然科学课程，与小学科学和高中物理课程相衔接，与化学、生物学等课程相关联，具有基础性、实践性等特点。义务教育阶段物理教育旨在落实"立德树人"根本任务，进一步提升学生的物理核心素养，为学生的终身发展奠定基础。帮助学生从物理学视角认识自然、解决相关实际问题，初步形成科学的自然观；引导学生经历科学探究过程，学习科学研究方法，养成科学思维习惯，进而学会学习；引领学生认识科学、技术、社会、环境之间的关系，形成科学态度和正确价值观，增强社会责任感、民族自豪感；激发学生热爱中国共产党、热爱祖国、热爱人民的情感，为培养德智体美劳全面发展的社会主义建设者和接班人奠定基础。

如果社会学引导人们"求善"，艺术引导人们"求美"，物理教学引导学生"求"

---

① 《物理课程标准》[S]. 北京师范大学出版社，2022：8

什么？物理教学使学生掌握一定的知识和技能是非常必要的，它是认识世界的基础，但不是全部，物理教学从根本上要引领学生"求真"！

物理思想在中学物理教学中的体现：重视实验、重视基本理论、重视基本理论的应用，三个"重视"的核心是什么？实验是真实的！由实验得到的基本理论是真实的！基本理论的应用还是真实的！如何达到"真"的境界呢？通过"语言的准确、逻辑的严谨"，"语言的准确"是求真的基础，含糊其辞是无法表述物理概念与规律的，"逻辑的严谨"也是求真的基础，逻辑混乱是无法明辨是非的，因此物理教学从根本上要引领学生"求真"！

二、从三维目标到核心素养

我国 2011 版《物理课程标准》中的三维教学目标，包括"知识与技能""过程与方法""情感态度与价值观"，对中学物理教学起到了很好的导向作用。三维目标是物理课程中体现人全面发展的一个多元化的课程目标，有利于课堂教学中落实素质教育。标准强调了在学习知识和技能的过程中要突出"过程与方法"和"情感、态度与价值观"的课程目标，使学生从被动接受知识向主动获取知识转化，培养学生的科学探究能力、实事求是的科学态度和敢于创新的探索精神。

2022 年版课标的课程目标保留先总后分的形式，内容调整为"核心素养内涵"和"目标要求"两个部分。其中"核心素养内涵"部分与《普通高中物理课程标准》（2017 年版 2020 年修订）核心素养内涵相衔接，主要包括物理观念、科学思维、科学探究、科学态度与责任，从四个维度充分挖掘物理课程独特的育人价值，注重对学科本质的理解，学生应达成的正确价值观念、必备品格和关键能力的阐述。"目标要求"部分从物理观念、科学思维、科学探究、科学态度与责任四个维度对学生发展核心素养的要求进行具体化、精细化描述，充分阐述其对于学生核心素养培育的独特的意义。核心素养关注的是育人，是对三维目标的提炼与升华，更强调体现在学生身上的整体性、整合性，凸显物理课程的育人价值，强化物理课程的育人导向。

中国教育经历了两个节点，首先从双基目标转变到三维教学目标，这一转变是革新性的，原来只重视基础知识和基本技能的获得过程，在三维教学目标提出之后，不仅重视学生要获得哪些知识，而且更关注学生获取知识的过程中形成的情感和价值观，相比之前的教育理念跨上了一个大的台阶。而今 2022 新版课程标准推出后，教学目标表述成核心素养的四个维度，是对三维教学目标的传承和发展，更好地契合了现今社会发展的育人要求，修订后的课程目标从"三维目标"已经发展到"素养课程目标"时代，体现了我国传统的"学科本位"课程开始向"学生本位"课程的真正跨越。注重课程内容与学生经验、社会、生活的关联，以主题、项目、任务等形式组织课程内容，根本目的是指向"知识联结、思维成果生成和迁移创新"的深度学习，反映了当前教学改革"从零散走向整合，从浅表走向深度，从单纯的知识学习走向运用知识解决真实问题"的发展方向。在课程目标的确立上，用物理核心素养引领新一轮的物理课程、教材和教学改革，标志着我国物理课程目标进入一个新的发展阶段。

（一）从知识与技能到物理观念

周光召先生在给《科学教育的原则和大概念》一书作的序中写道："科学教育不应该传授给孩子支离破碎、脱离生活的抽象理论和事实，而是应当慎重选择一些重要的科学观念，用恰当、生动的方法，帮助孩子们建立一个完整的对世界的理解。""物理观念"是物理学中最重要的科学观念，体现了物理学科核心概念的教育价值。之所以将物理观念放在物理核心素养的首要位置，是因为物理观念既是其他物理核心素养形成和发展的基础，又是原来课程三维目标中的第一维——知识与技能目标的提炼和升华[1]。

物理观念在课程标准中表述为"形成的关于物质、运动与相互作用、能量等的基本认识；是物理概念和规律等在头脑中的提炼与升华"。与三维教学目标中的"知识与技能"的共通之处是都要求从物理学视角解释自然现象和解决实际问题。物理观念的形成在某种程度上是发展了三维教学目标中的"知识与技能"中知识的部分，之前的"知识"目标主要是聚焦于认识，了解或者掌握哪些知识点，关注的是每个具体的知识点应该要落实到何种程度。在初学物理的初中生看来，物理学科的知识与技能往往是零散的、分离的，学生如果只获得了大量零散的具体知识与技能，但不能在头脑中形成对物理世界的完整认识，

---

① 郭玉英.《从三维课程目标到物理核心素养》.《物理教学》[J]，39（11）：2-8

不能用物理学的知识和方法解释自然现象和解决实际问题，也就不能说他具备了物理核心素养。因此，物理观念的提出超越了碎片化的知识与孤立的解题技能，更多是如何引导学生将知识建构成一个物理知识体系，是对学生提出了知识掌握和能力发展的更高要求[①]。

（二）从过程与方法到科学思维与科学探究能力

从课程目标应描述学生学习结果的角度来看，过程与方法并不是目标，而是达到目标的途径。科学思维和科学探究能力是学生经历了物理学习中的科学思维和探究过程所获得的核心素养，是在学生身上体现出来的可观察、可测评的学习结果。同时在"知识与技能"维度的技能与科学探究能力是有区别的，前者侧重于具体操作而后者侧重于科学探究能力的提高。

2011年制定的《物理课程标准》并未对科学思维进行明确规定，但初中物理教学实践关于科学思维能力培养几乎无处不在，广大教师也在一直坚持科学思维能力的培养。例如有关认知与建立物理模型能力的培养，学生从现实生活中一些常见现象、小细节中寻找值得思考的地方，然后区分这些问题中的主要因素与次要因素，以此来将这些问题转化为方便研究、思考的模型，通过模型来解决问题。教师通过建构模型、推理、论证等多元化方式培养学生的科学思维能力。培养学生的科学思维能力作为一个新观念在2022版提出，具有里程碑意义，使能力培养更加全面，同时也是与高中阶段的"科学思维"相对应。

科学探究是自2011年课改以来相当热门的词语，2011年版课标"过程与方法"中提出：

1. 经历观察物理现象的过程，能简单描述所观察物理现象的主要特征，能在观察和学习中发现问题，具有初步的观察能力及提出问题的能力。

2. 通过参与科学探究活动，学习拟订简单的科学探究计划和实验方案，有控制实验条件的意识，能通过实验收集数据，会利用多种渠道收集信息，有初步的信息收集能力。

3. 经历信息处理过程，有对信息的有效性、客观性做出判断的意识，经历从信息中分析、归纳规律的过程，尝试解释根据调查或实验数据得出的结论，

① 郭玉英.《从三维课程目标到物理核心素养》.《物理教学》[J]，39（11）：2-8

有初步的分析概括能力。

4. 能书面或口头表述自己的观点，能与他人交流，有自我反思和听取意见的意识，有初步的信息交流能力。

5. 通过学习物理知识，提高分析问题与解决问题的能力，养成自学能力，学习物理学家在科学探索中的研究方法，并能在解决问题中尝试应用科学研究方法。

由以上的描述不难看出，"过程与方法"的目标主要针对"科学探究"提出。此外 2011 版《物理课程标准》将内容标准分为科学探究和科学内容两部分。科学探究在标准中描述到："科学探究既是学生的学习目标，又是重要的教学方式。"科学探究涉及提出问题、猜想与假设、设计实验与制定计划、进行实验与收集证据、分析与论证、评估、交流与合作等要素。科学探究的形式是多种多样的，在学生的科学探究中，其探究过程可涉及所有的要素，也可只涉及部分要素。

对于义务教育课程标准中的"科学探究"，彭前程老师提出：科学探究的本质是探究者通过自身主动参与发现问题解决问题的过程；科学探究是运用科学的方法发现和总结规律的过程；学生的科学探究与科学家的探究有共性又有不同；科学探究是满足学生求知欲的重要手段，是学生获取知识的重要途径，是培养学生科学方法的必然要求。

物理核心素养中的科学探究强调问题、证据、解释、交流等关键要素，这些都是学生独立开展科学探究活动必备的关键能力，是总结了新世纪以来课程改革的经验，针对我国中学生的发展需求提出的。过程与方法目标提出让学生经历科学探究过程，学习物理学的研究方法，注重科学探究能力的培养，与物理核心素养中的科学探究是一致的，都重点关注学生关键能力在实验和实践层面的发展。

在 2011 年版课标中科学探究七要素（提出问题、猜想与假设、制定计划与设计实验、进行实验与收集证据、分析与论证）的指导下，一般需要将探究的过程完整地体现在课堂教学中。而在核心素养中表述的科学探究思想指导之下，教师设计课堂的思路就可以做出一些新的变化，不一定要完成探究的七个要素，而更多的是把探究的思想融入到实验中或者生活现象中。例如，同是研究压强与受力面积之间的关系，可以将实验设计成一个生活情境，让同一个人分别坐在硬板凳上和坐在有软垫的板凳上感受差别。人对凳子的压力是一定的，而坐在软垫上受力面积更大，人的感觉也更为舒服（图1-1-1所示）。这种生活化现象也能作为解决问题的证据，将探究常态化思想渗透到课堂中，并非一定是严谨的科学实验才能称为科学探究，思想上的渗透，生活中的发现也是科学探究的范畴。

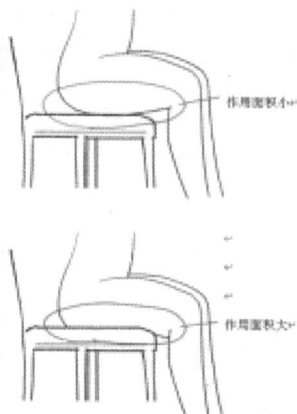

图 1-1-1

（三）从情感态度与价值观到科学态度与责任

在2011年颁布的《物理课程标准》的三维目标中的"情感·态度·价值观"中，"情感"目标是指在初中物理学习中要使学生产生哪些情感。以情感的内容为分类依据，情感一般分为道德感、美感和理智感。在初中物理教学中，道德感是指学生从道德原则出发对物理教学过程进行感受和评价所体验到的情感，包括保护和热爱人类生存环境的情感、将科学服务于人类的情感等等。美感是指学生在物理学习过程中依据自己的审美标准对物理知识、物理实验现象进行评价时产生的一种满意和愉悦的情感体验，包括感受到自然现象的美妙与和谐，对大自然有亲近、热爱的情感，感受到物理实验现象的神奇，激起学生对物理知识学习的兴趣等等。理智感是指学生在进行物理实验探究、获取物理知识的过程中产生的情感，包括实事求是的科学态度、敢于质疑的精神等等。

"态度"目标是指通过初中物理的学习要使学生形成什么样的态度。态度包括社会态度、学习态度、科学态度、政治态度、人生态度等。在初中物理的教学过程中，主要是让学生形成社会态度，如关心环境的变化、促进科技的发展、服务社会等；学习态度如乐于学习、勇于探究、积极交流、敢于创新等等；科学态度如尊重自然规律、可持续发展的意识、批判意识等等；政治态度如热爱祖国、振兴中华的使命感与责任感等；人生态度如克服困难的决心和信心、与自然和谐共处等等。

"价值观"目标是指使学生在物理学习过程中形成什么样的价值观。价值观既可以是明确的，也可以是内隐的。它们可以是"真实存在的价值观"（例如忠诚、尊重），也可以是"过程的价值观"（例如思考、关怀）。价值观的种类很多，如科学价值观、人生价值观等，在初中物理学习中要使学生形成的价值观，如科学价值观"认识到科学及其相关技术对于社会发展、自然环境及人类生活的影响"，人生价值观如"将科学服务于社会"等，每个人在物理学习过程中最终能形成什么样的价值观或者价值观达到什么程度都是因人、因环境而异的[①]。

三维目标中的"情感·态度·价值观"要求认识科学本质，是指对科学知识、科学研究过程和方法、科学事业、科学的价值和局限性等方面有最基本的认识。

物理核心素养中的"科学态度与责任"，明确提出要求学生认识科学本质，理解"科学、技术、社会、环境"的关系，逐渐形成应有的科学态度和社会责任感。认识科学本质是现代社会公民具备科学素养的要求，物理学是最能体现科学本质特征的学科，学生对科学本质的理解有助于科学内容的学习，增加他们对科学团体的规则和规范的了解，形成良好的科学态度，意识到科学研究和应用科学技术时所必须遵守的伦理规范和社会责任。科学态度包括两个方面，一是对待科学的态度，如对科学感兴趣，热爱科学、愿意学习科学等；二是自身具备的科学态度，如在学习、研究和应用科学的过程中，发展好奇心与求知欲，发展科学探索兴趣，有尊重事实、坚持真理、敢于质疑、善于反思、勇于创新、实事求是的科学态度与科学精神，有振兴中华，将科学服务于人类的社会责任感，

---

① 何敏德.《初中物理教学中落实"情感态度与价值观"目标的对策研究》.湖北师范大学硕士电子期刊[D]，2016（12）：7-11

学习科学探究方法，发展自主学习能力，养成良好的思维习惯，能运用物理知识和科学探究方法解决一些问题。社会责任主要包括科学伦理和STSE，科学伦理是指遵守规范准则，实事求是，不弄虚作假，顾及他人的利益，不对人类和自然带来不利影响等，物理学与技术和社会发展的密切联系体现了科学与技术的相互作用，新知识的发现依赖于技术的运用，同时新知识又能促进新技术的发明，对由此产生的环境和社会问题的讨论，而且可以促进学生对科学、技术、社会、环境之间关系的理解，逐渐使学生了解这些知识与技能在生活、生产中的应用[①]。

从两版课标语言表述上不难发现，"科学态度与责任"所涵盖的范畴是高于"情感态度与价值观"，其传承性和发展性主要体现在"科学态度与责任"包含的内容更为广阔，物理核心素养中的"科学态度与责任"，明确提出要求学生认识科学本质，理解"科学、技术、社会、环境"的关系，逐渐形成应有的科学态度和社会责任感，而"情感态度与价值观"对此的表述比较笼统，没有这么明确。

物理核心素养集中体现了物理学科的教育价值，是三维课程目标的整合、提炼与发展，其中既有继承又有创新。

三、义务教育阶段的核心素养

"核心素养"这个概念源自于西方，英语为"key competencies"，字面上可理解为关键素养，也就是在教育教学过程中，需要有针对性地指出哪些是关键需要培养的素养。2016年9月中国教育学会召集专家围绕中学生发展核心素养及评价改革的理论和实践问题开展深入研讨，构建了中国特色的核心素养体系框架，核心素养立足学生身心全面发展特点，确定课程目标，体现物理课程独特的育人价值。

（一）物理核心素养

核心素养是课程育人价值的集中体现，是学生通过课程学习逐步形成的适应个人终身发展和社会发展需要的正确价值观、必备品格和关键能力。物理

---

① 郭玉英.《从三维课程目标到物理核心素养》.《物理教学》[J]，39（11）：2-8

课程要培养的核心素养主要包括物理观念、科学思维、科学探究、科学态度与责任。

1. 物理观念

物理观念主要包括物质观念、运动和相互作用观念、能量观念等要素。

物理观念主要指的是学生在物理学习过程中，在对物理学科特点进行理解的基础上而生成的一种对物理知识概括性认识的观念，并在对周边新事物或者物理问题进行认识与处理时，能够将这种具有物理思想与观点的观念自觉地运用于实处。简单理解为：要求学生有具体的知识，它是一切的基础和载体。与其他素养的关系：知识的形成带有方法性，需要科学思维、实验探究；应用知识解决实际问题形成科学思维、科学态度与责任。

2. 科学思维

科学思维主要包括模型建构、科学推理、科学论证、质疑创新等要素。

科学思维是从物理学视角对客观事物的本质属性、内在规律及相互关系的认识方式；是建构物理模型的抽象概括过程；是分析综合、推理论证等方法在科学领域的具体运用；是基于事实证据和科学推理对不同信息、观点和结论进行质疑和批判，予以检验和修正，进而提出创造性见解的品格与能力。

3. 科学探究

科学探究主要包括问题、证据、解释、交流等要素。

科学探究是指基于观察和实验提出物理问题，形成猜想与假设，设计实验与制定方案，获取与处理信息，基于证据得出结论并做出解释，以及对科学探究过程和结果进行交流、评估、反思的能力。

4. 科学态度与责任

科学态度与责任主要包括科学本质观、科学态度、社会责任等要素。

要求学生正确认识科学的本质，理解科学－技术－社会－环境的相互关系为基础，保持学习和研究物理的好奇心与求知欲，有与他人合作的意愿和能力，要实事求是、不迷信权威、关心科技发展，遵循普遍接受的道德规范，做到学科学、用科学、爱科学。

（二）初中物理核心素养的内涵

物理素养主要涉及物理观念、科学思维、科学探究、科学态度与责任四个方面。具体说义务教育物理课程旨在提高学生的科学素养，让学生学习终身发展必需的物理基础知识和方法，养成良好的思维习惯。在分析和解决问题时尝试运用科学知识和科学研究方法，经历科学探究过程，具有初步的科学探究能力。有运用研究方法的意识，乐于参加与科学技术有关的活动，保持探索科学的兴趣与热情，在认识自然的过程中获得成就感，能独立思考、敢于质疑、尊重事实、勇于创新；关心科学技术的发展，具有环境保护和可持续发展的意识，树立正确的世界观，有振兴中华、将科学服务于人类的使命感与责任感。

对于学生个人而言，是指在学习物理知识的过程中，掌握物理的基础原理和概念，并且发展科学思维和探究能力，可以运用所学知识来阐述和解决实际问题，能够树立正确的学科态度和情感。其中物理观念要求学生能够正确认识物质存在、物质运动、物体间能量转化等理念，并借助理念来解释生活中的现象。应用能力是当前学科核心素养培养的重心，物理学科源于生活又服务于实际生活，学生要"学以致用"，从物理学视角看客观事物，借助所学的物理知识解释生活中的物理现象，对不同信息、观点和结论进行质疑和批判，进而提出创造性见解。按照物理学科的特征，学科探究是物理教学重要组成部分，要求学生主动参与探究活动，学习探究方法。有运用研究方法的意识，保持探索科学的兴趣与热情，在认识自然的过程中获得成就感，能独立思考、敢于质疑、尊重事实、勇于创新；关心科学技术的发展，乐于参加与科学技术有关的活动，具有环境保护和可持续发展的意识，树立正确的世界观，有振兴中华、将科学服务于人类的使命感与责任感。

教师需紧跟新课改步伐，在课堂教学中凸显思想方法，对学生的核心素养进行培养，使学生形成相应的学习能力。在现代教育发展中，初中物理有了更加科学、全面的培育目标，在教育教学工作中积极落实核心素养教育，树立核心素养培养意识，将发展学生的核心素养当作立德树人的关键任务。培养学生核心素养是促进学生进步成长的需要，同时也是契合当前时代趋势和教育发展趋势的需求，对于提高国家教育水平，增强国际竞争力，提高国家软实力具有重要意义。

（三）初中物理核心素养的培养价值

1. 有利于树立正确的科学观

在人类发展的每一个阶段，物理学始终站在解放生产力的前沿，物理属于自然科学的带头学科，大到宇宙，小到粒子，都属于物理学研究的领域。而在物理学发展中的每一次小小的进步，都伴随着极大的艰难与曲折，都是在传统与现实之间的长期碰撞中才得以获得发展和进步，其间闪耀着拓荒者们智慧的灵光。作为新时期的青少年，非常有必要踏寻这条荆棘之路，体会在这条路上不是每次都能采撷到烂漫的鲜花，也有科学家付出辛苦、忍受寂寞乃至献出生命，今天的成就是无数科学家一代一代接续努力的结果。例如，第谷的行星观测数据与开普勒定律，伽利略的斜面实验和落体定律，赫兹实验与麦克斯韦电磁场理论，都充分体现了观察、实验与科学思维之间的相互联系；在光学发展史上，牛顿和惠更斯各自用不同的模型来解释光的本质，不但体现了规律和理论的区别，也展示了科学模型的应用和不断修正过程；爱因斯坦相对论的创立，则是科学家创造力的典范。时间、空间、质量、能量等物理学中最基本的概念的发展过程，体现了科学知识的发展特征，科学就是不断地提出问题并解决问题的过程。为此，教师在课堂中除了传授知识以外，还应该注重从培养学生正确的科学态度与责任的角度出发，合理引导学生，让他们认识科学、了解科学，使学生树立正确的科学观。

2. 有利于学生养成"知行合一 学以致用"良好思维习惯

初中阶段正是学生不断完善自我素养的核心阶段，所以初中教师如果可以抓住这一重要时期将对学生产生深远的影响。当前教育发展背景下，教师不再过分注重学生在课堂中的学习效率，而是开始重视培养学生的能力，希望学生在校期间可以得到综合发展。为此，教师在开展教育工作期间，不再一味拘泥于课堂教材，开始尝试结合不同的教学理念进行教学创新。初中物理核心素养的形成需要学生有学习科学知识的能力，学生能够自主、积极地学习科学知识，良好的知识储备是进行后期培养的基础，基础知识的掌握不仅可以让学生对物理有一个初步的认识，更可以增强学生学习的自信心。科学知识的学习是一个重要的打底过程，接下来是要拥有科学意识，当学生拥有了科学意识之后，遇到问题就不会束手无策，而是很自然地联想到自己学习过的科学知识，用知识解决问题。在我们的生活中有很多的现象都包含着物理知识，学生如果善于将学习的物理知识方法与生产生活相结合，能将所学物理知识与实际情境联系起来，亲近自然，具有探索自然的好奇心和求知欲，能从物理学视角观察周围事物，乐于思考与实践，解释有关现象，解决简单的实际问题，他们可能会从对生活中很小的现象的解释中获得乐趣，从喜欢物理到热爱物理，进而应用物理发展物理。

3. 有利于物理教学拓展与延伸

对于初中生来说，物理是一门较为陌生的课程，学生都是第一次接触物理，所以在学习期间会充满好奇也会很积极。教师在教学时，如果只会从基础内容出发，将学生局限在了解教材中的知识，此种教学很容易影响学生的学习积极性，久而久之，学生会感觉课堂内容单一，不愿意参与其中。为了促进学生不同能力发展的需求，教师就要进一步丰富和拓展物理教学内容。

（1）贴近生活拓展与延伸

身边的物理知识无时无处不在，这些内容是学生学习物理的重要补充之一，为形成物理概念和规律提供大量感性素材，也为学生了解物理在改善人们生活中的作用等提供了丰富的材料。例如在讲述"光现象"一节时，可以涉及早上起床后，洗手时将手插入水中后观察此时的手与平时的手有何不同；整理仪容仪表过程要照镜子，为何镜中的人与自己一模一样等等（图1-1-2），触景生情，收到非拓展所不及的教学效果；还有白天太阳光照到人身上感觉暖和，晚上要开灯照明，这些生活中的现象里发生的能量转化是什么等等不胜枚举。

图 1-1-2

（2）联系生产拓展与延伸

学生要把学到的知识应用于实践，并在实践中检验所学知识理论等。比如农村中学物理教师在讲授"简单机械"这部分内容时，可以引导学生观察研究生产机械中的实际装置（如图 1-1-3，图 1-1-4），这些装置城里很少见而农村很常见，学生从小细节中寻找值得思考的问题，然后区分这些问题中的主要因素与次要因素，以此来将这些装置转化为方便研究的模型。例如通过对实际装置（如图 1-1-3，图 1-1-4）的研究，逐步寻找可建立杠杆模型的部分，从而提升学生学习物理的兴趣。在讲授"电路的连接"时，可以结合家用手电筒电路、家用照明电路等方面实例，分析串联电路、并联电路的特点和应用，进而拓展至应急灯、电动车、节日串灯等等，让学生不仅学会了知识，而且发展了能力。在讲授"能源与可持续发展"这部分内容时，联系现实社会中能源短缺、清洁能源的开发等，培养学生社会责任感，从而较好达成态度与责任目标，让学生深深感觉到物理有用，得把物理学好。

图 1-1-3

图 1-1-4

（3）结合现代科技与时俱进进行拓展

我国一直以来把"科教兴国"作为重要的发展战略，初中物理是初中阶段与科技创新关联非常密切的一个学科，当今时代是一个飞速发展的时代，科技发展日新月异，其更新与变化之快令人目不暇接，教科书对科技所涉及内容只是沧海一粟，教师如果能适当引入更多的科技最前沿的知识，联系现代生活资讯，向学生介绍现代科技知识，有利于学生开阔视野、拓宽知识面和视野，有利于提高对学科的认识层面，特别是凸显我国科技成就，引导学生增强文化自信，树立科技强国的远大理想，尤为重要。

例如：中国神州系列飞船上天，就可以适时拓展高科技领域中初中物理知识的运用－电磁波与现代通信等；在中国空间站天宫号即将建成之际，宣讲其对我国对世界的重大意义，激发学生爱国热情，并进一步将此热情转化为"为祖国明天更美好而努力学习"的强大动力！

（4）整合学科资源寻找跨学科的"大概念"

在初中阶段学生学习了物理、数学、地理、生物、化学等知识，物理教师应该注意学科间的相互联系，引导学生整合学科资源，实行横向拓展，寻找跨学科的"大概念"。例如：在讲授"太阳能"这部分内容时联系生物、地理学科知识，实现拓展。

物理课堂教学拓展是新课程改革的要求，它可以帮助物理教师更好地实现教学目标，开拓了学生的视野，丰富了学习内容，提高了学科认识层次，达到"事半功倍"的效果。在这一过程中需要教师精心设计和引导，适时、适度找准切入点，真正实现课内、课外有机融合，打造出丰富的课堂。

本节阐述了初中物理教育的任务，物理教学应带领学生追求什么，国家标准从三维目标到核心素养的跨越，核心素养四维目标内涵及培养价值。通过丰富多彩的物理教学内容培养学生核心素养，充分发挥初中物理课程在人发展中的作用，努力通过物理教学培养学生的核心素养，激发学生创新精神，养成应用科学方法的行为和习惯，让学生可以运用物理思维去处理各种实际问题。那么农村中学如何落实核心素养，与其他学校的共性与特性在哪里？

第二节　农村中学落实核心素养

一、农村中学物理教学的基本现状

2022版《物理课程标准》确定了课程的总目标，并以"物理观念""科学思维""科学探究""科学态度与责任"四个维度作为义务教育物理课程的培养目标。教师对物理课程的教育功能有了新的理解，《物理课程标准》紧密结合新课程改革的精神，提出"面向全体学生，培养学生核心素养；从生活走向物理，从物理走向社会；以主题为线索，构建课程结构；注重科学探究，倡导教学方式多样化；发挥评价的育人功能，促进学生核心素养发展"等课程理念，经过新课程的培训和实践，这些理念已经得到教师的高度认同，教师们认为基本理念完全能够实现或经过努力能较好的实现。

在课程内容设置上，教师们认识到义务教育阶段物理课程的目的是培养全体学生的科学素养，应满足所有学生发展的需要，课程教学应贴近学生的生活，让学生从身边熟悉的生活现象中去探究并认识物理规律，让他们体会到物理在生活与生产中的实际应用，以及科学的发展与社会科学的相互渗透等。

在教学方式上，教师们认为要立足农村实际，让学生通过学习物理知识，学会学习、学会探究，养成正确的价值观。从实地课堂观察中可以看到，教师们特别注意保护学生的学习兴趣，重视让学生多动手做实验，培养学生收集和分析信息的能力，很多教师利用身边的物品制作了各种简单而有创新的教具，有的教师还设计了新颖的实验，让学生经历科学探究过程，体验科学方法，培养了学生的思维能力、动手能力，学生的学习不再感到枯燥无味，学生学习的自主性有了较大的提高。

探究式教学逐步成为初中物理课堂教学的一种重要教学方式。教师们依据学校实际和农村特点，尽力让学生亲历以探究为主的学习活动。教师在探究目标的确定、探究内容的选择、探究情境的创设、探究活动的展开、探究过程的评价等方面都进行了研究和实践，总结提出了有效的探究教学方法与策略。在实践中发现探究式学习不仅激发了学生的求知欲和好奇心，而且能促进学生理解科学知识、掌握科学方法、发展科学思维、培养科学精神。实际教学活动顺利进行，产生了良好的教学效果，激发了学生的学习兴趣，培养了学生的创新意识、动手能力、科学态度和科学意识。

2022版《物理课程标准》在学生学习评价建议中提出应强调评价在促进学生发展方面的作用，要重视对学生在活动、实验、制作、讨论等方面的评价建议。大多数教师认为评价建议能引导教师真正关注学生的学习过程，促进学生主动学习，使教师能全面地评价学生的学业成绩，帮助学生形成正确的科学态度与责任。物理课程中学生学习评价的改革不断发展，评价更加注重激励、诊断与发展，许多教师在学习的基础上尝试运用课堂观察、作业、测验、学生成长记录袋等多种评价方法。借助学生成长记录袋能够对学生发展状况有清晰、全面的把握，促进学生的自我反思，激励学生的进步。学生成长记录袋内容有的还可包括作业、学习笔记、阶段总结、观察日记、调查报告、研究性学习小论文、小制作、研究报告，以及教师对学生活动表现的记录资料等，成长记录袋收集的内容能真实全面地反映学生成长的状况。在学生评价上，教师们普遍认为对学生的评价应全面，特别要重视对解决实际问题的能力、创新意识、动手实践能力、科学精神等方面综合素质的评价，不仅要有对学习结果的评价，更要注重过程性评价，要考虑学生个体之间的差异性、学习基础、认知水平等不同，评价标准也应有所不同，评价中还应以鼓励为主，充分发挥评价的育人功能。

二、物理教学中存在的问题

2022 版《物理课程标准》中的理念促进了教师的教学研讨和反思，促进了教师的专业发展，引领着义务教育物理课程改革的方向，在实践中焕发出勃然生机。但在实际农村初中物理教学中也遇到了很多棘手的问题，导致物理教学的实际效果有待提高。

1. 教师能力不足及理念不到位形成的制约

物理教学不仅是学生自己发现知识的过程，也是教师重新发现知识和综合素养提升的过程。教师应扮演引导引领、促进和帮助的角色，但在实际工作中存在教师的能力提升速度跟不上新课程教学的需要。

（1）教师现时的教育理念与教学要求对比滞后。新课程的核心理念是"为了每一位学生的发展"。广大教师很认同，也知道这是新课程教学必须坚持的方向和目标。然而在教学的具体实际，尤其是在农村中学，教师的培训较少，并且接受培训的级别不高，教师面对学生、环境及教师自身能力这些课程的要素，教师觉得难以达到实施新课程教学所需的条件，教师对新课程核心理念的认同感发生动摇，有的教师特别是老教师又开始怀念应试教育的时光。

（2）教师的能力发展提升速度跟不上新课程教学的需要。开展物理新课程教学，教师表现的突出问题是教师现有的处理课堂教学的能力跟不上新课程教学的要求。教学方法老套、单一，课堂教学墨守成规，教师仍然居于主体地位，学生只能处于被动接受地位；教师在课堂中将教材中的理论知识灌输给学生，教学还只是应试，教师课堂教学的目的是提高学生的考试成绩而非使其具备物理能力，学生只是掌握了表面的物理知识，即只是掌握了考试所需的物理知识，没有对物理学习进行更加深入的探究。其次，教师包办过多，学生学习方式单一，缺乏自主、合作、探究、展示、质疑、交流的学习方式，挫伤了学生学习物理的积极性，学生学习物理的兴趣得不到激发，造成有的学生由于觉得物理无趣、偏难出现偏科的现象。教师不懂得运用评价理论，更加不懂得利用过程性的评价手段去评价学生学习的发展，只知用考试成绩评价学生，没有充分发挥评价的育人价值。

农村中学教师队伍除了以上两个问题外，还存在队伍不稳定，教师流失现象严重，特别是骨干教师外流多；教师的总体文化素质不及城里中学的教师，学历层次偏低，文化水平、专业素养不高，知识面窄，对现代科技了解少，尤其是现代教育技术手段落后等等问题。新课程实施需要更多高素质的教师来实践新理念、新思想，这与农村中学物理教师队伍的现状形成较大的反差。

教师是制约课程实施效果的关键因素，教师专业素养的提高，是推进改革发展的关键要素，农村地区的物理教师专业知识、专业能力相对较弱，制约作用更加明显。

2. 关于课程内容把握及实施存在的问题

2022版《物理课程标准》中的课程内容包括物质、运动和相互作用、能量三大部分。教师们认为偏难的内容都是与生产、生活相联系的内容，实际上这些内容知识上的要求都是很低的，教师对这部分内容疑惑主要在于要了解哪些"联系"，了解到什么程度。对于要求探究学习的内容，教师在教学过程中往往不容易把握探究的"度"，教师们比较欢迎探究结论比较明确的内容。这些现象说明农村中学缺乏骨干教师的引领，教研组和备课组教育科研水平有待提高。

在初中阶段教师认为学生需要打好基础，因此教师对于物理学科理论的关注度较高，农村中学由于受到实验条件的制约，不能做到合理规划实验课程并有效开展。这样很多学生对应由实验引出的规律和有些实验结论掌握并不全面，即使教师在课堂上会为学生进行实验演示，但由于学生的学习能力和知识掌握程度不同，他们的观察能力也会存在明显的差异，与学生充分开展实验活动的差异明显，这些也会影响学生对于实验的理解，无法实现通过物理实验提升学生的思维活跃度。农村中学部分物理教师在课程实施中还存在"重结论、轻过程"、"重定量计算、轻定性分析""重理论、轻实验""重逻辑思维、轻形象思维""重学科知识，轻联系实际"等等问题。

3. 思维力培养和科学探究流于形式

从当前初中物理教学情况来看，部分教师并未意识到科学思维培养的重要性，在实际教学中还存在一定的问题，具体表现在以下几个方面。首先，在须对问题深入思考后方能发表见解时，有的教师为了赶时间，就鼓动学生发言："有想法就说，随便说，说错了没事。"学生为了配合老师，防止冷场，多是"跟着感觉走"，你一嘴我一嘴，乱糟糟具有极大的盲目性，还有的学生想都不想，趁机走神，这个过程中学生只是在简单地，可能是不假思索地说，并非是在进行深入思考后发表见解。其次，在初中物理教学设计过程中，由于许多学生还缺乏基本思路与方法，往往顾此失彼，一些教师干脆就越俎代庖，或引导过度，这样的教学学生虽然参与了学习过程，但即使有思考也是停留在表层，少有思维加工，表现为浅层学习，将培养学生思维能力的机会白白错失。再者有的教师对学生要求过界，使学生在学习物理的过程中往往"唯书唯师"，忽略思考的过程，缺乏科学推理，且思维不具备深度。更有甚者，教学中师生不充分交流，教师直奔结论，让学生知道和记住结论。事实上，探索发现，充分的表达和交流是锻炼学生思维的重要环节。学生通过讨论可以修正自己的错误认识，通过深度思考才能实现对知识的正确建构，这些在有的教师的课堂中根本看不到。

探究教学是物理课程的重要教学方式，部分教师在教学设计中不仅实验活动较少，也没有为学生创造足够的探索空间，从而限制了学生观察、感悟以及总结等能力的发展，同时也在很大程度上限制了学生实践操作能力的发展。教师们虽然认同探究教学，但在实践过程中存在着许多困难和困惑，如怎样教学才符合科学探究的思想，探究是更注重学生的操作还是思维活动，不同的学生如何确定探究活动的水平，怎样处理探究过程中学生主体和教师指导的关系，如何认识科学探究与传统实验教学的关系，如何实施探究教学的评价，如何考查学生的探究能力等等，这些问题没有得到很好的解决，探究活动无法真正有效开展。

教学中还存在教师给了学生很多的思考与活动的空间，学生的学习积极性也很高，课堂气氛很活跃，教学效果却下降了的现象。学生动手多了，但动脑思考少了，讨论、交流、合作流于形式，缺乏促进问题解决的思维活动，有的教学情境的设计追求生活化，但有时出现"拉郎配"现象，生活化情境与内容缺乏本质联系。其实，这些流于表面形式不深入的探究活动不要也罢。

4. 学生学习物理的兴趣缺失

兴趣是学生学习的内驱力，是动力的来源，从目前农村物理课堂教学的现状看，有的物理教师并没有高度重视对学生物理学习兴趣的培养。教师主宰课堂，学生被动听课，课堂上看不到学生独立思考、合作交流的场景，课堂氛围枯燥、压抑、沉闷，导致学生失去了物理学习的兴趣，物理课堂教学效果不佳。

实施物理新课程，既为学生带来机遇，也向学生提出挑战。从学生层面出发，如果学生能把握学习发展机遇，勇敢面对学习的挑战，将会获得很大的发展。可有的学生未能把握难得的时机，他们学习的依赖性强，学习主动性的欠缺，没有通过课堂与教师展开教学上的互动去争取自己的主体地位，将难得的机会向教师拱手相让。学习不主动，非得让教师督促不可，学生学习的主人身份表现不出来。

另外有的初中生没有形成良好的物理学习习惯，大多数学生在课前不预习，上课时跟不上教师的授课节奏，对重难点知识理解得不深入。许多学生认为这一学科所涵盖的知识体系较为庞杂，推理严密、理论知识多、抽象性强、单元复杂，与语文、数学等学科联系密切，难度太大，不如其他学科容易学等等。同时教师在课堂上会分析大量的物理成果或者是阐述基础理论，学生由于个人原因，很少或者不具备感受物理学科的趣味性和生动性的能力，只是被动的记忆物理公式和规律倍感乏味与苦涩。有的学生学习方式单一，没有积极做到自主、合作、探究，或很少深入体验，造成学生缺乏学习物理的兴趣和自信心，只有教师叫学才学，指示要学什么才学什么，依赖性很强，没有教师的帮扶和督促，就不懂怎样学习。有的学生的自控能力较差，好动贪玩，不积极参与课堂学习，听课效果差；有的学生对待课后作业不能主动完成，或不认真，或书写潦草，或不能完成作业，甚至抄袭他人作业，造成有的学生容易出现学习困难，容易灰心，觉得自己不是学物理的料，对学好物理缺少信心等。这些问题容易导致学生产生消极心态，兴趣缺失，被动学习泛滥，甚至放弃学习物理。

5. 教师把握学生学习评价的水平不高和精力不足

评价内容与方式的转变是新课程改革的重点。教师认为《物理课程标准》

中对学生学习评价的导向性建议是值得肯定的，但对评价内容与形式深入研究不够，不能做到对学生学习的过程性评价全面且合理，没有形成便于操作的指标体系，对过程性评价在学生学业总成绩中所占比例的研究也不够深入，评价的反馈不能做到及时有效。只有将评价的结果及时反馈给学生才能帮助学生发现、纠正学习中存在的问题，逐步增强学生学习物理的兴趣和自信心，促进学生的发展，否则这些作用大打折扣。评价有效的激励必须建立在对学生学习过程及其发展变化全面了解的基础上，让学生了解自己获得了哪些提高、发展了什么能力、还有什么潜能。

有的教师认为，多方面细致地评价项目对于个体来说是全面有效的做法，但学生太多就难以操作。目前农村中学教师教学工作量偏大，班级多，班级人数也多，苦于工作量大，评价只能流于形式应付检查。

以上提出的五个方面的问题，不是农村中学特有的，在城市中学也存在，这些因素不仅不利于培养学生的物理学科核心素养，而且在一定程度上制约了物理新课程的推进、改革目标的实现。

三、农村中学物理教学应遵循的三原则——追新、崇实、求活

为国家培养 21 世纪的人才，使学生具有扎实的基础知识、科学求实的态度、灵活多变的思维方式和强烈的创新意识，要以学生发展为本，以提升全体学生核心素养为宗旨，为每个学生的学习和发展提供机会。每一位物理教师都应不断转变教育观念、更新教育思想、改革教学模式、改进教学方法和手段，这就要求农村中学的物理教师在教学中应牢牢把握"追新、崇实、求活"的教学三原则，不断取得新的教学成果。

（一）追新

1. 农村中学教师要追求观念转变

农村中学特别是山区的农村中学交通不便，也就伴随着信息闭塞等问题，但是我们与其他学校一样承担着培养学生核心素养、为党育人为国育才的任务，所以我们要不断转变观念，积极主动学习追求观念的转变。教师应不断获取新的教学信息，汲取新营养，冲破传统的教学模式，面向未来，以学生发展为本，以提升全体学生核心素养为宗旨，为每个学生的学习和发展提供机会。因此，

对农村中学物理教师要加强培训，内容应突出理论性，领悟新课改的实质精神。在培训方式上要采取观摩、试验、脱产学习等形式相结合的方式，多互相交流；在培训途径上要立足于县级培训，兼以更高级别的培训和校本教研为辅的多种形式相结合，最终使教师实现少用讲授式，多用启发讨论交流式教学，变重知识传授转为重方法培养和能力提升，变重理论计算转为重实际应用和创新能力培养等等。农村中学物理教师"追新"的第一新就是观念新。

2. 致力于教育创新

在教育创新过程中，教师不再直接设置丰富的教学活动，而是着重让学生主动地围绕某个主题或某项任务展开探索，充分发挥学生自身的主体作用和主动性。教育创新要进一步彰显学生课堂主人翁的地位，让学生在学习过程中不再盲目地依附于教师，而是以自我为主，大胆探索。这种教学模式可以提高学生在课堂上的活跃度，让学生凭借自己的努力去研究不同的物理问题，以此提升学生的学习成就感，从而形成兴趣，养成习惯。在实施教育创新的过程中，教师要引导学生打破常规，另辟蹊径，也就是说，在遇到同一类问题时，教师要要求学生选择不同的方法来解决，在解决问题的过程中让学生不断地拓宽自己的思维广度以及深度，从物理问题的本质进行分析，采用合适的处理问题的策略，让学生在课堂上拥有充足的实践机会，在学习新知之后学以致用，举一反三，触类旁通[1]。在教育创新过程中要把握好以下几点：

（1）重物理方法教育回归物理原位

在物理学的发展过程，无论是物理概念的提出还是物理规律的发现及论证，物理研究方法都是必不可少的。物理学方法就是物理学的思想和方法，也就是物理学研究的各种具体科学方法的统称，物理学史的大量事实证明，物理学方法是物理学发展的灵魂。物理学的具体科学方法较多，常用的有观察法、实验法、理想化法、类比法、科学假说法和数学方法等。在初中物理教学中，要让学生学习和掌握物理学方法，要挖掘教材中所隐含的物理学方法论因素，物理学本身是一门带有方法论性质的科学，它是物理知识、物理观念、科学方法和实验的有机结合，教材中的方法论因素具有隐蔽性，分散隐含在物理知识的表述中，

---

① 任进相.《试论初中物理教学中如何实施创新教育》.《中学课程辅导》[G]，2022（8）：51-53

学生一般对物理知识的学习是比较注意的，而对方法论的学习就不太注意，这就需要教师在教学中引导学生挖掘，让学生自觉地学习和掌握物理学方法。初中物理教材中运用比较多的物理学方法主要是观察法、实验法、理想化方法、类比方法以及数学方法等。

在物理课堂教学过程中注重提炼物理方法和思想，让初中生在物理课堂上不仅可以学到物理知识，还可以从根本上掌握相关的物理研究方法，从而实现学生学科素养的培养。

（2）巧妙创设各种问题情景激发探索意愿

教师要善于创设各种有利于教学的物理情景，使物理教学变得生动和丰富，教育家陶昌宏老师在"物理教学的基本特征"中指出"物理课堂要以创设问题情境为切入点"，情景创设作为物理课精心设计的一部分，在科学性上与本节所讲物理知识紧密结合，能提高学生求知欲望，创建良好的课堂学习气氛，使学生兴趣浓厚、学习主动、思维活跃，进入积极思考的振奋状态。例如教师可以通过自然界现象，新奇直观的课堂实验，学生身边熟悉的生活表象，有趣的故事，科学家简介，物理学史故事，歌曲、谜语，一则时事新闻以及已学过的相关知识等作为新授课的引言，使学生自然而然地进入学习状态。一个好的教学情境有利于教学目标的实现，情境的设置不应仅仅起到"敲门砖"的作用，还应当在后面的教学中发挥一定的导向作用或对后面教学内容的理解具有启发作用。

物理作为初中时期学生最难掌握的一门学科，导致学生学习起来比较吃力，这就需要教师在授课过程中巧妙地创设各种情境，减少学生学习知识的困难及压力。从学生的实际情况出发，结合教材的内容，认真地进行教学情境的创设，让学生积极投入课堂教学中，这有助于他们理解所学的物理知识，有利于提升物理教学的效率。在教学中情境的创设不但可以帮助学生更好地理解复杂、抽象的物理知识，还能够有效缓解传统物理课堂死气沉沉的现象，能够激发学生获取知识的欲望。

物理是一门与生活联系非常紧密的学科，生活中所出现的许多现象以及问题，都可以通过物理知识来进行解释，因此，在实施教育创新的过程中，教师可以挖掘一些生活化的元素，让学生进一步感受到物理学科的作用，提高学生主动学习的欲望。同时，教师可以创设学生熟悉的生活情境并导入课堂，促使学生对教学内容产生探究兴趣，保持高昂的学习兴致。只要能促进学生的思维活跃，就可以促使学生更为自主地参与到物理学习中来，用物理的视角观察、思考、探究生活现象，帮助学生形成良好的物理思维习惯。创设生活情景能使学生运用物理知识解决生活问题，能够让学生直观地体会到物理学习对实际生活所产生的帮助，激励学生在生活中不断观察、养成良好的学习习惯。物理教学中巧妙创设情景，可以有效激发学生对于物理知识的兴趣，触发了学生探索意愿，从而提升学生的思维能力。

（3）创造宽松氛围培养思维能力

学生的物理基础以及看待问题的角度不同、基础不同，所得出的物理结论也会存在明显的差异。教师需要引导学生尝试从不同的角度进行思考，最好是学生自主提出设想探究物理问题的本质。面对物理问题要求学生运用已有的经验和知识经过独立的深入的思考后提出自己的见解，可以在小组交流、共享和讨论达成共识后再发表意见。在课堂上，教师应积极创造一个宽松、和谐的教学环境，给学生充足的时间，使学生能够各抒己见、心情舒畅、思维活跃，永于求新立新。教师要尊重学生，重视个性发展，教师在课堂上同学生平等地讨论问题，在同学提出了不同想法之后，其他学生也可以提出质疑，让不同观点进行碰撞。对敢于同教师在课堂上争论问题的学生，无论是对是错，教师都应给予表扬鼓励。教师充分信任学生、鼓励学生，无疑会使学生产生巨大的精神动力，树立强大信心，从而以饱满的激情投入课堂，思维更加活跃，让学生在质疑与释疑中、在智慧与智慧的碰撞中完成学习。同时教师要关注学生的个体差异，区别评价，帮助每个学生建立自信，激发学生学习物理的兴趣和动机。让学生在课堂上不再是被动地接受知识，而是能够围绕着物理问题展开深入思考，结合自己所学进行综合分析，有效发展学生的物理学科思维能力。

（4）多角度实验探究提升思维力

多年的探索和实践证明，探究式教学能在提高学生综合素质方面起着巨大的作用。在物理课堂上采用探究式教学方法能够引导学生深入理解物理课本中深奥的物理知识，学生在发现、分析、讨论、研究和解决问题的过程中，极大地激起了学习初中物理的兴趣，并提升了各项能力，提高了相应的素质，尤其是提高了学生发现问题和解决问题的能力，并养成善于总结、勤于思考的良好思维习惯。培养学生的探究能力是提升学生思维品质的深刻性、灵活性、独创性、批判性、敏捷性和系统性的重要途径，也是学生物理思维发展的支撑点。

物理学是一门以实验为基础的科学，教育家陶昌宏老师对中学物理实验有以下论述："实验是物理教学的重要基础，实验是物理教学的重要内容，实验是物理教学的重要方法，实验是物理教学的重要手段，实验是认知的重要工具，实验是进行探究的重要手段，实验是创设情景的有效方法，实验是获得直接经验的重要途径，实验是培养科学态度、感悟科学方法、形成科学观念的重要过程，实验是检验理论的重要标准，实验是培养合作意识、合作能力的重要途径，实验是培养创新精神和实践能力的重要基础。"初中物理课程的教学目标是激发学生进行自主学习，培养学生的动手能力。学生动手实验所获得的体验，是其他方法替代不了的，是学生成为具备科学素养和关键能力的新型学生不可缺少的途径，是提升学生思维品质的深刻性、灵活性、独创性、批判性、敏捷性和系统性的重要途径，这也是学生物理思维发展的依托点。对于初次接触物理的初中生来说，物理知识中生动、形象的实验对其有很大的吸引力，因而，让学生积极而主动地参加到实验学习活动中，不仅可以为学生带来更多新鲜的物理知识，还有助于学生从根本上掌握物理知识。在物理课堂中，教师不能墨守成规，需要打破常规教学模式的束缚，为学生的自主实验提供尽可能的软硬件条件，在实验中，学生可以自主了解物理原理的由来，深化学生对知识的理解，同时在验证不同的理论知识时，学生也会采取不同的实验方法和形式，在这种情形下，也能够进一步提高学生思维的灵活性、深刻性、敏捷性和系统性，进而促进学生结合自己的理解自主设计出更多的趣味实验，以此验证物理结论的正确性。在实验活动中，不同学生选择了不同的实验方式，这让学生在学习过程中不再盲目跟风，而是结合自己的理解展开合理的创新，选择更加高效的实验方法论证结论的合理性，这可以有效地培养和提高学生科学思维和科学探究的能力。

在物理教学中，让学生重视物理方法的学习，勇于质疑，善于合作，思维活跃且多维，能具体问题具体分析，以此有效地发展学生的思维能力。同时，教师也需要选择更多新颖的教学手段，展开更加趣味化的教学，让学生对物理学科产生更加强烈的探究兴趣，主动参与到课堂中，以此提高学生的物理学科综合素质。"追新"的第二新就是引导学生乐学、勤于实践、善于思考的思路要新。

3. 与时俱进教法追新

追求新异刺激符合初中学生的心理需求，为此，教师必须增强求"新"意识，要深入挖掘教材，对使用的教学方法以及采取的教学手段都要赋予新意，切忌使用老一套，要根据教学内容、教学要求的不同，采取不同的教学方法。物理教师要在课堂设计上增强求新意识，要在每节课的教学中努力创造条件增强趣味性，根据教学内容介绍一些奇异的自然景观、物理奇观、物理学史中的奇闻轶事，或设计一些有趣的演示实验和学生探索性小实验以引发学生的好奇心，激发学生的学习兴趣，调动学生追根究底、探知奥秘、想获得知识的欲望，并不失时机地向学生介绍新的科学技术知识。这不仅拓宽了学生的知识面，还开扩了学生的视野，给学生耳目一新的感觉。把学生的直接兴趣转化为对物理学科持久的、浓厚的兴趣，使学生充分发挥自己的聪明才智。

从教和学的关系来看，"教"是外因，"学"是内因，外因要通过内因起作用。因此，教法追新要以培养学生的自主学习能力为目标，是提高教学效果和提升学生素养的重要手段。选一些适合学生自主学习的内容，预先设定好学习目标，提供学习指导，创造自主实验条件和环境，让学生去细读、精读、做读书笔记，思考概念和规律的形成过程，动手做自己想做的实验。对同学间或小组间疑难或分歧较大的问题，让学生间或学习小组间讨论后，派代表进行辩论，教师适当加以指导，师生间学生间用智慧碰撞智慧，最终得出正确结论。在这过程中教师需要提供给学生实验器材，指导他们操作，通过对实验过程及结果的反思，引发对实验问题的思考和讨论，引导学生自主得出结论、形成概念和规律。这对提高教学效果和提升学生素质十分重要。自主学习使学生能够积极参与课堂教学，提高学生独立思考、探索和发现新知识的能力，实现"教为了不教"，变"教"为"学"，有效提升学生核心素养。"追新"的第三新就是教学方法和教学手段新。

（二）崇实

农村中学物理教学面临师资力量不足、仪器和设备缺乏等问题和困难。这就要求我们的物理教学要立足农村实际，发挥农村特长，实实在在地开展物理教学，尽力使物理教学农村生活化、学生身边化，教师要督促学生构建扎实的知识结构，在此基础上引导学生擅于用物理的视角看世界，努力提高个人综合素质。

1. 立足农村物理教学生活化学生身边化

现行初中物理教材对于城市学生比较适合，教材中城市文化气息较浓，与农村生活经历和农村中学实际相关的问题较少，缺乏体现乡村文化的内容。同时农村初中实验室器材相对较少，先进的仪器不能得到及时补充，问题很多。但从另一角度看农村学生比城市学生更加贴近大自然，农村生活是广阔的天地，农村的生活器具、生活场景、生活现象都可以成为物理学习的素材和工具，学生更容易从生活中找到比较直接的物理情境和模型应用，因此，农村中学要扬长避短，将物理教学与学生生活紧密结合。例如在进行"汽化"部分教学时，先呈现农村学生熟知的"夏收晒麦子"的材料，教师提出晒麦子在选址上有什么讲究？摊开的麦子为什么要有垄沟？与晒衣服等实例对比探究，引出汽化的概念，得出蒸发快慢受蒸发面积、温度、空气流通速度等因素影响的结论。对于农村生活的场景，农村孩子天然感到亲切熟悉，情感投入大，思维活跃，效果好。

新课程强调从学生已有的生活经验出发，让学生亲身经历，将实际问题抽象成物理模型并进行应用，其含义是学生是物理学习的主体，立足农村的广阔天地，让物理进入到农村孩子的"生活经验"或"亲历情境"，教师不能以单纯的完成教学任务而完成教学任务，物理教学农村生活化的核心在于将物理与农村生活的联系呈现给学生，让学生用自己的眼睛观察生活，用自己的身心感受生活，用自己的方式理解物理。物理教学生活化是农村中学提高物理教学质量的重要途径，是提高学生核心素养的必由之路。

2. 构建扎实严谨的知识结构

中学物理是以基本概念和基本规律构成的系统性较强的基础学科，在教学中，应当扎扎实实抓好物理概念、物理规律等基础知识的教学。

（1）重知识形成过程构建物理知识体系

在具体的教学过程中，要引导学生搞清知识的形成过程，理清物理概念的定义、含义及特性等，在对物理规律的学习过程中，要注意引导学生通过分析、概括、抽象、推理、归纳等思维活动得出结论，同时清楚物理规律的适用条件、文字表述、公式、各量的物理意义和单位。必要时对照与其相关的概念规律清晰了解两者间的区别和联系，消除学生对物理概念规律的模糊感。在课堂教学中，教师的语言表达既要生动有趣，又要严谨准确，使学生既能感悟到物理之美，产生强烈的求知欲，又能使学生领悟到物理学科的表述严谨逻辑清晰，树立求真的科学观。

让学生从学会到会学，自主的自动的学习显得尤为重要。会学，重在掌握方法，主动探求知识，主动构建知识体系，目的在于发现新知识、新信息以及提出新问题，是一种创新性学习。学生在学习的过程中，依据物理学科内涵，遵循学生认知规律，经过一系列的质疑、判断、比较、选择，以及相应的分析、综合、概括等认识活动，经过多样化的思维过程和认知方式，经历多种观点的碰撞、论争和比较，在这个过程中，理解和巩固新知，必然透彻、清晰、持久。使学生从"学会"到"会学"，在学习的过程中，不仅仅学会了知识，而且解决问题的能力得到进一步提升。重知识的形成过程构建物理知识体系也是学生形成物理观念的必然要求。

（2）利用学生生活经验构建物理知识体系

物理知识来源于生活实际，生活本身就是一个巨大的物理课堂。我们的物理教学要尽可能地接近学生的现实生活和社会生活，让学生认识到生活中处处有物理，物理中也处处有生活的道理。从实际生活中提炼出物理现象、物理规律，学生只有将自己日常的直接经验和学习的知识联系起来，才能构建自己的知识体系，因此，在物理教学中十分注重把教材内容与生活实践结合起来，加强物理教学的实践性。每一个学生都希望自己是一个探索者、研究者和发现者，在教学中提供一些生活中富有挑战性和探索性的问题，这样会大大推动学生学习物理的主动性和积极性，让学生实实在在认识到物理与实际生活的联系，并在运用知识解决实际问题的过程中构建了学生的知识体系。

（3）开展专题研究筑牢学生的知识体系

物理学科的专题研究是指学生在教师指导下，从自然现象、社会现象、自我生活和物理学习的过程中选择和确定与物理有关的专题研究，并在研究过程中主动地获取知识、应用知识、解决问题。学生在完成专题研究的过程中，要经历发现和提出问题、确定专题并制定研究计划，采用观察、实验、文献、调查等方法收集和整理信息，经过分析和综合以及逻辑推理得出结论、撰写研究报告、进行交流与展示等一系列的活动，在这个过程中，学生得出的结论是否正确并不重要，重要的是学生的素质得到了提高，学生解决问题的能力增强了。教师可以引导学生对所学实验进行研究，引导学生进行一些创新实验设计，让学生选择器材、设计实验新方法，以使学生在实验探索中发现问题并寻找解决问题的方法。实验研究不仅能激发学生的学习兴趣，而且能提高学生的学习能力，在实验的过程中，学生能力和知识都得以构建，学生对实验有了更深刻的认识，同时充分领略到学习的主人的充实感，体验到获取知识、迈向成功的欢乐。

（4）借助多媒体技术助力学生知识体系构建

在物理教学中，我们要因地制宜地挖掘和发挥各种传统的技术手段在教学中的积极作用，不断提高教学效率和效果，同时充分利用现代信息技术为学生学习服务，牢固构建学生知识体系。学生对事物的认识过程的起点是对事物的感性认识，在物理课的学习中学生由于无法理解一些抽象的理论、平常生活中无法看见的一些微观现象，还有一些一闪而过不可捕捉的物理现象，当学生还没来得及看清时，该过程就已经结束，从而对物理产生一种畏惧的心理，减弱了他们学习物理的兴趣。在物理教学过程中，各种技术手段辅助中学物理教学。有视觉冲击力的动画，化抽象为形象、化微观为宏观、化静态为动态、化瞬间过程为慢动作回放，化不可操作为可操作，或是把用语言无法表述的物理现象和规律清楚地呈现在学生的眼前，有助于学生理解物理概念、物理规律的本质，有效地突破了教学中的难点，有助于激发学生的兴趣，提高学习的效率，助力学生知识体系的构建，提高综合能力，对推进素质教育具有重要意义。

在学生所见、所做的基础上，在学生生活经验的基础上，构建的知识体系和自主学习能力将是学生永恒的知识和能力。学生只有具备了扎实系统的基础知识和严谨求实的思维品质，才能在解决物理问题的过程中，善于思考，积极探索，发挥出丰富的想象力和创造力，从而有效提升核心素养。

3. 用物理学的视角看世界

教师要遵循初中学生身心发展规律，贴近学生生活，以具体事实、鲜活案例、生活经验和基本概念等引导学生进行理性思考。在教学中要引导学生学会用物理的视角看世界，比如要充分开发实验的功能，实验能直观再显抽象的物理规律，有利于培养学生的观察、分析问题的能力，有利于培养学生动手、动脑的良好习惯，所以教师在教学中要尽可能多做实验。除了课本上必做的实验外，教师应当善于观察，挖掘生活实例中的物理原理，设计一些实验装置推介给学生，供学生探索存在于生活中的物理原理的奥秘，激发学生的学习兴趣。此外要引导学生有科学探究的意识，具有初步的观察能力和提出问题的能力；能发现问题、提出问题，形成猜想与假设；能制定简单的科学探究方案，有控制实验条件的意识，会通过实践操作等方式收集信息，初步具有获取证据的能力；能分析、处理信息，得出结论，初步具有对科学探究过程和结果做出解释的能力；能书面或口头表述自己的观点，能自我反思和听取他人意见，具有与他人交流的能力。要突出问题导向，强调真实问题情境，引导学生不断探索提高分析问题、解决问题的实践本领和科学思维能力，发展核心素养。能将所学知识与实际情境联系起来，能从物理学视角观察周围事物，解释有关现象，解决简单的实际问题。

4. 求于科技促进评价的全面合理且易于操作。

"双减"政策背景下，初中物理学业质量评价的优化迫在眉睫，以往的初中物理教学中，教师更倾向于采用单一的教师为主体学业质量评价方法，这类评价过于注重教学目标的落实，忽视了教学过程表现，评价效果不够理想，也限制了学生的发展。"双减"政策背景下，初中物理学业质量评价的目标更加清晰，以提升教学质量为主要目标，以减少学生的作业量和作业时长为基石，使评价向综合性、多维度的方向发展。教研组和备课组要研究评价在立足教育目标前提下，如何实现多元化过程评价、亮点型评价、结果评价，如何把握评价的差异性等问题。每个学生都充满个性，评价如何做到以鼓励、肯定和表扬为主，充分发现每个学生的优点与不足，从而让每个学生在充满宽容、鼓舞和激励的环境下发展个性，在总结中提高自身的学业水平等。以上这些都需借助科研的力量做校本化研究才能解决，使评价过程具有简便可操作性特征，创立高效简便的操作流程、为老师的评价过程带来方便、减轻教师工作负担都是急需解决的问题。

农村中学要改变教学模式，适应学生的发展的需要，立足农村的广阔天地，培养更多优秀的青少年。"双减"政策背景下，教育教学更重视学生综合能力的提升，这要求初中物理教师从教育实践方面入手，积极改变以往的教学方法、模式，注重学业质量提升的研究，发挥教研组、备课组集体智慧并与教师个人智慧相结合，在"崇实"上大有可为！

（三）求活

初中学生大多活泼好动，他们早已厌倦了教师死板、枯燥的说教，希望课堂上能够给自己说话及动手操作的机会，因此，教师在教学中必须增强课堂教学中"活"的意识，探究"活"的艺术，努力创设和谐、活泼的学习环境，让学生在轻松、愉快的氛围中获取知识，增长才干。

1. 教学方式多样化

"教学有法、教无定法、贵在得法"，即说明教学方法的灵活性和多样性。倡导教学方式多样化，鼓励教学中根据教学目标、教学内容、教学对象及教学资源等的实际情况，灵活选用教学方式，合理运用信息技术，达到最佳教学效果。

在课堂上教师应根据不同的课型采取不同的教学方法，在探索型课中应注重发现法，验证型课中应注重实验观察法，论证型课中应注重逻辑推理法等。同时教师应结合学生的实际水平，恰当设疑，热情鼓励，积极引导，通过类比、联想等思维活动，培养学生掌握获取知识方法的灵活性。在解决物理问题过程中，教师应引导学生，从不同角度、不同侧面去分析问题，对同一问题深入探讨，发散与聚焦并重。教师应当有目的的对学生进行各种思维训练，例如逻辑思维、直觉思维、逆向思维、聚合和发散思维、类比和联想思维、局部和整体思维、批判和创新思维等等。教学中可能涉及的物理思想有理想法、估算法、等效法、类比法、对称法、极限法、微元法、隔离与整体法等等。要对学生进行多类型的思维训练，可选择的教学方法与策略有同伴互助、小组合作、个别指导、探究发现、问题导向等等，需提炼的物理思想众多，可选择的教学策略多样，都为教师多样化教学提供了需求与途径。在教学过程中多样化教学方式是教学上灵活性、多样性和变化性的表现，它有助于教师保持良好的课堂教学环境和气氛，调动和维持学生的积极性，从而保证教学的有效性。倡导教学方式多样化旨在促进学生核心素养的养成和发展，引导学生学会学习、学会合作、学会生活，为学生的终身发展奠定基础，逐步提高学生的应变能力和思维的灵活性。

2. 激发学生思维重思想方法提炼

物理教学中教师可以根据物理知识的重点难点、学生思维特点与兴趣爱好，来巧妙地设计物理问题，使问题具有一定的科学性、趣味性和启发性，保证问题的提出能够调动学生的思考动机，留一定时间让学生讨论、交流、质疑与释疑，通过启发、引导、总结得出结论，给学生充分发表自己见解的机会，这样学生个个积极思考、热烈讨论，让物理课堂变为充满思考、疑问和活力的课堂，提高学生的课堂参与度，课堂气氛格外活跃，从而激发学生的思维。

在物理教学中，知识形成是前提，培养方法是关键，提高能力是目的，因为知识是方法的载体，方法则是能力的体现，显而易见培养学生的科学思维方法和思维能力非常重要。在学生思维活动被有效激发的前提下，教师应注意引导学生分析、体会建立物理概念、物理规律的科学方法。在中学物理课本中，用科学方法建立物理概念、探索物理规律的内容是很多的。例如模型法（理想介质、理想运动等）、实验观察法（光的反射定律的建立）、等效法（等效电阻及热功当量）、理想实验（伽利略有关力与运动的关系）等等。其实学生对思想和方法的提炼过程就是学生学习、消化和吸收构建物理观念的过程，教师在教学中应当自觉挖掘教材中的科学思想与方法教育因素，对学生进行物理思想与方法应用的引导，提升学生的科学思维能力。

3. 灵活多样的作业助力多元化发展

物理作业设计作为学科教学的一个环节，适当的作业内容、灵活多样的作业设计，有助于各层次学生对课堂知识的学习与理解，提高自身内化知识和应用的能力。

物理作为一门自然学科，与自然生态、社会环境、现实生活具有密不可分的联系，对此，在初中物理作业设计上，教师应保持多样化的作业种类，使学生在应用知识的过程中获得全面发展。除了教材中的作业外，教师还可以设计其他作业，如观察型作业，在日常生活之中蕴藏着许多物理现象，通过对物理现象的观察和分析，有助于加强学生对理论知识的理解，提升学生的思维能力，培养其正确的科学态度；还可以是实验型作业，物理是一门理论结合实验的基础学科，从实验的角度设计作业，可以使学生通过实验现象了解理论本质，进而提升学生的科学探究能力。

"双减"背景下，教师首先做好对作业量的把控，还要注意学生个体与个体之间存在一定的差异性，教师应尊重学生的认知特点和基础水平，了解个体的学习情况，进而在作业设计方面采取难度区分、层次多样的策略，促进各阶段学生的学习效果和发展动力。可将作业分为基础型、提高型以及综合型，基础型题目难度小，主要目的是巩固核心知识，缓解学生的学习压力，提高学生学习物理的信心，尽可能多的让学生主动参与物理学习。提高型题目难度比基础型题目难度要稍大一些，能够引导学生巩固所学知识，为学生全面发展奠定基础。综合型题目主要作用就是提高学生的思维能力，对于学习能力强的学生来说，可以不断延伸、拓展，完善自身的物理知识结构体系，教师还可以在作业内容中引入激励环节，如选做题、创新题、思维题等。对于需要较长时间才可以完成作业的学生来说，教师要降低作业层次和作业量，对能够在较短时间内轻松完成作业的学优生而言，要充分利用自身优势，不要浪费时间与精力，在完成一定的作业任务的基础之上探索新知、拓展认知。如此一方面可以丰富学生的作业内容，使其作业内容更具个性化特点，另一方面可以激发学生的学习动力，满足不同学习水平学生的需求，助力多元化发展。

通过对初中物理作业采取多样化以及层次化等方面设计，不仅能保证学生主体的有效学习和高效吸收，还能满足不同层次学生需要，进而实现学生多元化、全面性的主体发展，是"面向全体学生培养核心素养"为每个学生的学习和发展提供机会课程理念的具体体现。

总之，"求活"就是教师灵活选择合理的科学的适应所教学生学习的教学方法和手段，让初中物理课堂活起来，让学生的思维活起来，重物理思想和方法的提炼，引导学生学会学习，学物理的真东西，通过灵活多样的作业设计，让作业活起来，促进多元化的发展，让学生感受到物理好学、能学好，使学习的整个过程真正活起来。

"追新、崇实、求活"三原则在课堂教学过程中是有机的统一体，三者相辅相承，层层递进。崇实是基础，追新是关键，求活是目的，只有具备扎实严谨的基础知识，才可能有灵活的思维方法，最终表现出独特的思维能力。"追新、崇实、求活"是农村中学物理教学中必须坚持的三原则，同时也为其他学校提供借鉴，是教师综合素质及教学能力在课堂教学中的体现。在提倡素质教育、呼唤学生第一的今天，"追新、崇实、求活"将是教师在课堂教学中永远立于不败之地的三大法宝。

四、农村中学核心素养的培养策略

物理核心素养的落地，对于学生的终身学习能力和综合素质的提升具有非常重要的作用，建议采取以下策略：

（一）抓住关键因素——教师

教师在学生物理核心素养的培养过程中具有重要作用，如今的农村初中物理教师面临教学任务繁重等问题，认为通过自身的经验进行教学就可以完成任务，导致课堂氛围僵化、学生主体地位得不到体现等等问题，因此，教师需要通过不断的学习，提升教师自身的教育思想水平和专业精神。

加大开展新课程教学的培训力度，加快转变教师教学理念，通过培训提高每个教师的思想认识，消除实施新课程教学的阻力，扫清实施新课程教学的障碍，使教师对实施新课程教学与国家的基础教育课程改革要求达成共识。实施新课程已是既定的国策，广大教师必须顺应当今世界实施可持续发展的潮流，丢掉幻想，摒弃陈腐、落后的教育观念，积极提升自己的专业化能力，并坚持新课程理念，目前所遇的困难也就迎刃而解。同时物理教师要有科研意识，随着新课改的不断深入，教师在教学实践中会遇到各种问题，对于那些普遍的典型性的问题，教师就可以将其进行归纳整理，提炼出研究主题，然后成立研究团队，积极开展校本教研。加强对开展新课程教学的探讨研究，利用一线教师的优势，通过开展研究探讨，深入研究新课程的教学，反思教学问题，发挥集体智慧，边探索，边改进，再探讨，再改进，最终形成最佳的解决方案，达到改进教学，同时提高教师教学能力和科研水平的目的，如此可使教学更趋于完善，也有利于教师个人教学素养的快速提升。

作为物理教师物理专业知识是根基，不断拓展教师自身的知识领域，深化并完善教师自身的知识结构，对教师塑造较高的教育教学素养有深刻的影响。

作为物理教师要转变自身的教学观念，将自身的理念付诸行动。在倡导培养核心素养的大背景下，打破学科局限，从"学科本位"转向"学生本位"，建立更高层次的教育观念，破除教育的功利性，重视学生在教学中的主体地位，教师由"教会"转变为"会教"，使学生由"学会"转变为"会学"，培养学生的自主思考能力，经过讨论与实践形成观念和科学意识，同时促进学生树立正确的科学态度与责任。

作为物理教师要鼓励学生开展自主实验，在物理学习中，相关的实践操作是其中不可或缺的重要环节，同时也是核心素养培养的关键，教师要在确保完成教学任务的同时，增加更多的实践环节。农村中学可能面临缺乏足够实验室与相关设备的问题，教师可对实验设计进行优化，选取具有较强操作性的项目，在课上直接演示，也可让学生自主完成实验，还可将农村生活素材进行充分利用，鼓励学生开展自主实验，以培养其兴趣爱好，并将其变为一种习惯。

作为物理教师要激发学生物理学习兴趣，培养学生良好的学习习惯。初中物理教学应注重联系生产、生活实际，初中生对新鲜事物有很强的好奇心，有强烈的探究欲望，结合教学内容，教师可以借助教具、多媒体课件，或运用其他教学方法，营造初中生熟悉的生活场景，还可以将生活中的一些现象融入课堂教学，提出生活中学生经常会遇到的现象和问题，吸引学生的注意力。教师需要营造较为轻松的课堂氛围，使学生积极参与课堂讨论，鼓励学生发表意见提出质疑，在师生和生生合作中解决遇到的问题，只有学生解决了在学习过程中所遇到的疑惑，才能够全身心进入后续的学习，同时应对提出问题的学生予以相应的鼓励，激发学生的质疑热情，有效提升学生的科学思维能力。要激发学生的探究热情，引导他们进行合作探究，调动学生学习物理的积极性，使其积极参与物理学习活动，让学生感觉物理好学、物理有趣、物理有用。让学生一点点从喜欢到兴趣，有了兴趣就能有内生动力，就会主动优化学习环节，逐渐做到课前制定学习目标使学习有完美开端，制定物理学习计划使物理学习程序化，做到课前预习以提高课堂学习的效率，课中全身心参与学习，学习中建立模型、提出质疑，课后总结归纳、改错、规范解题，课外能解决生活中实际的问题，做到知行合一、对知识进行内化提升灵活运用的能力，进一步提升兴趣形成正向循环。

教师是课程改革有效实施的核心，是促进学生核心素养发展的关键力量，提升物理教师自身的学科素养不仅是对教师本人的要求，也是学生、学校和社会对物理教师的殷切诉求。我们每一位物理教师都要有强烈的责任感和使命感，树立终生学习的观念，不断对自身理念进行更新，才能带领学生领悟物理学科的思想方法、体验探究的过程、感受物理学之美、增强实践意识、养成良好习惯、提升创新能力等，只有这样才能更好地推动学生发展核心素养。

（二）物理观念的形成是基础

物理观念是物理概念和规律等在头脑中的提炼与升华，在物理教学中，物理观念来自三个方面，第一是学生在对具体的物理学科知识进行反思与概括时所形成的具有指示性特征的物理观念；第二是学生在对物理知识进行探究与学习反思过程中形成的具有方法性特征的物理观念；第三是学生针对物理学科作用于社会与生活的价值所进行的思考而形成的物理观。在初中物理教学实践中促进学生物理观念的形成，在一定程度上是让学生在面对新问题时，可以不被物理表象所迷惑，并主动的运用物理观念来解决物理新问题，进而做出科学的解释。除此之外，学生在进行初中物理学习过程中，识记与遗忘是同时存在的，并伴随时间的推移，遗忘也会呈先多后少的趋势发展，而最终留在学生脑海中的物理知识才是教育价值的体现，这也是在物理观念驱使下长久留存在学生脑海中的知识。初中物理知识的学习虽然比较简单，但内容里所涉及的物理观、运动观以及能量观等物理观念，是学生需要掌握并能够运用于实际的关键点，在初中物理教学实践过程中，让学生关注知识的形成，进而提高学生的学习能力，学习能力的提升又能够让学生更好地理解知识，并在生活中进行更为有效的应用。教师一定要通过恰当的教学方式来促进学生物理观念的形成，以便提升学生物理核心素养。

要打好知识基础促进学生物理观念的形成。物理观念的形成要以一定的物理知识为基础，所以，在初中物理教学实践中，教师一定要不断增强学生对物理知识的学习，以便为物理观念的形成奠定基础。但需要注意的一点是物理观念并不是知识的积累，而是在对具体知识进行概括、分析过程中，所形成的一种物理观念，并能长久的存在于学生脑海中，为学生所用，具有迁移价值。物理学科中蕴涵的物理知识是非常丰富而充实的，这些都是促进物理观念形成的基础，通过对物理概念、规律等学习的不断深入、反思与运用，促进物理观念的形成。

要善用学史促进学生物理观念的形成。对于初中物理教学，倘若只是为了帮助学生了解物理的概念与规律的应用，是不能实现学生物理核心素养的提升与物理观念形成的，而物理学史的适当引入，不仅能够激发学生对物理学科的兴趣，还可以在对物理学的发展历程的了解过程中加深对物理知识与物理思想和方法的理解，有利于促使学生物理观念的形成，同时也可实现物理学科的教育价值。教学中，通过引入物理学史，既可以开阔学生眼界，让学生了解更多关于物理学的人、物、事以及观点和思想等，又能够加深学生对物理知识的了解，使学生意识到物理观念的重要性，进而促使学生物理观念的形成。

重探究活动促进学生物理观念的形成。在初中物理教学实践中，学生物理观念的形成并不能只依靠通过学习物理知识的方式来自发形成，而是需要通过学生借助探究活动不断加深对所学知识的理解与运用，并在此过程中对知识进行概括与提炼，这样形成的物理观念才是有效的持久的。为此，教师应在教学中根据教学内容将探究活动巧妙融入其中，最好是为学生提供自主实践的机会，使学生能够更好地进行观察与发现，分析与综合。在探究的过程中，学生不仅能够提升自身能力，而且能够养成实事求是的态度，进一步对知识进行巩固。鼓励学生通过动手实验的方式来对知识进行更加深刻的理解，进而在具体的情境中实现知识的迁移与应用，使学生对知识形成整体化、网络化格局，促进物理观念的形成，实现物理观念的内化。

要从生活走向物理促进学生物理观念的形成。物理教师要结合学生实际，创设学生熟悉的农村生活场景，让学生从身边熟悉的生活现象去认识物理，使他们能够灵活运用所学知识来解决生活中遇到的物理问题。物理知识与学生生活实际的结合，有利于提高运用物理知识解决问题的能力，从而促进学生物理观念的形成。

要引导学生交流反思总结，促进学生物理观念的形成。在初中物理教学实践过程中，教师为了能够更加有效地促进学生物理观念的形成，可以在课堂教学完成之后，通过为学生构建交流与反思情境和学生能够有相互谈论与评价的平台，使学生在教师创设的情境或平台中对所学知识进行概括、反思，并对知识形成整体性认识，进而促进学生物理观念的形成与发展。教师在学生交流、概括过程中也要给予一定的评价，并通过课后练习、自主实验、课外活动等途径了解学生的学习情况，以便获得学生观念构建的相关信息，通过评价进一步帮助学生对整体知识体系进行完善与丰富，进一步促进学生物理观念的形成。

总而言之，物理观念是初中物理核心素养的重要组成部分，要想促进学生物理观念的形成，则需要教师在物理教学实践过程中根据教学内容的不同，设计与之相对应的教学环境，通过多样化的教学方式和多途径来提高学生的物理知识学习水平，引导学生对物理知识进行分析与概括，为物理观念的形成奠定基础。在此期间，让学生有机会更加深入运用知识解决除教科书以外的身边生产生活问题，使学生更系统地全面地掌握物理知识，形成具有自身特色的物理知识体系，进一步促进学生物理观念形成。

（三）提升学生科学思维能力为核心

物理学科对学生的科学思维的训练，旨在引导学生尊重事实和证据，能运用科学清晰的思维去认识事物，分析事物，判断和解决问题。科学思维不仅是学生学好物理这门学科的基础，同时也是学生未来发展不可或缺的一种能力。

教师要善于创设物理情境促进学生思维能力的提升。物理学科在初中阶段才逐渐进入学生的学习范围内，加之物理学科的学习要求相对较高，知识理论较为抽象不易理解，这对初中的学生借助物理学科发展自身的科学思维有十分重要的影响。这就更需要教师必须要在课堂中创设多种生动形象的物理情境，刺激学生的感官，使其接收丰富的物理知识，从不同的角度观察物理现象，寻找不同的思路来解答物理问题。要注意的是，学生的科学思维并不是在教师一味地灌输物理知识的过程中产生的，这种固化现象反而会导致学生被动思考，为此，教师需要构建愉悦、轻松的探讨氛围，就物理现象和问题在课堂中进行充分的讨论交流，促使学生在讨论交流期间产生思维的碰撞，在多种信息刺激下受到启迪，从而发展自主思考能力。情境创设要灵活多变，不同的情境产生的教学效用也会存在差异。例如教师结合学生农村的实际生活设计相关情境，这类情境不仅能让学生认识到物理与生活的联系，还可以唤起学生的记忆，使其调动以往的生活经验来思考情境中的物理现象；而问题情境则给予学生具体的思考方向，快速凝聚注意力等等。需要特别说明的是情境的创设需要具备吸引力以及持续的诱发性，教师应将物理核心知识渗透在情境中，拉近学生与知识的距离，使其借助情境的诱导一步步地展开探索，在思考中活跃并且深化学生的科学思维。在物理情境中引导学生构建物理模型，培养学生模型构建能力是物理学习的核心所在，在现实教学过程中，教师应采用简化的方法，即抓住问题中的主要因素，忽略各种次要因素，以此来建立符合学生思维特点的物理模型，学生在长期学习、分析的过程中逐步掌握构建模型的方法，学生经历了模型的构建过程，便能利用物理模型更好地探究事物本质，在解决问题的同时逐步培养自身的思维能力，构建模型与使用模型是形成思维能力的重要内容。对于初中生来说，物理本身是一门研究复杂问题的学科，同时也是一门影响因素多元的学科，教师选择农村学生生活中常见的内容创设模型，让学生学习构建模型的方法，更能启发学生思维，用学生熟知的生活现象来激发学生兴趣，促使学生在物理课堂中提升科学思维能力。

教师课前精心设计问题促进学生思维能力的提升。在课前预设时，教师要根据学生的接受能力和实际情况，精心设计问题，使问题具有探究性和启发性，使各个层面的学生都能获得较好的发展。问题是活跃学生科学思维的一种方式，教师在教学中要合理设置问题，激活学生的思维，提升学生解决实际问题的能力。物理教师还可以结合学生的已有知识和生活经验，围绕核心问题，让学生通过小组合作设计探究实验，然后在全班进行交流分享，引导学生讨论探究实验有哪些不足之处，鼓励学生对探究实验进行改进，这一过程能很好地培养和提高学生的科学思维能力，提升学生的物理核心素养。教师应当在教学中鼓励学生质疑，质疑是创新的基础，教师可以有意创设质疑情境，让学生敢于质疑、敢于批判，并在质疑后尝试通过自己的努力去解决，或引导学生去分析解决，这样能有效培养学生的质疑、创新能力。

教师通过课上有效提问促进学生思维能力的提升。初中生对物理学科的学习处于刚刚接触的阶段，提问的问题要有层次性，从简单问题入手，逐渐深入，同时最好将范围限定在本节课内容之内，与教材内容环环相扣，对于已预习的学生而言容易上手，学生思维活跃，提问的方式和提问的内容尽可能维持一定的趣味性，保证学生在回答问题时，其他同学也处于积极的思考状态下，让学生能在学习物理知识基础上，进行较深层次的理解和感悟，在调动学生的个人积极性的同时，活跃整个班级的学生气氛。让学生能由浅入深地思考问题中应用到的基础知识，教师应当充分结合初中物理教学要求以及农村学生的认知能力、物理基础，设计多元化的问题对其进行引导，让学生在解决问题的过程中逐步提升思维能力。

　　教师引导学以致用促进学生思维能力的提升。为实现初中物理学习对学生的实践应用能力的促进作用，初中物理教师要在教学过程中，尽量引入生活中常见的实例，运用所学知识对实际的生活实例进行物理视角的分析或解释，包括进行模型建构、科学论证、科学推理等思维活动，增加学生对物理知识的应用性感知和深入理解，引导学生发现生活中的物理原理，提升对物理学科学习的兴趣和积极性。教师可以鼓励学生尝试利用自己的已学知识，制作实物，这是个综合性任务，需要学生运用高阶思维来完成，这对于学生科学思维的培养具有很强的助推力。让学生在学习物理知识的时候，与生活实际产生连结，提高学生思维的拓展性，从而提升学生的思维能力。

　　此外教师还可以让学生画思维导图等提高学生的思维能力。

　　初中物理教学集物理学科知识学习与学生科学思维发展于一身，是一个较为综合性的学习学科。初中物理教学应当充分围绕新课改要求进行教学改革，将科学思维培养渗透到课堂教学各个环节中来，为学生物理知识学习、科学思维能力发展起到有力的促进作用。教师应当从初中生的实际情况着手，与学生身边的生产生活实际相结合开展丰富的实践活动，有效促进学生科学思维发展，为学生今后的学习奠定基础。

（四）以提升科学探究能力为重点

　　初中物理的科学探究活动更加重视教学过程而非教学结果，学生在融入科学探究活动过程中进一步提升对物理学习的兴趣，同时培育学生自主学习的能力，从而提升学生物理综合素养。

　　教师要选用探究式课堂教学培养学生探究能力。探究式课堂教学是将物理教学课堂以探究的形式展现出来，教师在课堂设计时要尽可能地还原真实的实验探究过程，引导学生在探究学习中掌握物理这一学科的研究方法，从而使学生具备处理物理问题的能力。教师要结合学情和教材内容，特别优化教学过程，丰富实验探究活动，以此提高探究教学质量。教师可以设置独立自主的实验探究活动，提出具体的物理问题，结合教材的相应内容，引导学生采用合理的方法进行实验设计，并指导学生选择实验器材动手操作，主动经历操作、观察、验证、分析、总结归纳的过程，体验实验的趣味，在获取成就感的同时加深对知识的理解，并通过多种实验现象和信息的整合来打开创造思维，有助于学生产生探索物理世界奥秘的愿望，帮助学生在学习物理知识的过程中，逐渐养成自主探究的能力。

教师要落实实验教学提高学生的探究能力。初中学生刚刚步入物理学习的殿堂，物理知识基础薄弱，许多抽象复杂的物理知识他们无法理解，这时候实验就可以帮助学生理解这些知识，而且科学实验融入物理教学还可以提高学生的动手能力，拓展学生的思维广度，学生在科学实验的过程中也会更加独立思考物理问题和更好进行团结协作。初中生喜欢对未知领域进行探究，教师可以让学生围绕课本内容进行自主思考，合作完成实验设计，然后选择合适的实验工具按步骤操作实验，自行记录各项数据，从实验探究中总结实验规律和实验结论。这样的实验操作过程要比教师直接告诉学生如何操作实验以及实验结果更有意义，它不仅可以培养学生的动手操作能力，还可以培养学生的创新意识。教师可以通过物理实验教学了解学生物理学习的成效，并可以根据学生学习成效对学生物理知识接受能力进行分析，分析的结果可以为教师接下来的教学提供很好的依据。因此，物理教师要扎扎实实地开展物理实验探究，鼓励学生积极参与实验探究教学，有意识地培养学生的动手操作能力和实验探究能力。

教师要将物理融入实际生活培养和提升学生科学探究能力。从生活走向物理，从物理走向社会，遵循初中学生身心发展规律，贴近学生生活，关注学习生长点，以具体事实、鲜活案例、生活经验和基本概念等引导学生进行理性思考[1]。物理的学习和研究是为了让物理更好地服务生活，更好地解决实际生活中的问题，在日常生活中，物理现象和物理知识随处可见，涉及人们生活的方方面面，同时生活中还存在许多尚未被人类发现的物理现象和物理知识，因此人们需要在原有物理认知的基础上，不断实践、不断探究。还有日常生活中的许多现象都会使人们对事物的本质规律产生误判等等。这些需要学生运用已有的知识方法进行研究，拨云见日，而实验探究能够提供一个接近真相的机会，物理实验探究能够让人们更加接近真理，这就要求学生在实际生活中注意观察，

---

① 魏学贤.《促进物理观念形成的初中物理教学实践研究》.《考试周刊》[J]，2021（27）：127-128

对现象进行科学有效的探究活动，去伪存真，形成科学的基本认知。教师在初中物理课堂教学中也要联系农村实际生活，对生活中常见的现象进行分析，丰富课堂教学内容。教师还可以运用生活中的简单的工具来制作小实验，激发学生的兴趣，凝聚学生注意力让其认真观察，在相互探讨中解答学生的疑惑，深化学生的物理认知，让他们对生活中的物理现象有更加完整、专业的思考，从而培养学生探究意识，提升学生科学探究能力。

新课程改革强调学习的自主性，提倡探究与合作，既能够优化学生学习方式，又能够让学生学习更为主动，激发学生的探索欲，还能够让学生更有学习兴趣，从而让学生对物理学科具有更高的求知欲，通过小组合作等方式对探究过程进行概括与提炼，分析与反思，有效的提升学生科学探究能力。

（五）积淀科学态度与责任是终极目标

党的十八大确立了实现中华民族伟大复兴的目标，明确了教育的根本任务——立德树人。所以，我们培养的学生不但要有适应社会发展和个人发展需要的关键能力，还要有正确的价值观。科学态度和责任是指在认识科学本质，理解科学与技术、社会、环境之间的关系的基础上，逐渐在思维上形成的对科学和技术应有的责任意识和正确态度，有社会责任担当，有为社会造福的意愿，是物理素养的重要内容和终极目标。

教师要引导学生敢于质疑，培养学生的科学态度。例如初中物理课堂的实验过程中教师和学生难免会遇到数据偏差与错误，如果教师对问题数据进行掩盖或视而不见，不利于学生物理核心素养的培养，教师需要摆正心态，直面问题，带领或指导学生查找原因，直至实验成功。在实验过程中教师要有意识地引导学生参与实验，促进学生积极动手操作，积极发现问题并质疑，对于提出质疑的学生教师要给予充分的肯定，要用欣赏的态度看待质疑，给学生树立榜样，从而培养学生严谨认真、实事求是的科学态度。同时教师要以身作则，不偏听偏信，不迷信别人也不自恋，对于教学过程中出现的失误要加以正视，并在改正的过程中不断进步，实现双方的共同进步，在提升自身实力的同时也培养学生的科学态度与责任意识。

教师要创新学法完善学生科学态度与责任。教师可以指导学生不断地观察和记录生活中的物理现象，学生可以对观察和记录到的现象结合自身的知识进行阐述解释或质疑释疑，从中获取成就感。教师也可以让学生将观察到的问题和现象在课堂展示，通过师生、生生互动共同探索，保持课堂的开放性和创造性，让学生在探索中能够获得灵感，增长智慧，真正感受到学习物理的魅力，更好地形成追科学、爱科学、用科学的良好习惯。

进行探究性实验是物理教学的主要内容，培养学生科学态度与责任是探究过程达成的目标之一。探究实验不能仅仅停留在单一的操作和趣味层面，它需要学生进行深度思考，构建个人的创造思维，还要反思如何改进实验，如何设计新的实验，如何运用实验中的方法来解决现实问题等等，这些都有效提升学生的自主反思能力，逐渐形成科学精神。教师在进行实验教学期间，可以根据实验内容培养学生的科学态度，对实验数据的观察与记录，要仔细认真，数据要真实，实事求是，不能为了实验结论凑数据，要让他们形成实事求是的严谨作风。到实验室时，要遵守实验室规则，爱护实验仪器；实验过程中，实验小组要有分工也要有合作；实验后要对实验过程及数据进行评估和交流，勇于表达自己的意见和见解等，逐渐形成严谨认真、善于合作、勤于反思的科学品质，促进学生树立正确的科学态度并认识到科学的本质。

在课外活动中促进学生树立正确的科学态度与责任。课外探究活动是课堂教学的补充，也是培养学生科学探究能力和科学态度与责任的有效途径。例如要求学生组成调查小组，调查学校或家庭的用水状况，设计一个用于学校或家庭的节水方案；调查当地水资源的利用和保护状况，并对当地水资源利用和保护提出自己的见解；调查当地农田或城市绿化灌溉的主要方式，了解节水灌溉技术。这些都是课标中提到的活动，也可以开阔思路，让学生更多的深入社会，了解生活，从而强化学生的社会责任意识及正确认识发展与保护环境的关系，增强为人类可持续发展做出贡献的决心。

教师可以结合科技前沿促进学生形成正确的科学态度与责任。教师需要对物理学科的发展进行持续关注，了解最新的科技前沿，使相关的教学工作能够做到与时俱进，将最新的前沿科技成果，特别是我国取得的科研的工程的人文的成就融入到教学中，激励学生为国自豪立志未来为国奉献的决心。为此，教师需要不断进行培训和学习，提升教学素养，了解当前最新的技术与方法，与科学发展进度接轨，同时采取开放的教学态度与灵活的教学方式更好促进学生形成正确的科学态度与责任。

在"双减"的大背景下，物理核心素养是当前教学的根本培育目标，教师在教学活动开展期间要不断的落实这一培育目标。物理核心素养培养的关键在课堂，课前教学设计时，教师要围绕物理学科核心素养的四个维度，根据教学内容和学情制定恰当的单元教学目标或课时教学目标，只有坚持一节课一节课不间断的落实，学生才可能在经过一段时间（或学段）的学习后提高物理学科核心素养，立德树人的根本教育任务才能完成。物理学科的学习需要对知识内容进行内化提炼与提升，从而塑造学生的物理观念。物理教学需要基于全体学生的发展引入多种教学方法，在课堂中构建多元化的物理情境，活跃气氛。物理学科本身具有实验性，教师还要组织丰富的实验探究活动，以此挖掘学生在物理方面的潜力，提高科学探究能力。物理学科本身还具有很强的实践性，易于与生产生活实际相联系，易使学生保持先进的科学精神并具备贴合时代发展的学科思维和能力。物理学科的核心素养培养能够让学生更好地理解理论知识，提升探索知识的能力，发展学生的科学精神，树立科学态度与责任。同时物理核心素养的培育还要拓展至课外，教师要引导学生借助课堂所学知识和方法去观察、去实践、去思考，让学生归于实际生活对知识进行迁移，尝试调动个人经验和以往知识进行分析，从而感受物理之美，由此激发学生基本的学科意识，提升物理核心素养。

农村中学在培养学生核心素养方面面临问题相较其他学校较多，但也有自己独特的优势，只有在前进的路上不断探索、总结、实践、再探索、再总结、再实践才能走出自己的路，结合自身特色与优势一校一路，在互相学习借鉴中不断发展，在不断革新中前进，只有这样才能闯出从习惯培养到发挥课堂教学核心功能进而提升关键学科能力，最后做到科学评价的富于农村特色的新路。

第二章　农村学生学习物理需要养成的习惯

作为物理教师要激发学生物理学习兴趣，培养学生良好的学习习惯。初中物理教学应注重联系生产、生活实际，初中生对新鲜事物有很强的好奇心，有强烈的探究欲望，结合教学内容，教师可以借助教具、多媒体课件，或运用其他教学方法，营造初中生熟悉的生活场景，还可以将生活中的一些现象融入课堂教学，提出生活中学生经常会遇到的现象和问题，吸引学生的注意力。教师需要营造较为轻松的课堂氛围，使学生积极参与课堂讨论，鼓励学生发表意见提出质疑，在师生和生生合作中解决遇到的问题，只有学生解决了在学习过程中所遇到的疑惑，才能够全身心进入后续的学习，同时应对提出问题的学生予以相应的鼓励，激发学生的质疑热情，有效提升学生的科学思维能力。要激发学生的探究热情，引导他们进行合作探究，调动学生学习物理的积极性，使其积极参与物理学习活动，让学生感觉物理好学、物理有趣、物理有用。一点一点从喜欢到兴趣，有了兴趣就能有内生动力，就会主动优化学习环节，逐渐做到课前制定学习目标使学习有完美开端，制定物理学习计划使物理学习程序化，做到课前预习以提高课堂学习的效率，课中全身心参与学习，学习中建立模型、提出质疑，课后总结归纳、改错、规范解题，课外能解决生活中实际的问题，做到知行合一、对知识进行内化提升灵活运用的能力，进一步提升兴趣形成正向循环。

第一节　习惯的力量

习惯真的有力量吗？有这样一个故事，传说在某个海边存在着一个非常神奇的石头，只要有人拿着它，然后再用它敲击两下其它的石头，那个被敲击的石头就会变成黄金，人们把这块神奇的石头称为"点金石"。有一个人特别想拥有财富，他对这个传说深信不疑，于是他就到这个海边去捡石头。每捡到一个石头，他都敲击两下手里的石头，发现手里的石头并没有变成黄金，于是他会把捡到的石头用力的抛向大海，这样他就能把岸上的石头一一过滤掉。于是他每天的动作就是捡起一块石头，然后敲击两下手里的石头，然后把捡起的石头用力抛向大海。就这样日复一日年复一年，他重复着同样的动作，虽然没有捡到"点金石"，但是他扔石头的力量越来越大，一下就能把石头扔进深海去。

有一天，他同样拿起了一块石头，做了同样敲击两下的动作，结果手里的石头真的变成了黄金。但还没等他反应过来，他就毫不犹豫的将那个"点金石"扔进了远远的深海去，这他此时才反应过来，并且后悔不已。我们看到在这个故事中，由于他养成了常年扔石头的习惯，即使他真的找到了"点金石"，由于习惯的力量，却毫不犹豫地将石头扔进了海中去，造成了悲剧。

当然，好的习惯也能成就一个人。我国古代就有一个笨小孩逆袭的例子，他就是大名鼎鼎的曾国藩，可能有的人不知道曾国藩小的时候是一个非常笨的小孩，笨到什么程度呢？有这样一个故事，说有一个贼一天晚上去曾国藩家盗窃，他早早地就趴到了曾国藩家的房梁上，静静地等着他们家的所有人都入睡了，再下来行窃。等了一会儿，几乎所有的人都入睡了，但是他发现还有一个小孩在发奋读书，努力的在背诵一段文章。梁上的盗贼一听，觉得这篇文章并不是很难背诵，于是就想等这个小孩儿背下来后去睡觉了，然后再下来盗窃。可他左等右等，他发现这个小孩儿真的是太笨了，怎么也背不下来这篇简单的文章，眼看大公鸡都打鸣了，天马上就要亮了，那个小孩儿还是没背下来，于是这个盗贼气得从梁上跳下来，当着曾国藩的面背诵了一遍他总是记不住的那篇文章，然后扬长而去。

从这个故事中我们可以看出，曾国藩小的时候并不聪明，甚至说有点笨。但是他为什么能在日后成就非凡的伟业呢？当然了，有很多原因，但其中起决定性的因素应该是他养成的良好的习惯了。比较有名的就是他的日课十二条，日课十二条就是他每天需要坚持做的十二件事，这十二件事就是曾国藩改头换面、脱胎换骨、每日修身、终身精进的不二法门，我们看曾国藩的日课十二条中并没有很多复杂的事情，比如说第二条静坐，第三条早起，第四条读书要精读，第五条读几页史书，第六条用日记面对自我内心等等。日课十二条中好多的并不是很难做的事情，但是却让曾国藩取得了非凡的成就，换句话说他能取得非凡的成就，秘诀其实就藏在每天所做的这些简单的事情当中。所以你养成了什么样的做事习惯，你日后就会取得什么样的成果。习惯的力量就像雕刻家手里的刻刀，它可以把一块普通的石头雕刻成恶魔，也同样可以把这块普通的石头雕刻成天使，就看我们如何运用手里的刻刀了。

一、如何选择我们要养成哪些好习惯

那我们如何让这把习惯之刀为我们所用，为我们创造出美好的结果呢？首先我们就要知道哪些是好的习惯，哪些是坏的习惯。例如，对于身体的健康来说，好的习惯有早睡早起、锻炼身体、控制饮食、不吸烟、不喝酒、不长时间看手机等等。坏的习惯呢？比如熬夜、暴饮暴食、久坐、不锻炼、吸烟喝酒等等。

对于教师的工作来说，有哪些好的习惯呢？比如，每天早上按照优先顺序列几条要做的重要事情，备课、备学生、制作课件、修改课件、辅导学生、精心选作业题、判作业、写评语等等。坏的习惯呢？有上班期间在办公室聊天、看电脑上的新闻、玩手机、不备课就上课等等。

对学生的学习来说，哪些是好的习惯呢？比如上课认真听讲、课下按时完成作业、不会的知识要多去问老师、上课记笔记、课下复习笔记等等。坏习惯呢？上课走神、注意力不集中、犯困睡觉、抄作业、办事拖沓等等。

那对于学习物理来说，哪些是需要养成的好习惯呢？这个问题就是更专业化的问题了，本章第二节的内容将更细致的去剖析它。

我们会发现，对于不同的目的来说，例如健康和工作，我们会有不同的好习惯需要培养。对于不同的身份来说，例如教师和学生，我们同样有不同的好习惯需要来培养。那有这么多的好习惯需要培养，我们是所有的都关注吗？当然不是了，那我们要怎样挑选好的习惯进行培养呢？这就需要我们问自己一些问题。对于健康来说，哪个是目前我最需要的习惯呢？那我可能会认为，目前我最需要的是控制饮食和锻炼身体，我就要把注意力放在这两项当中。对于工作来说，哪个是我目前最需要养成的习惯呢？比如对我目前来说，辅导学生可能是我最需要养成的好习惯，那我们就把注意力放在这一点上。那对于学习来说，哪个是需要养成的好习惯呢？比如对我来说，看书记笔记是我最需要养成的习惯。

那对于选择要养成什么好习惯，还可以采用以终为始的方法来制定，比如说我的目标就是要让学生记住上节课讲的重点知识，那我应该培养什么好习惯呢？根据艾宾浩斯记忆遗忘曲线我们知道，在 24 小时内记忆下降是最快的，所以假如第二天的课上，我们让学生先复习一下上节课的内容，然后再做一个关于上节课的重点知识的小测，那这样来说效果是非常好的，这样我们就知道要养成课前小测的习惯。

再比如，我们都希望课堂上所有的学生都能跟老师积极地进行思考互动。那么我们教师就需要养成什么样的习惯呢？最主要的就是要养成多问问题的习惯，多让学生思考，多让学生回答。这样，学生们的思维会始终跟着老师走，所以以终为始的思考方式是一种非常好的思考方式，它不会让我们偏离目标。就像导航一样，我先把目的地定好了，即使中途有偏离，导航也会把我们拉回正确的轨道上。假如我们采取的行动并不能让我们达成目标，那么我们就要问一下自己，到底我们需要采取其他的什么样的行动，培养什么样的习惯，才能让我们达成目标呢？

二、如何把选择的好习惯变为自己的习惯

前面我们说了习惯的力量以及它的重要性，然后我们又说了如何确定要养成哪些好的习惯，比如问自己最重要的是哪个习惯，或者采取以终为始的方法。那最后一步，也是最重要的一步了，就是如何去做到养成好习惯。大家不要以为知道养成哪些好的习惯之后，只要去做不就可以。实际上知和行之间会有着巨大的鸿沟。古代王阳明提出了知行合一的思想，知是行之始，行是知之成，意思是知道是做的开始，做到了就是我真正的知道了，那这里的做到一定不是偶尔做一下的，而是养成了长期能够做到这种事的习惯。

比如说我们可能都学过开车，而且也拿到了驾驶证。但是有的人可能拿到车之后，已经几年甚至十几年没上路开过车了，我的妻子就是这种情况，那她

真的敢说自己会开车吗？即使她说自己会开车，那真的有人敢坐她的车吗？真正说自己会开车的，一定是每天或者经常都在做这件事的人。而且上路开车已经养成了习惯，开车开多了我们在操控汽车的时候，就会像操控手和脚一样去灵活地操纵它。

再比如我们中国的传统美德孝顺，我相信大家都想做一个孝顺的儿女。但是有谁能真正地做到孝顺呢？首先，我们可能不知道孝顺最重要的点是在哪里？实际上孝顺最重要的是在"顺"字上，就是我们能不能真正地去顺着父母的意愿去做事，而且这种顺着父母去做事不是一两次的，而是长期的形成一种顺着父母的习惯。

如果我们真的做到了，那我们可以自豪地说，我是孝顺的，邻居也会认为你是孝顺的，既然你做到了，你一定也知道什么是孝顺。所以我们会发现，如果我只是知道这件事儿，那么我可能不会去坚持把它养成习惯，我们把这种只知道却做不到称之为"假知"，那如果我已经养成了做这件事情的习惯，我们一定会知道这件事儿是对于我们有多么的重要，我们对于这件事儿的理解也会非常深刻，我们把知道而且又能做到称之为"真知"。

（一）"假知"变为"真知"的第一步

我们如何才能由"假知"变为"真知"呢？实际上，要把假知变为真知的第一步，就是要能够找到长期做这件事的重要意义，甚至是多重重要意义。

我和大家分享一下我的物理课上是怎么养成课前检测的这种习惯的。我刚毕业的时候，由于经验不足，也没有形成自己的独有上课风格，所以导致学生的成绩不是很好，于是我就问自己，到底是因为什么原因学生的成绩比较差？

通过数据分析，我发现学生的基础知识掌握很不牢固，俗话说基础不牢，地动山摇嘛。于是我问自己，那我要采取什么样的行动才能让学生更好地记住知识呢？当时我们的研修员王老师在大力推广课前检测，我发现这个课前检测真的就能够解决基础知识不牢的问题，于是我下定决心，每节课都要进行课前检测。

但是我大概坚持了一周左右就坚持不下去了，于是又回到了原来的上课风格上去，那期末考试可想而知，又是个很糟糕的结果。在假期中，我深刻地进行了反思，我问我自己，为什么我只坚持了一周的课前检测呢？答案是，自己太懒了，因为课前检测都是要自己出题，每天晚上都要重新备课，改课件，设计题目，检测完之后还要判小测，然后找学生更正。这样一套下来，实际上无形中增加了很多的工作量，于是我就问我自己，课前检测到底给我和学生带来哪些好处？哪些重要意义呢？比如课前检测可以让学生的基础知识更扎实，这样可以提高学生的成绩；课前检测还能让我了解学生哪些知识掌握不牢；课前检测还能让学生上课后迅速的进入安静的状态；课前检测能够锻炼我做课件的能力；它能让我更了解学生的学习情况；它能让我在给学生辅导的过程中，拉近师生之间的感情；学生成绩提高了，学生会很高兴，于是会更爱学习物理；学生成绩提高了，我也会过一个非常愉快的假期；还能让我在物理教学中更自信等等。

当我写下课前检测能够带来这么多的重要意义的时候，我再一次决定下学期务必每节课都进行课前检测。当然，在坚持这件事儿的时候，并不是一帆风顺的，比如有的时候会备课到很晚，有的时候实在是没时间改课件儿了，那就读题检测，再比如虽然检测题打到 PPT 上，但是题的答案没有时间往上写，没关系，我就展示一个写的正确的学生的答案。你会发现我虽然碰上了种种困难与难题，但只要我明确了做这件事的多重重要意义，那么这些困难与难题都不是问题，最终都能把它克服。期末考试拿到学生成绩的时候，也是非常的开心，因为学生的成绩有了大幅的提高。所以能够找到做一件事的多重重要意义非常重要，它是我们由"假知"迈向"真知"的第一步。

（二）"假知"变为"真知"的第二步

那么由假知到真知的第二步是什么呢？就是我们要一小步一小步的行动起来，不要想着一次跨一大步或一口吃成个胖子。就像乌龟赛跑里的乌龟一样，慢慢的持之以恒的行动，最终到达目的地。我曾经看过这样一个实验，就是如果把一只小狗从冬天温暖的房间里直接抱出去，放到冰冷的雪地里它会毫不犹豫地一刻也不停留地跑回温暖的屋里去。而如果我们把这只小狗放到雪地的边缘，它会慢慢地试着踩两下雪，甚至会跑到雪地里玩一会儿，然后才会回到屋中。这个实验说明了什么呢？就是如果我们一下子做出的改变太大。我们反而不能坚持很长时间，如果我们从小的改变开始，我们会坚持得更持久。这是为什么呢？研究发现，我们每养成一个新的习惯，实际上就在大脑里的神经元建立了新的连接，在大脑里会形成新的沟回。而如果行动量改变太大，我们的大脑会产生抵触的反应，而我们只改变一点点，这样就能够骗过大脑。

我曾经看过一本书，叫《微习惯》，作者称自己为肌肉作家，因为他通过锻炼，使自己拥有了完美的肌肉。但他之前怎么也不能坚持锻炼，直到他每天给自己定了一个目标，就是一天只完成一个俯卧撑，因为一个俯卧撑对作者来说可以轻松完成，所以每当作者在想起这个任务的时候，大脑并不会有什么抵触，因为它太简单了，但是在做俯卧撑的时候，作者每次都会超额完成。他可能完成10个20个，他会把多余的精力用在超额完成上去，作者说即使你已经能轻松完成更多的俯卧撑了，你也要只定1个俯卧撑的目标，因为如果有一天出现极端的情况，比如说你很累或者你生病了，你也能轻松的完成目标。作者说，他有一次累得睡着了，但是夜里突然想起来还没完成任务，于是他起身做了一个俯卧撑，然后又继续睡去。

不要小看这样一个举动，它能让我们长期地专注于目标，而不至于被打断。作者说养成习惯的关键在于你重复这个行动的天数，而不在于你一天做了多少任务。随着时间的增加，我们大脑里就会慢慢地形成新的链接，于是我们每天都去重复去做这件事儿，如果我们突然有一天没做，大脑反而会觉得不自在了，这个时候实际上我们也就真的养成了一个好的习惯。

就比如关于课前检测的这个习惯，我们可以先从检测题的数量上迈出一小步。我可以出2道3道小题，然后慢慢增加4道5道6道7道等等。我还可以在检测形式上迈出一小步，比如实在没时间做课件，我们可以先口述进行出题检测。不管怎样，只要你勇敢地迈出一小步，然后坚持每天都检测，持之以恒地做下去，就一定会得到成果。

其他的习惯养成方式也是一样。首先我们明确了它的重要性，最好能够找到多重重要意义。然后每次迈出一小步，就像婴儿学步一样，一点一点的长期坚持下去，就必定会成功的。

三、真正的改变是行为习惯的改变

有这样一个故事，寺院里有个禅师，他想点化他的弟子们，想让他的弟子们能够更好的养成习惯，于是他把弟子们带到了一片未开发的荒地上，然后问道：

"怎样才能除掉这些荒地上的杂草呢？"弟子们七嘴八舌的说起来，有的说用火烧，有的说用锄头把草根挖掉，还有的说在地上洒些石灰等等。

禅师见大家讨论得非常激烈，于是就按照讨论出的方法，把大家分成小组，每个小组按照他们的方法去除草，等到秋天的时候，看看哪组的除草效果最好。等到了约定的时间，禅师带着他的弟子们来到这片荒地，但是荒地上仍然还有很多杂草，怎么也除不掉。这时禅师说，实际上我也有一块荒地，我带你们看看我是如何去除杂草的，大家都非常好奇地跟着禅师，想知道禅师到底是用什么方法。他们走到了那片荒地附近，远远地看上去荒地却变成了良田，田上长着绿油油茂盛的庄稼，而杂草早就不见了踪影。禅师这时说道，杂草就像是我们的坏习惯，而庄稼就像是好的习惯，我们怎么改掉坏的习惯呢？实际上我们要用好的习惯去充满我们的时间，不给坏习惯发展的空间，坏的习惯就真的不存在了。

曾国藩在年轻的时候并没有很大的成就，主要原因是身上有很多的坏习惯。尤其是抽烟的习惯（不是鸦片）他怎么也改不掉，每次他想戒烟的时候，他都把他的好朋友们叫来，举行一个盛大的仪式，然后当着他们的面把抽烟的烟具砸了，然后宣誓再也不吸了。但是没过一两个月，可能由于种种原因，就又吸上了，就这样他与吸烟的坏习惯打了十年的仗，直到有一天晚上，他没告诉任何人就把他的烟具静悄悄地埋在了地下，然后回到书房写下了著名的日课十二条，然后每天都去完成这 12 件事儿，最终成为一代大家，所以曾国藩用的方法就是用好的习惯去替换他的坏习惯。

我们的课堂也是，如果课堂上出了问题，一定是有一些坏的习惯。比如课堂上学生不爱思考，那一定是我们讲得太多。这就需要用多提问的好习惯代替讲的坏习惯。所以好好反思一下，我们的课堂里面有没有坏的习惯呢？如果有，那就用好的习惯去替换它吧，你的课堂将会有翻天覆地的改变。

第二节　学习物理的五大习惯及培养

　　英国哲学家培根说过，习惯是一种顽强而巨大的力量，习惯可以主宰人的一生。在初中阶段，学生如果能够养成良好的学习习惯，对终身学习有很大帮助。在"双减"的大背景下，教师除了教授学生知识和技能外，还应该注重对学生学习习惯的培养，让学生在学习物理的过程中，除了要完成学习任务，还要掌握高效的学习方法和策略，提高学习的效率。

　　我们可以把学生在学习物理的过程中，逐步形成一种固定式、重复性、长效性的学习方式，称之为物理学习习惯。学习物理的习惯如果按照时间段可以分为课前、课中和课后，比如，课前预习习惯，课中认真听讲、观察实验保持专注力、科学记笔记，课后总结知识、错题、整理错题等等。在这里主要把这里面对于学习物理比较重要的几个习惯及如何培养进行重点介绍，如善于观察、勤于动手实验、提问质疑、自主学习等。

一、善于观察的习惯

（一）观察是什么

　　《词源》中对观察的解释是：观即"细看"，"察"即"观察、细看"，"观察"即"细看"。[①]

　　心理学上将观察定义为有目的、有计划、比较持久的知觉活动，观察过程是一种热属的知觉过程，但是观察和知觉是有差异的。心理学家认为，观察比知觉复杂、深入得多，在观察中还包括积极的思维过程，所以人们又把它称为"思维的知觉"或者直觉中发展的高级形式。[②]

　　以上这些是对观察这个概念的定义，作为观察中的一种，物理学中的观察

---

　　① 《词源》（第 3 版）[S]. 商务印书馆，2002：1156
　　② 宋静瑶.《重视培养学生的观察能力——心理学讲座（二）》.云南教育（小学教师）[J], 1980（2）：

肯定与观察有很多共同的地方，但是也会有其独特之处。那么初中物理学中的观察究竟是什么？

阎金铎主编的《物理能力测量研究》一书中将物理观察定义为：物理观察是在既定条件下，以直觉物质以其运动中的物理因素、他们的形象、变化及其相互关联为目的的一种观察。[1]

根据上述对观察的定义可以看，物理观察是观察的一种，结合上述的观点，笔者将物理观察定义为：在身边日常生产和生活中，对其中的有关物理的现象提出问题，借助所学的物理知识，运用感觉器官或者借助物理仪器有目的、有计划地对现象或者事物的本质进行深入地研究和思考。

（二）观察的重要性

1. 观察：物理学习和研究的基础

观察是科学研究寻找真理的根本途径。物理学家通过认真地观察发现了很多定理、定律。如贝弗里奇指出"在研究工作中，养成良好的观察习惯，比拥有科学学术知识更重要"。[2]英国物理学家、化学家法拉第也说过"没有观察就没有科学，科学发现诞生于仔细的观察中"。捷克斯洛伐克的著名教育家夸美纽斯说"一个人的智慧，应该从观察天上和地下的实在的东西而来。同时，观察越多，获得的知识越牢固"。1820年4月奥斯特做了这样一个实验：用一个小的伽伐尼电池，让电流通过直径很小的铂丝，铂丝下放置一个封闭在罩中的小磁针，这个实验由于一个意外事故未能在课前进行。而在当晚的课堂上，他突然感到实验有很大成功的把握，于是就把导线与磁针都沿磁子午线方向平行放置，毫不犹豫地接通电源，果然小磁针向垂直于导线偏转过去。这个现象虽然没有给听众留下什么深刻的印象，但是奥斯特通过他敏锐的观察，激动万分，伟大的发现就这样得到了。[3]

北京市特级教师陶昌宏曾经说过，在初中物理的教学的基本特征中，以观察实验（事实）为基础。不管是物理实验还是事实现象，都需要清晰地呈现给学生，让他们从不同的角度去观察，形成思维碰撞。

---

① 续佩君.《物理能力测量研究》[M].广西教育出版社，1996：70
② 李文凤.《科学教学中热和培养学生的观察能力》.北京中外软信息技术研究院[A]，2016：1
③ 李艳平 申先甲.《物理学史教程》[M].科学出版社，2003：189

2. 观察：物理课标的要求

美国学者大卫·杰纳·马丁在其著作《走进中小学科学课》中将科学过程技能划分为观察、分类、交流、测量、预测、推断、识别和控制变量、形成并验证假设、数据解释、设计操作、实验、建立模型12个过程[①]。观察作为基本科学过程技能，对学生的科学学习非常重要。在教学过程中，提高学生观察的兴趣，让学生掌握观察的技能，培养观察的习惯，使学生有一定的观察的素养。

观察是初中生学习物理的基础，在《义务教育物理课程标准（2022 版）》中明确规定初中要学会观察。物理学通过科学观察、实验探究、推理计算等形成系统的研究方法和理论体系。物理课程要培养学生的核心素养，主要包括物理观念、科学思维、科学探究、科学态度与责任。其中科学探究是指基于观察和实验提出物理问题，形成猜想与假设、设计实验与制定方案、获取与处理信息、基于证据得出结论并作出解释，以及对科学探究过程和结果进行交流、评估、反思的能力。所以说，观察是学习物理的起点。

（三）如何培养观察习惯

1. 创设情境，培养并保护学生的观察兴趣。

要想更好地培养学生的观察兴趣，开始选择观察对象时，最好是学生感到惊奇的事物。比如，在讲《平面镜》时，我给学生表演魔术"隔山打牛"，两个完全相同的蜡烛，放在透明的玻璃板前后，同时将两个蜡烛点燃（实际只点燃靠近学生那支蜡烛），学生看起来两支蜡烛都燃烧着。向同学们说，我能隔着玻璃板一口气将两个蜡烛都吹灭。学生不相信。于是，吹一口气，奇迹就出现，确实两个蜡烛都灭了。学生非常诧异，获得了深刻的印象。在做液体压强实验时，用到了微小压强计，为了让学生观察效果明显，可以在压强计 u 型管中加入红色墨水。另外，老师应该保护学生观察的兴趣。比如，我们在做一个实验的时候，可能学生会问到一些与该实验无关的问题。这时候老师就不耐烦了，不愿意给学生解答，对学生的打击是非常大的。可以课下顺便给学生讲一讲，丰富学生的知识，不仅能培养学生观察习惯，同时还能让学生更加热爱物理。

---

① 胡玉华《科学过程技能》[M].首都师范大学出版社，2006：176

2. 引导学生观察周围的事物。

在《义务教育物理课程标准（2022 版）》中的课程理念明确提出，"从生活走向物理，从物理走向社会"的新课标理念。遵循初中生身心发展规律，贴近学生生活，关注学习生长点，以具体事实、鲜活案例、生活经验和基本概念等引导学生进行理性思考。[①] 生活中处处都有观察的对象，很多都暗含着物理知识。在家里，我们可以观察到家用电器有的是为了加热用的，有的是为了发光用的，有的为了吹冷风用的，有的是为了吹热风用等等。在河边，看到河中的小船是铁做的，就可以思考为什么铁钉放到水里会沉底，同样是由铁制成的小船为什么没有呢？在公园里，看到有小朋友坐滑梯从高处滑下来，可以思考小朋友的质量变了吗？速度变了吗？动能变了吗？在社会大课堂外出参观等活动中，可以带学生们去田野里看看大自然的景观，提供观察的机会，随时培养观察的习惯。这样不仅拓宽了学生的观察的视野，也让学生体会到物理就在我们身边。

3. 明确观察的目的，提高观察的广度和深度。

学生对观察的任务的了解会直接影响观察的效果。观察的目的越明确观察效果越好。学生在观察中，有无明确的观察目的，得到的观察结果是不相同的。比如，在讲解变阻器时，滑动变阻器共有六种连接的方法，学生通过实验记录灯泡亮度的变化。我们的目的是归纳滑动变阻器的使用方法，就需要学生观察哪几种连接的方法，滑动变阻器的效果是一样的，而不是简单的观察灯泡亮暗的变化。最终通过了学生有目的的观察，归纳出滑动变阻器的使用方法。

4. 教给学生技巧，促进观察有序开展。

学生由于年龄的原因，在观察事物或实验时，注意力往往不集中，造成观察事物或实验不细、不全、不准。所以在课堂时，应指导学生按合理的顺序去观察，告诉学生从哪几个方面看，先看什么，后看什么，从头到尾，从上到下，由远及近，由表及里等等。在讲电磁感应的时候，需要让学生先看灵敏电流计指针是否偏转？再看指针偏转方向是向哪个方向？有观察的先后顺序。

---

① 《义务教育物理课程标准（2022 版）》[S]. 北京师范大学出版社，2022：2

5. 坚持客观记录，获取真实数据。

在教给学生学会观察的同时，还要要求学生记录观察的数据。长期坚持记录，培养学生观察的好习惯。丹麦文学家第谷·布拉赫在 1576 年，在哥本哈根海峡的一个小岛上修建了一座完美的天文台，经过长达 21 年的观测，各个行星角位置的误差仅为 2，第谷对天文的观测足以说明，坚持观察并记录数据，是做研究的一项必不可少的工作。

6. 注重多种感官参与观察。

在观察中，只要条件允许并能保障安全，不仅要让学生用眼看，还应鼓励他们用耳听，用手摸，用鼻子闻，用嘴尝，让学生把他观察的过程和感受、结果说出来。让学生多种感官参与观察活动，会增强观察的效果，能够逐步培养学生观察习惯。在讲《电流热效应》这节课的时候，我们可以给铅笔芯通 9v 的电压，会看到铅笔芯燃烧。让学生闻到燃烧的味道和观察燃烧时发光现象。用两节五号电池给一个 10 欧的电阻通电，让学生手指触摸该电阻，感受到通电导体发热。

良好的观察习惯应该包括：目的性，注意力集中，持续性，精确性、敏锐性、细致性、全面性，稳定性。能够通过观察，表达自己的观点。良好的观察习惯不是一朝一夕就能形成的，需要我们在课上、课下创造观察机会，锻炼学生观察能力，使学生养成善于观察的好习惯。

二、勤于动手实验的习惯

（一）什么是物理实验

廖伯琴教授在《初中物理教学策略》一书中写到，物理实验是实验者带着一定的目的，在自己的控制范围内，使用仪器、实验设备，多次重复进行实验，发现重复的实验现象要进行分析，归纳，总结，最终得出一个比较科学的实验理论，得出的实验结论跟做实验之前预测的实验结果应该是统一的。[①] 张德启在《物理实验教学研究》一书中写到物理实验是带着一定的教学目的，通过实验仪器，遵守实验操作规程的前提下，按照做实验之前的预测的目的进行发展，

---

① 廖伯琴.《初中物理教学策略》[M].北京师范大学出版社，2010：5

得出实验结论后，排除其他与实验没有关的因素，通过实验结论我们去对照教材上的理论知识看看是否正确。[①]

物理实验习惯是指实验前预习的习惯，实验中遵守实验要求以及正确使用实验仪器，实验结束后整理和收拾实验桌面的习惯，撰写实验报告的习惯。

（二）实验的重要性

1. 实验是学习物理的必要过程

物理学是自然科学领域研究物质的基本结构、相互作用和运动规律的一门基础学科。义务教育物理课程是一门以实验为基础的自然科学课程。

建构主义的科学教育中十分强调的是探究问题，是在某个真实的情境中理解知识，而不是死记硬背的记忆，倡导学生在教学中进行探究学习和合作学习，这就需要养成良好的物理实验习惯。所以在物理教学中就必须要重视实验教学，在物理新课教学中，如果没有学生亲手的实验，那么这节课一定不是一节成功的物理课。所以在物理教学中就必须千方百计创造条件，让学生亲手实验，主动探究物理问题，获得新知识。

杜威的做中学，可以理解为一切学习来自于经验[②]。初中物理所学的知识一般都是来源于实验验证出来的，实验在物理教学中是不可或缺的环节，学生在实验过程中需要亲身参与，在做实验过程中理解物理知识，在做实验的过程中培养物理实验习惯。做实验的过程中学会爱护仪器、整理仪器，在保证安全的前提下，学习如何操作仪器，解决出现的问题，从失败中寻求正确的方法。学生会在做的过程中慢慢培养良好的实验习惯。

2. 实验是课标的必须要求

在《义务教育物理课程标准（2022 版）》中明确规定，教师应该提前做好实验教学设计，准备好实验器材和场地等，规划好教学时间。教学中，要求每个学生动手动脑完成实验。有条件的学校应尽可能多地给学生创造动手实验的机会，以发挥实验的育人功能，促进学生核心素养的养成。鼓励学生设计实验方案、自制实验器材、改进实验装置及操作方法，给学生提供自主探究的时间

① 热依莱 买买提.《初中生物理实验素养现状调查与分析 – 鄯善县第二中学为例》. 新疆师范大学 [D]，2021：9

② 朱萌.《杜威的"从做中学"教学理论及其现实意义》.《理论观察》[J]，2016（9）；159–160

和空间。增加实验室开放时间，为有兴趣的学生提供场地、器材、指导等的支持，在确保安全的前提下，鼓励学生利用课外活动时间，在校内外利用简单的器材开展科学探究活动。在新课标中明确了21个学生必做实验，并把这些实验分为测量类学生必做实验和探究类学生必做实验。新增加了"跨学科实践"活动，旨在发展学生跨学科运用知识的能力、分析和解决问题的综合能力、动手操作的实践能力，培养学生实践能力。在新课标中，对实验提出了明确的要求。

（三）如何培养实验习惯

1. 培养学生课堂做实验的习惯

初中物理书上的科学结论都是通过实验一步一步验证出来的，要在课上给予学生充足的时间，不仅要把新课标规定的实验完成，还想方设法创造条件完成一些非必需的实验。初中生就像热爱做物理题那样，热爱做物理实验。做实验的习惯是提高实验能力最直接的途径。实验做得越多，越能提升对实验目的、实验原理、实验过程、实验数据记录表格、实验操作等的理解，从而加深对物理知识的理解。比如，在初三教学过程中，虽然时间非常紧张。但是，笔者的学校还依然在每节新授课上为学生配备电学实验套装，进行所需的物理实验。在这个实验盒中，几乎包含了电学学生实验所需。实验套装和无理数一样跟随着每名学生，用起来更方便。不仅在课上可以做实验，课下或者回家都可以完成实验。

2. 培养学生课下做实验的习惯

根据中考改革的趋势，在中考试题中，要体现学习物理对我们是有用的。利用我们所学的知识，能够解决生活中我们遇到的一些问题，使物理的学习和我们的生活结合在一起。于是，我们教研组决定尝试改变留作业的形式，由单一的纸笔类作业变为纸笔类作业和动手实践类作业相结合，让学生在家做一些小实验。家庭小实验可以做的内容有很多，在选择实验内容的时候，教师务必要围绕课堂教学的内容，选择与我们日常生活紧密联系，贴近现实生活，勤于操作，选取一些有利于进行物理概念理解的小实验。实验的操作简单、难度不大。可以是之前学过的内容，这样帮助学生更能深入理解所学内容。也可以是即将要学的内容，为学生在学习新知识的时候做好铺垫。实验器材的选择要充分利用一些生活用品或废旧物品。如玻璃杯、脸盆、易拉罐、暖水瓶、气球、橡皮筋、纸杯等等，充分利用家中的瓶瓶罐罐进行低成本物理小实验。例如，可以利用矿泉水瓶进行许多小实验，在瓶中下部扎一小孔，倒入水且水面高于小孔，当松开瓶盖时，水从小孔流出，当拧紧瓶盖时，水不流出。总之，利用身边的器材，使物理现象更加直观，实验装置更加简单。

3. 培养规范操作的习惯

训练学生对基本仪器的正确使用，让每个学生学会正确使用基本的仪器。在学生做实验前，教师应该介绍实验仪器的结构原理以及注意事项，并对仪器的使用进行演示。比如，在讲到力的测量工具弹簧测力计的时候，要讲到弹簧测力计的原理，正确使用的方法，使用时注意事项，不能超量程，必须竖直方向拉测力计等等，都需要向学生讲解清楚，再让学生做实验。

训练学生对实验的规范化。所谓规范化就是按照程序进行，做实验的程序主要就是组装仪器、仪器的准备性调节、按照实验规则进行实验、完成实验数据记录及报告撰写，最后整理实验器材。要注意实验动作的规范化和标准化。例如，在做测小灯泡额定电功率时，连接电路时，就需要断开开关。闭合开关前需要将电流表、电压表调零，滑动变阻器跳到最大阻值。试触后闭合开关，在调节滑动变阻器滑片位置的同时，注意观察电压表示数。诸多实验操作的细节，都需要在每个实验中对学生进行固化，才能形成良好的做实验习惯。

4. 培养爱护仪器、注意整洁的习惯

爱护仪器、注意整洁的习惯是实验素养的一部分，实验仪器是学生做实验的工具，就像生活中的必备物品一样，实验室就像学生自己的家一样，所以要爱护实验仪器、爱护实验室。做实验时选择合适的实验台面。做实验过程中按照实验操作规程进行，不要随意改装实验器材，用的仪器要轻拿轻放，实验结束时记得整理实验仪器[①]。比如在水沸腾实验时，需要从下而上的组装实验器材，实验结束的时候，整理器材，需要等待水凉下来将烧杯的水倒干净，刷干净烧杯，为后面的班级使用做好准备。

5. 开展实验技能竞赛展示活动

当前不管是国家层面，还是学校自己组织的学科竞赛一般只有笔试，而实验

---

① 热依莱 买买提.《初中生物理实验素养现状调查与分析 - 鄯善县第二中学为例》.新疆师范大学[D]，2021：11

技能操作的竞赛还是比较少。根据不同的条件，可以开展实验技能操作比赛，一方面能够检验学生的动手操作技能，另一方面还能够提升学生的心理素质。比如，笔者所在的学校每年都会举行科技节展示活动，分集体展示和个人展示两部分。在集体展示的过程中，每个班级选出一部分学生参赛，选出一部分学生当裁判，给其他班打分。初二的同学使用托盘天平测量质量，测量一个橘子或一个小苹果的质量，初三的学生就可以做连接串并联电路。在个人展示的过程中，学生在指导老师的帮助下，经过前期的制作，经过老师的选拔，优秀作品进行展示，进行了"锤子的平衡""神奇的滚筒"等趣味物理实验，将大家带入无比美妙的物理迷宫，使大家从这些妙不可言的现象中产生对学习的浓厚兴趣。

当前在我们的教学过程中，过分注重分数。对于一些实验，有时候通过教师讲实验、放视频等形式呈现给学生，不能让学生亲手实验。只有尽可能多地让学生亲自动手实验，才能培养学生实验习惯。

三、培养质疑提问的习惯
（一）什么是质疑和提问

在教育领域，《教育大辞典》中将质疑定义为：学生在学习中有疑难问题，向老师提出并要求解答或解释，同时，教师在教学中也向学生提出问题，进行反诘，以促进学生积极思考，进一步深化学习。[1]

提问即指提出有关物理问题，是指学生在学习活动过程中，为了巩固知识的掌握、探索未知领域或监控学习过程，在联系自身已有经验和当时学习情境的基础上，针对一定的学习内容，通过一定的认知努力而自觉提出问题。[2]

科学问题是指能够通过收集数据而回答的问题，例如，"纯水和盐水哪一个结冰更快"就是一个科学问题。并不是每一个科学问题都可以进行探究，当问题太泛化或太模糊，就难以进行科学探究。一般而言，可以探究的科学问题描述的是两个或多个变量之间的关系，其中的变量必须是可测量，可检测的。

在物理教学中，结合自身教学经验，可以把提问质疑定义为：学生根据生

① 李春娥.《初中生质疑能力存在的问题及对策研究》.辽宁师范大学 [D]，2006：9
② 杨小洋、申继亮.《阅读理解情景下中学生提问能力发展特点研究》.心理发展与教育 [J]，2005（2）：34

活经验或是老师创设的各种情境，提出有关科学问题，若想进行科学探究，再进一步提出可探究的科学问题。在学生学习过程中，有疑问或者有难度的问题，向老师、同学或向 app 等提出需要解答的需求，进而学习新知识。

（二）提问质疑的重要性

1. 提问质疑是学习物理的必要技能

建构主义的教学理论强调：学生的学习活动必须与问题相结合，以探索问题来引导和维持学生的学习兴趣和动机，让学生带着问题思考、带着问题探究，使学生拥有学习的主动权。通过学生的自主学习，一方面使知识由外向内转移和传递，知识不断丰富；另一方面学生在自主建构知识的过程中能力不断地发展和提高。[①]

问题教学理论是由 M·H·马赫穆托夫创立的，他把问题教学理论的本质分为三方面：第一，问题教学是教师引导学生在学习过程中主动发现问题和解决问题的过程；第二，问题教学是教师引导学生在学习过程中独立获取知识的过程；第三，问题教学强调学生在学习过程中要有发散性和创造性思维。[②]

当前的物理教学过程中，学生习惯了老师讲，学生听这种模式，这种模式的学习是被动的，效率低下的。教师应该创造良好的课堂气氛，鼓励学生提出质疑。学生为了提高课堂效率，就需要养成主动提出问题，主动对课堂教学过程中一些题目、实验等提出质疑的习惯。

2. 提问质疑是新课标的要求

在《义务教育物理课程标准（2022 版）》中提出核心素养，物理课程核心素养分成物理观念、科学思维、科学探究、科学态度与责任。其中在科学思维中包括质疑创新这个要素。在科学探究中包括问题意识。在学业要求中能运用有关知识，对一些说法进行质疑，发表自己的见解。在物理学习中，能发现并提出需要探究的物理问题，能根据已有经验做出有关猜想与假设。

（三）培养学生提问质疑的习惯

1. 在实际生活中提出问题

① 莫雷.《教学心理学》[M]. 广东高等教育出版社，2002（12）：128–129

② 丁念金.《问题教学》[M]. 福建教育出版社，2005：138

　　许多生活中的现象，实际都是物理问题。正如我们都知道的那个故事，牛顿因为苹果落地这个再普遍不过的现象，建立了万有引力定律。在教学过程中，老师要引导学生时刻关注生活、关注大自然，任何一个现象都有可能是一个物理问题。比如在讲到滑动摩擦力的时候，冬天下雪路滑，我们会发现有的人会撒一些土，这是为什么？这些现象在日常生活太普遍了。从生活中提出问题，体现新课标课程理念"从生活走向物理"，也更容易激发和调动学生的积极性。

　　2. 在物理实验中提出问题

　　在物理教学过程中，学生实验或是教师演示实验几乎每一节课都会涉及。教师需要利用演示实验，创设问题情境，提供一些学生没看见的、意想不到的物理现象，这些出乎意料的物理现象，能够勾起学生的好奇心，学生会自发地提出一些问题，促进学生深度思考。例如，在讲解导体和绝缘体的时候，玻璃常温是绝缘体，导致电路是断路，小灯泡不亮。我给灯泡玻璃芯加热，发现小灯泡逐渐变亮。这和学生平时的认识是不同的，引起学生认知冲突，思考为什么？

　　3. 利用多媒体手段创设问题

　　教师要借助现代教学手段，将图片、动画、视频等素材，原汁原味展现给学生。使枯燥乏味的知识学习变得生动起来。利用这些素材让学生的各种感官受到刺激，激发出学生的问题。例如，我们在讲解《光的折射》的时候，课前可以给学生播放海市蜃楼的视频，在海上出现了整个城市的夜景。让学生感到诧异，为什么好好的陆地景色跑到海面上去了呢？学生带着这样的问题学习本节课。

　　4. 在教学中引导学生质疑

　　在课堂教学过程中，教师需要不断地创设问题情境，充分激发学生的质疑需要，不断发展学生的思维，逐步养成质疑的习惯。在讲解《牛顿第一定律》的时候，演示用手在水平桌面推动木块前进，撤去手后，木块不动，得出了亚里士多德的观点——"物体的运动需要力来维持"。在演示用手在水平桌面推动小车前进，撤去手后，小车继续运动。引发学生质疑，亚里士多德的观点怎么又错了？质疑亚里士多德的观点，让学生知道，伟人也有犯错误的时候。小车受到摩擦力的作用才会停下来。接下来探究物体运动的距离与所受阻力大小的关系，不断改变阻力，当阻力越来越小的时候，运动距离越来越远。引发学生质疑，什么情况下物体会一直运动下去？最终得出牛顿第一定律。在这个过程中，不断创造情境，制造冲突，引发质疑。在质疑的过程中，提高学生自主学习、观察、实验、总结的能力。

5．制造提问质疑的氛围

在过去的课堂中，教师喜欢"一言堂"，过分强调课堂秩序，不允许学生随意打断老师的发言，这样就没法让学生发表自己的观点，提出问题或发表质疑。教师不要过分看重自己的权威，就需要营造一个愉快、和谐、民主的教学氛围，鼓励学生敢问、敢想、敢说、敢做、敢对老师说"不"。敢于对老师说的话、做的事提出自己的观点，提出自己的质疑。无论提出什么样的问题，老师都要耐心地解答，及时对学生进行表扬，给予点赞。

6．教给提问的方法

我们一般遇到一个现象都要从以下四个方面着手了解。首先，这是什么？其次，这样是为什么？然后，这是怎么做的呢？最后，再次多问一个如果。[1] 比如，在讲《滑动变阻器》的时候，给学生展示一个老式台灯，通过旋转旋钮，看到什么？灯泡亮暗发生变化。为什么？引出变阻器。思考变阻器怎么制作的？先用一个铅笔芯改变连入电路中长度，再到改变电阻丝的长度，然后再将电阻丝缠绕在绝缘体上，逐步构造成一个滑动变阻器。如果将滑动变阻器应用到别的电器中，会出现什么情况。通过不断地提出问题，解决问题，使学生深度学习，完成课程目标。

四、自主学习的习惯

（一）什么是自主学习

华东师大庞维国教授认为，从横向角度看，自主学习需要从学习的各个反向对自主学习进行界定，从纵向看，自主学习需要从学习的整个过程来阐释自主学习的实质。如果学生能够自我确定学习目标、计划、做好学习准备，在学习活动中能够自我监控和自我调节，在学习活动后对学习结果进行自我检查、总结、评价和自我补救，那么他的学习就是自主的。[2]

---

① 万赛.《关于初中生物理提问能力培养的教学研究》.湖南师范大学 [D]，2014：32

② 庞维国.《论学生的自主学习》.《华东师范大学学报（教育科学）》[J]，200\：78-83

1. 学生发展的需要。

当前社会科学技术迅猛发展，在一个终身学习的时代，一个人如果不会学习，就会被社会淘汰，学会自主学习就会学会生存。自主学习对于人的终身学习和发展都具有非常重要的影响。学生在学校和老师一起学的知识，永远跟不上时代发展的脚步，所以在物理教学中，就要培养学生自主学习物理的习惯，为学生的终身发展奠定基础。

2. 课程标准的需要。

在 2010 年颁布的《国家中长期教育改革和发展规划纲要（2010–2020 年）》中再次明确提出"注重培养学生自主学习、自立自强和适应社会的能力"。[①] 在《义务教育物理课程标准（2022 版）》中提出核心素养，核心素养是课程育人价值的集中体现，是学生通过课程学习逐步形成的适应个人终身发展和社会发展需要的正确价值观、必备品格和关键能力。在教学建议中明确提出，处理好教师指导与学生自主的关系。既要有教师的合理指导，确保活动循序渐进开展，又要让学生自主实践、独立思考、大胆设计、敢于创新，在自主活动中提升解决问题的能力，养成良好的科学态度。注重发挥每个学生的创新潜力，鼓励学生设计实验方案、自制实验器材、改进实验装置及操作方法，给学生提供自主探究的时间和空间。增加实验室开放时间，为有兴趣的学生提供场地、器材、指导等方面的支持，在确保安全的前提下，鼓励学生利用课外活动时间，在校内外利用简单的器材开展科学探究活动。[②] 课标明确要求要给予学生足够的时间，让学生充分思考、实践，提升学生自主学习能力，为终身发展打下良好的基础。

（二）如何培养学生自主学习的习惯

1. 构建自主学习的氛围。

中国的教师受到几千年来孔子"传道授业解惑"思想的影响，坚持所谓的师道尊严，始终以教师自己为中心。培养学生的自主学习习惯，就需要以学生为中心。在教学过程中，要以学生为主体地位，以教师为主导地位。充分考虑

---

① 《国家中长期教育改革和发展规划纲要（2010–2020 年）》.《人民日报》（CN）.2010.7.30（13）
② 《义务教育物理课程标准（2022 版）》[S].北京师范大学出版社，2022：44

学生的学习情况、生活经验，采用启发式、问题式教学，培养学生成为有一定自主学习能力和创新能力的人才。学校尽量提供自主学习的环境，开放图书馆、实验室、电子资源库等设施，有条件的家庭建立家庭图书室，让学生能够自由地进入进行自主学习。

2. 培养学生进行预习。

在我们教学过程中，每一课时都有导学案交给学生进行预习。导学案包含本节课的学习目标、有思维深度的问题以及学习本节课的一些知识提示。在上课前一天发给学生，让学生进行预习和自主学习。在学习的过程中，通过根据自己已学知识，研读教材等先进行自主学习，把自己的问题用横线等符号重点划下来，等待老师的讲解。

3. 在课堂中培养自主学习习惯。

课堂学习永远是学生学习的主阵地，把课堂交给学生。在习题教学中，学生完成题目后，不要一味地都是老师在黑板上讲解，可以让学生到台上讲解，让台上讲解的同学争取能够提出多种解题方法，使学生通过脑、手、口等方式，提升自主学习的能力。物理是一门以实验为基础的学科，在新授课中每节课都要有实验。根据教学的要求，把一些教师演示的实验改成学生分组实验，把一些验证性实验改成学生探究性实验，让学生多动手主动探索物理的魅力，养成良好的自主学习的习惯。

4. 在课外培养自主学习习惯。

课堂教学受到时间和场地的限制，课堂教学已经培养了学生自主学习的能力，为课外的自主学习创造了条件。要鼓励学生对于课堂上的一些知识，在课下阅读有关的书籍和杂志，进行学习补充，完善所学知识。积极鼓励学生利用身边的瓶瓶罐罐进行一些实验设计和动手实验，使学生对物理知识更加理解。有能力的学生可以进行挑战小课题，通过各种途径收集信息和处理信息，尝试写一些小论文。

学生的自主学习习惯的培养一定是在老师的指导下进行，让学生被动的要我学，变成主动的我要学。要让学生知道要学什么，怎么学。自主学习习惯的培养就是要实现教是为了不教。

五、整理归纳的习惯

（一）整理归纳的习惯包括什么？

整理归纳的习惯包括两个方面，一方面是上课时，认真记笔记的习惯。物理笔记是指学生在课上认真听讲时，自己学习时，通过自己的思考把一些重点及所需的知识及时记录下来。另一方面是课后对知识的总结和归纳，利用错题本将自己的错题和难题整理在一起，通过反复看"错题本"，提升知识的掌握程度。

（二）整理归纳的重要性

在我们的教学过程中，物理笔记可以让学生整节课按照老师思路进行思考，使学生的各个器官共同参与，能够让学生全神贯注地听讲，还能提升学生书写能力，这样能够提升学生对知识的理解与记忆。

利用"错题本"，可以让学生记录自己曾经犯过的错误，发现自己学习过程中的薄弱点，培养学生纠错和自主学习能力。在整理错题的过程中，培养学生整理归纳的能力。

（三）如何培养学生整理归纳的习惯

1. 记笔记不只是把老师写的板书和书上的知识点记录下来，学生要对知识进行加工整理再记录其精华。在记笔记的过程中，需要记录知识点，把重要考点和所有知识点都要按照顺序记录下来，以便复习的过程中能够翻阅查找。要记录重点和难点，对于一些过程中的结论以及非重点知识不用记录。而是要记录重要的物理规律、物理概念以及典型例题，这部分可以用红笔等记号记录下来，能够突出重点。有时候由于一节课内容比较多，需要记笔记的内容较多，如果是"线上"教学，可以先截图。如果"线下"教学，可以把老师课件保存下来，课下及时进行整理。

2. 错题的积累不是一时半会的过程，而是一个长期的过程。在整理错题时，可以按照知识点进行记录。首先，记录原题，如果想节约时间可以将卷子上的题目剪下来，还可以复印。然后，把自己错误的解题思路记录下来，针对自己犯的错误进行针对性复习。再把正确的解法用其他颜色笔，进行重点区分，增强视觉效果，学习正确解答。要对错题进行反思和小结，就是要把错误的原因总结出来，比如有审题不认真、计算错误、公式应用不对、单位错误、概念混淆等等，把每一道题的原因都要找出来，在复习的过程中，再认真看一遍，避免犯重复的错误。

不管是整理笔记本还是错题本，都是一个长期的过程。在学生学习过程中，时间紧，任务重。在"双减"这个大背景下，如何提高学生的学习效率，让学生掌握理解物理知识，就需要通过课下养成整理归纳的好习惯。

第三节　形成农村特色的习惯培养方式

由于农村与城市存在很多差异，比如地域上的、原生家庭上的、学生自身发展上的、以及教育资源分配上的等等。这样就会导致农村教育方式与城市有很多不同，比如上课时知识讲解的深度、广度、速度这些都会降低，最终就会导致学生养成很多特有的学习习惯，为了提高学生的学习成绩，我们教师也会养成很不一样的培养习惯的方式。

一、农村学生与城市学生的家庭差异
（一）农村学生与城市学生的父母之间学历的差异
农村学生的父母与城市学生的父母首先就是学历上有着巨大的差异，大部分的农村父母都是初中毕业生，稍微高点的学历就是高中大专等水平，很少有大学本科的学历。这几年我还碰到几个不会写字不会拼音打字的家长，家长不会用手机回复信息，不会登录腾讯会议，稍微复杂一点的手机操作他们就不会了，都是让邻居帮忙，或者让孩子来帮忙。而城市学生的家长，大部分都是本科毕业，有的甚至是研究生或者博士毕业，可见，学历上的差异有多大。

由于学历上的差异巨大，这样就会存在很多的不同，比如由于农村家长的学历比较低，所以他们根本没有能力来辅导自己的孩子。我就听有的家长说，我想给孩子检查作业，但是我的孩子会说："你初中都没毕业，你也不会，给你看了你也不懂，就算了吧。"这个家长听了很受打击，但是还说不出什么来，真的是很无助。而城里的家长学历都比较高，对于大部分家长来说，辅导初中的作业还是没问题的，即使他们可能把知识都忘了，但是他们的学习力还在，稍微看看课本就能回忆起来怎么做了。

（二）农村学生与城市学生的父母之间工作的差异

由于学历上的差异，所以还会导致工作上有很大的不同。农村孩子的父母有一部分就是在家务农，还有一部分会出去打工，很少有比较稳定的工作，或是坐办公室的工作，这样就导致他们的生活压力会很大，工作时间会很长。还有的父母双方都去城市里打工，导致家里的孩子由爷爷、奶奶或者姥姥、姥爷管理，这种情况还不算少数，这几年我接的班中每个班都会出现几个。

这种隔代教育会有很大的弊端，据我了解，很多情况下爷爷奶奶只能关注孩子的吃和穿，很少或者几乎没有关注孩子的学习、心理健康以及情感上的引导，长期发展下去，就会导致很多的问题出现。而城市孩子的父母，大多都有稳定的工作，他们对于孩子的教育也更重视，他们除关注孩子的吃和穿以外，还会更多的关注孩子的学习、心理与情感等问题。

（三）农村家庭与城市家庭存在巨大的经济差异

农村家长由于学历低导致工作收入低，这样农村的家庭会导致经济上收入很低。农村学生大部分住的都是平房瓦房，而城里的孩子是住楼房。在饮食上，农村的孩子吃饱也就行了，而城里的孩子不仅要吃饱，而且有条件的还给孩子吃各种营养补充食品。不过现在来说，对于穿的衣服倒是差异不大，因为都要求他们穿校服。

（四）农村孩子与城市孩子自身发展上的差异

我们都知道，实际上孩子是环境的产物，我曾经在电视上看到一个黄发碧眼的小女孩，说了一口流利的中国话，主持人问她最不喜欢的科目是什么呢？她说是英语，结果把大家都逗乐了。这个孩子的妈妈是中国人，爸爸是英国人，但是由于某种原因，孩子从小长期和她的中国姥姥生活。在这种环境下，孩子和大部分中国的孩子一样，虽然她有一半英国人的血统，但她同样不爱学习英语。

我想说，农村的孩子和城市里的孩子的生活环境有着很大的差异，这就导致孩子的发展上也会有很大的差异。比如农村孩子的平均智商往往比城市孩子的平均智商要低，一部分是先天遗传因素，另一部分是后天营养以及环境的影响。

还有农村孩子大部分都不爱学习，他们从小就很少看书，没有养成看书的习惯，这也和父母的学历、认知水平有着很大的关系。

农村孩子的见识也会比城市的孩子要短很多，城市里的孩子出门就是高楼大厦、公交汽车、小汽车，旁边可能就有博物馆、科技馆、动物园，放假还和父母出国去旅游。农村的孩子一出门就是平房、瓦房、拖拉机、农用车，旁边可能是小树林、大山和水库，放假了多数孩子会在家找小伙伴玩儿，这样对比下来见识短也就是必然的了。

所有的加在一起，农村孩子接受知识的能力、语言表达的能力、心理素质、情商等等，普遍都会比城里的孩子低一些。

二、农村学校与城市学校的差异

（一）同年级班级的数量及班额的差异

由于农村大部分都是人口流出地区，很多有能力的家长都在县城或者大城市买房，为自己的孩子提供更优质的教育和服务，导致农村学校的生源越来越少。像我们学校属于九年一贯制学校，每个年级只有两个班，每个班二十多人，而我们有的小学人数更少，一个年级一个班，甚至两个年级才能组成一个班。城市里的同年级班的数量能够高达12个甚至更多，每个班的人数也在40人以上。

（二）住宿生的差异

在农村由于学生的家离学校都比较远，一个镇只有一所中学，所以除了本镇的学生是走读生外，其他村的学生基本上都要住宿，这样的话，学校的管理上就有很大的不同。学校要提供住宿楼，还要提供住宿学生的早、中、晚饭，最关键的是，还要安排学生上晚自习。由于这些的不同，在人员配备上，宿舍区就要配宿管老师，食堂就要配做饭的大师傅以及厨工，晚上还要每个班级配一名看晚自习的老师，当然，学校管理层还要配备当天的值班领导等等。那对于城市里的初中校来说，大部分都属于走读学校，并不涉及住宿生的管理。

（三）师资力量的差异

由于农村学校处于偏远的地区，所以导致很多新毕业的大学生不愿意来农村教学。不过，最近十几年来，北京的政策都偏向农村，比如工资上面有山区补助，按照离城区的远近不同设置不同的数额。评职称方面也是倾向于山区学校，山区学校的名额会更多，评职称比城里的学校会更容易些。所以这几年农村才能够留下很多有能力有才华的老师，不过相对于城里来说，还是略显不足，主要是随着学生的数量越来越少，班级的数量也越来越少，这就导致给每个学校的编制也会越来越少。对于同一科目的初中校来说，城里可能会有 6 至 8 个教师，而农村的也就 2 至 3 个左右，有的小科目可能只有 1 到 2 个老师，这样就会对教研组活动、集体备课等方面产生很大的阻力。

（四）硬件条件的差异

硬件条件上主要是教学媒体设备，教学楼的条件，实验室设备等等。在北京市地区，随着国家对于这些方面的投资力度加大，学校基本上都盖起了楼房，教学媒体设备也是一茬一茬的更新，实验室的设备每隔几年也会有资金的投入，会购买一批批新的实验器材，所以这方面的差距在逐步的缩小，这个也是体现了教育的公平性，当然差距还是有的，不可能一下子就把差距弥补过来。

三、农村学校特有的培养方式

（一）小班授课

由于农村学生越来越少，小班授课已是必然，小班授课的好处是，教师能够有精力去关注学生的个体发展，由于学生数量少，这样就能够比较清晰地了解学生的能力以及对知识的掌握程度从而做到因材施教，教师可以对学生进行更为细致的辅导。

（二）上课内容适量减少

城里的孩子一节课能讲完的内容，对于农村的学生来说却很难消化吸收。所以，对于知识较难学生接受起来困难的课，我们就会把它分为两节课，甚至三节课来讲。例如，物理课里的"密度的应用"这一节，对于农村的学生来说，就需要两节甚至三节课的时间，才能让大部分学生真正的掌握。

（三）课前要有小测

基于学生的基础较差，接受知识的能力较弱，所以要培养课前检测的习惯，我在课堂中会先让学生看一分钟上节课的物理笔记，然后我会把检测题打出来，学生会把答案写在我提前发好的小测条上，等时间到了让最后一名同学把小测条统一收上来。下课后，我会及时把小测条判出来，然后课间的时候找学生把错题改了，最好再针对错的知识点口述一两个变式题考一考学生，确保学生真正地学会了这个知识点。

（四）课间辅导

课间辅导对于农村的学生来说很是重要，抓住课间的十分钟，就能抓住他们的成绩。我一般会在早上的时候给自己制定一下辅导计划，哪节课间找哪些学生？给他们辅导什么内容等等，这样长期坚持下来，到学期末的时候，会有很好的效果。

（五）周末答疑

由于农村学生的父母学历都比较低，所以，周末我们教师如果能够给学生进行答疑，这样就能弥补父母在周末不能辅导孩子的缺陷，当然了，这也增加了我们教师的工作量。我的做法是，一般先用钉钉来收作业，收齐作业后，给学生找一个统一的时间进行网上答疑，如果我带的是毕业班，那么给孩子周末答疑会收到很好的效果。

（六）导师制

导师制是很好的提升教学质量的方式，每年我们学校都会有一个盛大的拜师仪式，学生把自己制作精美的拜师帖交到自己的导师手里，导师们也借此机会传达对学生们殷切的期望，并给学生们一个郑重的承诺。每个导师会分到3至6个学生，我们会在学生的学习、生活、心理上给他们以全方位的指导，来弥补农村家庭中隔代教育的不足。

（七）奖励制度

由于农村学生家庭在经济上比城里的学生还是有很大差距，所以，学校制定了很多奖励制度，像我们学校就叫智慧币，学生可以通过课堂上积极的表现、作业的高质量完成、考试成绩的优异分数等等来获得智慧币，每个学期我们都会开一次智慧超市。学生们可以在智慧超市里买到自己需要的学习用品以及一些生活用品，这种奖励制度既提高了学生学习的积极性，又弥补了农村学生家庭收入不足的短板，得到了非常好的效果。

四、农村特有的七个培养方式对于五大物理学习习惯的促进

本章第二节写到了学习物理的五个重要习惯，那么农村特有的七个培养方式对物理的五个重要习惯有哪些促进呢？我们结合实例进行分析一下。

（一）对于观察习惯的促进

小班授课的优点就是班额小，这样的话更容易抓住学生的注意力。培养观察习惯的最大敌人就是走神，不管你的课有多精彩，你设计的课有多精妙，只要学生走神了，他的注意力没在你这儿，你也无法培养他的观察习惯。假想你在物理课上做一个非常精彩的演示实验，很可能需要观察的现象就发生在一瞬间，比如"空气压缩引火仪"这个实验，当你做完了，结果有的学生说没注意看，那你是不是很无语。所以在做这个"空气压缩引火仪"实验之前，我们教师通常会说："同学们抬头看我这儿"，然后我们会把目光投射到班上，观察一下哪个学生走神了，然后提醒他抬头看前面。对于班额较大的班来说，由于需要观察的学生比较多，难免会漏掉一两个，而小班授课优势就出来了，我们能一眼看到所有的学生，能很快把那些走神的学生拉回到课堂。

班额小我们更容易记住每个学生的特点，比如我们做实验，做到了关键时刻，我们脑海中会出现哪些学生会经常走神，我们会直接把目光看过去这样提醒他们。换句话说，在上课前我们备学生这一环节更轻松，更容易操作一些。只要能够牢牢的抓住学生的注意力，我们就能够更好的培养学生的观察习惯。

在本章的第二节，我们提到了创设情景培养并保护学生的观察兴趣，以及引导学生观察周围的事物。所以我们结合农村的一些特点，从学生的实际生活中出发，来促进观察习惯的培养。比如，在秋收季节农民晾晒粮食时，我们可以拍一张照片，用来讲解影响蒸发快慢的因素；农民用的工具铁锹可以拿到班上用来讲解杠杆；测量密度时，可以让学生带一块儿自家庭院里的石头来测量；讲解压强时我们可以拍一张村子里的大石碾子的照片；我们还可以用农民犁地的例子来讲解二力的合成等等。这些例子都是农村特有的，而且更贴近他们的生活，学生们会更有兴趣，这样就促进了观察习惯的培养。

（二）动手实验习惯的促进

对于动手实验习惯的培养，最关键的是要让学生动起来，找到做实验的快

乐与成就感。所以，小班授课具有先天的优势，对于大班来说，由于实验室器材的短缺，一般都是两个人，甚至是四个人分为一个小组，这样每个小组能够真正动手操作的人，也就 1 至 2 人。换句话说，上一次实验课可能有 50% 甚至更多的人不能够真正的去动手操作，这样对于实验习惯的培养有很大的弊端。然而，小班授课可以轻松解决这个限制，人数少可以每人一套实验器材，这样能够动手操作的人就是百分之百。不管他实验结果怎样，重要的是要让他们先动手操作起来参与进来，长期坚持就能让他们养成动手实验的好习惯。

另外，对课间辅导来说，我们物理老师可以在课间开放实验室，并在几个实验桌上摆上一些实验器材，设置一些实验任务。比如用天平测量一块橡皮的质量，可以先让学生用手掂一掂估测一下，然后再用天平测一下它的真实值并和估测值进行比较。还可以用量筒来测量形状不规则的小石块的体积，同样可以先估测再测量。当然还可以放置更多实验器材，比如弹簧测力计、连通器、微小压强计、杠杆、滑轮、温度计、探究凸透镜成像的光具座、以及各种电学仪器。可以每个星期或者每月换一批实验器材，供学生们进行操作，这样既能让学生动起来还可以让他们产生对物理实验的兴趣，常年坚持下来，学生们会有很大的收获。

上课内容适量减少也同样可以促进培养动手实验的习惯。比如"学生实验：测量密度"这节课，由于农村学生接受能力较差，所以这节课我会分成两节课来讲，第一节课给学生讲解测量固体和液体的实验步骤，每一步都怎样操作，实验步骤的先后顺序能否改变，改变后是否会产生一些实验误差，以及实验表格如何设计等等。第二节课，用一整节课的时间让学生去实验室，按照上节课学生在笔记本上记好的实验步骤，以及画好的实验表格进行操作。这样的话能够给学生充足的操作时间，确保每个学生百分之百的高质量的完成实验。

（三）质疑提问习惯的促进

课堂检测能够很好地促进提问习惯的养成。要想养成提问的习惯，最关键的一步是首先要让学生敢于提问，我们每节课有一个课前检测，检测后会把答案打到屏幕上，这个时候就要鼓励学生们提出他们的疑问，比如学生会问测量长度的工具写成了直尺能不能得分。这个时候我们老师就要解释一下，直尺是测量工具中的一类并不能代表所有，而所有的测量长度的工具都有刻度，所以用刻度尺代表所有的工具，直尺是不能得分的。我们解释的时候一定要有耐心，有的老师会想这个知识多简单，都是上节课讲过的内容，于是会表现出不耐烦的态度，我们的学生是会感受到你的态度的，长期下去学生们就不敢提问了。所以我们一定要明确这一环节的主要目的是什么？是答疑解惑，那如果同学们都不敢问问题了，我们去给谁答疑解惑呢？

所以，不管学生问的问题有多简单，或者问的问题有多难回答，我们首先都要鼓励他们，让他们敢于问问题，其次，我们要有耐心去回答，即使不知道问题的答案，我们也要说下节课给你答复。这样，学生提出问题的习惯就会慢慢地培养起来了。

那对于提出质疑的习惯，我们更要去鼓励。在本章第二节中，我们写到要制造提问质疑的氛围，要鼓励学生敢问、敢想、敢说、敢做，敢对老师说"不"。所以，怎样才能更好地营造这种氛围呢？那我们的奖励制度就可以派上用场了。当我们的学生提出有价值的问题的时候，我们能不能给他及时的奖励？比如我们学校采用的是智慧币的制度，那对敢于提问并提出有价值的问题的同学，我们可以奖励 2 个智慧币，对于敢提问的同学，我们也可以奖励 1 个智慧币。当然我们老师还要控制住课堂的节奏，把本节课的任务完成的同时，还要建立起奖励制度，这样我们就能够很好的激励学生。

（四）自主学习习惯的促进

对于自主学习习惯的培养，我们可以在周末的时候留一些预习作业，预习下周要讲的内容，预习作业不要过难，要简单一些，关键是培养这种习惯。我们区配的导学案，每节课后面都有几个简单的预习题，在周末答疑的时候，就可以检查预习作业的完成情况。

课间辅导也可以促进学生的自主学习，通常情况可以提前告诉学生，明天课间辅导时要提问哪块的基础知识，然后让学生提前进行自主记忆。第二天课间时去老师那进行检测，当然再加上奖励制度的激励，学生们自主学习的效果会更好。

实际上真正的自主学习是由兴趣来驱动的，爱因斯坦说，"兴趣是最好的老师"，所以我们在上物理课时，首先要表现出自己对物理课的喜爱，其次，要贴近学生的生活，还要做一些比较新奇的实验，当学生真正产生兴趣的时候，他们会拿出很多的业余时间来学习物理，这才是真正的自主学习。

（五）整理归纳习惯的促进

这个习惯我们可以通过导师制来督促。我们每个导师都有 2 至 6 个学生，每隔一段时间，我们的导师可以检查学生的笔记本，并对学生记笔记的态度进评价，写得好的我们可以奖励"智慧币"。

当然，整理归纳的习惯培养一定是在平时上课的过程中。我的做法是用 PPT 上的字的颜色来标注笔记的内容，凡是红色的字体，都是需要学生们记的笔记，每节课都这样，学生一看 PPT 中有红色的字体，他们就会形成条件反射记笔记，在课堂上还要给学生们留出充足的时间来记笔记，而且还要提醒那些走神的同学，抓住时间把笔记记好。

最后还要强调记笔记的重要性，每年到初三下半年总复习的时候，习惯好的同学手里会有一本厚厚的笔记本。这对于他们进行总复习时会有很大的帮助，他们会很快记起学过的知识，同时不会遗漏重要的知识点，为他们的中考胜利奠定了坚实的基础。

我们第三章主要讲了第一节习惯的力量，第二节学习物理的五大习惯及培养，第三节形成农村特点的习惯培养方式。当然，本节的核心还是学习物理的五大习惯培养，那么我们农村物理成绩的提升也主要在这五大习惯培养上，抓牢这五大习惯的培养，一定会得到很好的结果。在本章的最后，有一个基于习惯的教学案例供大家来进行思考。

教学案例——基于习惯养成的单元教学设计（以变阻器主题为例）

一、主题指导思想与理论依据

物理学科核心素养明确指出：物理课程不仅注重科学知识的传授和技能的训练，而且还重视学生终身学习愿望、科学探究能力、创新意识以及科学精神的培养；在物理教学中应注重让学生经历从自然到物理、从生活到物理的认识过程，经历基本的科学探究实践，提倡多样化的学习方法，使学生得到全面发展。依据课程标准，本主题主要采用了课上学生合作探究、教师指导点拨，课下深入实践的教学方式。通过设计实验探究方案，学生充分地体验、探索、发现新的知识。通过这样的学习活动，学生能从中获得终身学习的能力，锻炼从生活中主动发现问题、解决问题的能力，进而获得可持续学习的能力。本主题着力培养学生学习物理的习惯，观察习惯、动手实验习惯、提问质疑、自主学习、整理归纳等习惯。该主题是本单元的重要概念，是电流、电压之后一个全新的概念，是研究欧姆定律的重要基础。

二、主题教学背景分析

1. 教学内容分析及课时分配

本主题的主要内容要求学生在了解导体电阻的基础上，探究决定电阻大小的因素，在探究过程中进一步体会控制变量的物理方法，进而引出变阻器以及变阻器的应用。本节课既是前面电学知识的延续，同时也为后面学习欧姆定律等知识奠定了基础。

"变阻器"是第九章"简单电路"的重点和难点内容，安排在电流、电压、电阻等概念之后，符合学生由易到难、由简到繁的认知规律，同时又保持了知识的系统性，为学习"欧姆定律"打好基础。学生对电流和电压的概念已经有了初步的了解，但是滑动变阻器的结构和连接方法比较复杂，学生往往难以掌握。所以，本主题创设问题情境为切入点，采用以探究实验为主的教学方式，学生带着问题亲历了设计实验、实验验证、分析现象、比较归纳、讨论交流等一系列探究过程，初步体验科学研究中的曲折和艰辛，充分展现物理学科的特点和魅力。

在学习知识的同时又培养了设计实验、操作实验的能力，在教学实践中渗透物理学的基本研究方法，培养学生带着问题走进课堂的学习习惯，使他们的多种能力得以协调发展，让学生真正成为学习的主人。

第一课时——电阻：知道电阻的定义、电路符号、国际单位、常用单位。通过实验探究，理解电阻大小的影响因素。

第二课时——变阻器：知道滑动变阻器的结构、原理、结构示意图、电路图符号及使用方法。通过探究，会正确使用滑动变阻器。理解滑动变阻器上的铭牌。

第三课时——电阻箱和动态电路：会正确使用电阻箱，能正确读数。会分析变阻器在电路中引起电流和电压等的变化。

2. 学生情况分析

本校属于山区学校，学生基础薄弱，视野窄，学习兴趣不浓，主动性、积极性不高，综合能力较差。

（1）心理特征：由于本节知识实践性较强，符合初中学生乐于动脑、动手的天性和喜欢探索的精神。

（2）知识：学生知道电流、电压等概念。

（3）技能：会连接简单的电路，有一定的动手实践能力。

（4）学生思维障碍：电阻大小会受到电流大小、电压带下的影响。

3. 主题教学目标

（1）物理观念：

知道电阻是表示导体对电流阻碍作用大小的物理量，会画电阻电路符号，电阻的单位。

简单描述滑动变阻器的构造，会画结构示意图和电路符号，工作原理和铭牌含义。

会使用电阻箱和读数。会判断变阻器在电路中改变电阻以及电流和电压。

（2）科学探究：

通过实验探究，知道电阻大小的影响因素。通过学生自主探究怎样正确使用滑动变阻器，让学生掌握正确使用滑动变阻器的方法。

（3）科学思维：

通过思考并尝试解决问题，培养分析问题、解决问题的能力。

（4）科学态度与责任：

尝试将自然界和生活中的一些现象与物理知识联系起来，乐于探索自然界和生活中的物理学道理。

三、以第二课时变阻器为例，

1. 教学目标及重难点

【物理观念】知道滑动变阻器的结构、原理、结构示意图、电路图符号及使用方法。

【科学探究】通过学生自主探究怎样正确使用滑动变阻器，让学生掌握正确使用滑动变阻器的方法。

【科学思维】通过引导学生探究滑动变阻器的使用方法，让学生体验分类、对比、归纳等科学思维方法。

【科学态度与责任】通过实验探究，培养在实验中认真观察、记录现象并及时总结归纳的习惯，从而体验物理探究的乐趣，增强探索科学的信念。

重点：学生通过探究实验正确使用滑动变阻器。

难点：滑动变阻器在电路中是怎样改变电阻

2. 基于习惯养成的说明。本节课的教学设计是按照学生习惯的养成编写的，重点培养学生善于观察、动手实验、提问质疑、自主学习、整理归纳等习惯。本节课通过创设真实的物理情境以及在课堂中的教师演示实验、学生分组实验，落实培养学生善于观察、提出问题的习惯。通过探究滑动变阻器的正确使用，设计方案、完善方案、验证方案等，落实培养质疑和动手实验的习惯。通过课堂小结，落实培养学生整理归纳的习惯。通过完成课后作业，落实培养学生自主学习的习惯。

3. 教学过程

表 2-3-1　变阻器教学设计

第二课时变阻器的教学过程			
教学阶段	教师活动	学生活动	设计意图
第一环节 创设情境 引入新课	石老师有一种超能力，我可以用"金箍棒"控制灯泡亮度，你们相信吗？【演示魔术】 【问】你觉得这个魔术的玄机藏在哪里呢？ 台灯可以实现灯光亮度的变化，这是为什么？	观察魔术 尝试揭秘 观看台灯灯泡亮度变化	激发兴趣。使学生初步感受灯泡亮度改变，体现从生活走向物理的新课程理念。培养学生观察习惯和提出问题的习惯。
第二环节 探究新知	一、自制调光灯初探变阻器 【学生实验一】 1. 告知实验的目的，介绍实验的器材。鼓励学生动手，通过改变接入电路中的铅笔芯的长度来自制调光灯。 2. 巡视学生实验。 3. 鼓励学生展示成果。	分工合作， 动手实验， 共享成果。	1. 通过实验验证理论分析的正确性。 2. 通过实验中观察灯泡亮度的改变，使学生初步感知到变阻器的作用。 3. 培养学生观察习惯。 4. 动手实验习惯。 5. 自主探究习惯。

第二课时变阻器的教学过程			
教学阶段	教师活动	学生活动	设计意图
第二环节 探究新知	 图 2-3-1 二、寻找不足改进变阻器 1.【问题1】大家对自己做的调光灯满意吗? 　　你觉得要将调光灯应用于生活还可以怎样改进呢? 引导学生分析铅笔芯的不足(易断、电阻小),想到要换更结实电阻更大的材料。 　　【演示实验一】将 1m 长的镍镉合金丝接入电路,使接入电路的电阻丝由长到短改变灯泡亮度。 2.【问题2】这个方案可以怎样改进呢? 有什么办法能够金属丝在长度不变的前提下更节省空间更方便地接入电路呢? (缠绕) 3. 展示缠绕电阻丝。 　　分析紧密缠绕和疏松缠绕的优劣之处,紧密缠绕时怎样保证金属丝之间相互绝缘? 选择涂有绝缘层的导线紧密缠绕,并将与滑片接触处的绝缘层刮去。 【滑动变阻器模型】 三、获取新知 【展示】变阻器图片及实物 图 2-3-2	1. 观察现象,交流讨论。 2. 客观地分析现有实验器材的不足,并用所学的知识找到改进的方法。 3. 观看缠绕金属丝。 观看模型 观看并对照滑动变阻器实物,认识变阻器的结构。 画图。	让学生体会发明创造时不断否定现有、不断完善的过程,体会其中的艰辛。要有不断质疑的习惯。 培养学生养成先理解再记忆的学习方法,以提高记忆效率。 运用类比迁移的方法,使学生明白滑动变阻器改变电阻的原理。

续表

续表

第二课时变阻器的教学过程			
教学阶段	教师活动	学生活动	设计意图
第二环节 探究新知	【设计实验】 问题： 1. 如何知道这种接法能否改变电阻？ 2. 需要什么实验器材？ 3. 画出电路图。 【布置任务】 1. 按照电路图连接电路，注意连接电路时的注意事项。 2. 请同学们按照导学案中表的要求进行实验，并把实验结果详细地记录在表格中。 3. 以小组为单位进行比赛，看哪个小组最先完成实验。教师巡视指导。 【分析实验现象得出结论】 实物投影展示学生的实验结果。 引导分析： 1. 哪些接法没起到改变电阻作用，为什么？ 2. 观察哪些接法可以改变电阻，它们有什么特点？ 3. 哪些接法是使电阻变大的，哪些接法是使电阻变小的，说明了什么？ 4. 连入电路中的电阻是哪一段电阻丝？ 总结滑动变阻器的使用方法。 一上一下 【问题4】 用滑动变阻器改变灯泡的亮度，应该串联还是并联？	3. 电路图： 图 2-3-7 分组实验探究，小组间互相竞赛。 填写实验记录表格。 预想回答： 两上和两下的连接方法不起作用，两上接入的是金属杆，阻值几乎为零。两下接入的是全部电阻丝，电阻最大。 2. 一上一下的连接方法起作用。 3. 下端接线柱不变，只改变上端接线柱时作用不变。 4. 下端接线柱和滑片之间的电阻丝。 并联电路用电器间互不影响。	通过探究变阻器使用的实验，培养学生实验操作的习惯。 培养分析与归纳习惯，领悟探究的内涵。

续表

	第二课时变阻器的教学过程		
教学阶段	教师活动	学生活动	设计意图
第二环节 探究新知	并联 串联 图 2-3-8 2. 滑动变阻器应串联在被控制电路中 【问题 5】变阻器不仅可以改变电路中的阻值，起到调节作用，还可以起到保护电路的作用。所谓保护电路就是避免电路中的电流过大，滑片在什么位置时，才能起到保护电路的作用呢？ 3. 在闭合开关前，要使变阻器接入电路的阻值为最大 【问题 6】变阻器不仅保护电路，同时我们也要保护变阻器本身，大家看一看变阻器上的铭牌，从铭牌上你能知道什么？ 保护变阻器时应该注意什么？ 【展示】滑动变阻器铭牌含义。	接入电路的阻值最大时保护电路，所以在闭合开关前，要使变阻器接入电路的阻值为最大，即滑片处于距离下端接线柱最远处。 电路中的电流不能超过铭牌上的电流值，否则会烧坏变阻器。 滑动变阻器接入电路的最大阻值是 20 Ω，这个变阻器允许通过的最大电流是 2A。	学习并养成观察阅读仪器铭牌的好习惯。 培养认真观察的习惯，锻炼分析问题的能力。不断质疑自己，才能提升自己，养成质疑的习惯。
第三环节 归纳总结	1. 知识方面 2. 方法方面： （1）科学探究 （2）总结归纳 回顾引入环节的"小魔术"和台灯亮度变化	学生回答 滑动变阻器的原理、符号，使用方法 科学探究的方法 学生解释其中的奥秘	与学生一起回顾本节课所学到的知识，所经历的发明创造、科学探究的过程，帮助学生养成总结与反思的习惯。

续表

<table>
<tr><td colspan="4">第二课时变阻器的教学过程</td></tr>
<tr><td>教学阶段</td><td>教师活动</td><td>学生活动</td><td>设计意图</td></tr>
<tr><td>第四环节
检测反馈</td><td>出示习题（见学习效果评价）

出示答案</td><td>学生答题

师友互换，更正</td><td>通过这个题目可以反馈让学生将学到的知识应用起来，也可反馈学生知识的掌握程度。培养学生总结归纳的习惯。</td></tr>
</table>

附：导学案

【学习目标】

1. 知道滑动变阻器的工作原理。

2. 知道滑动变阻器的示意图和符号。

3. 知道滑动变阻器铭牌的含义。

4. 会正确使用滑动变阻器。

5. 激情参与，合作探究，主动学习。

探究学习

一、理论分析＋实验探究

1. 实验电路图

2. 实验表格

表 2-3-2

电路图

表 2-3-3

连入接线柱	画出变阻器中电流路径	滑片向右滑动		电阻丝接入电路的部分
		灯泡亮度变化	接入阻值变化	

续表

连入接线柱	画出变阻器中电流路径	滑片向右滑动		电阻丝接入电路的部分
		灯泡亮度变化	接入阻值变化	

引导分析：

1. 观察哪些接法可以改变电阻，它们有什么特点？

2. 哪些接法作用一样，说明了什么？

3. 哪些接法没起作用，为什么？

4. 连入电路中的电阻是哪一段电阻丝？

二、总结归纳滑动变阻器使用

1.

2.

3.

【针对训练】

1. 滑动变阻器是靠改变连入电路中电阻丝的_____来改变电阻的，从而逐渐改变电路中的____。

2. 一个滑动变阻器上标有"50Ω，1.5A"字样，分别表示它的____是50Ω和_____是1.5A，通常在使用前应将电阻调到_____。

3. 如图2-3-9所示，滑动变阻器已接入了电路中，所用的接线柱是A和D，则_____段电阻线接入电路中，滑片向右滑时，接入电路的电阻变_____。滑片P在_____端接入电路中的阻值最大。

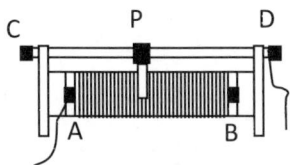

图2-3-9

4. 在如图2-3-10所示的四个变阻器示意图中，当P向左移动，电阻变大的是_____，电阻始终为零的是___，电阻变小的是_____，电阻始终为最大值的是___。

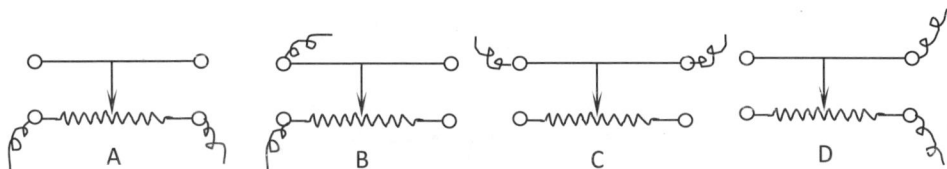

图2-3-10

5. 如图2-3-11所示，变阻器的电阻线___部分接入电路中（填AP或PB），当滑片P向右移动时，电流表的示数将____，灯泡的亮度将____。

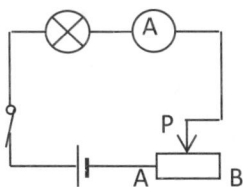

图2-3-11

【疑难问题解答】（请你将不明白的问题提出来老师帮助你解答）

【收获与体会】（本节课你学到了什么？）

课 堂 检 测

1. 变阻器是靠改变连入的电路中电阻丝的 _____ 来逐渐改变电阻的，从而逐渐改变电路中的 _____。

2. 电路中的符号是 _____。

3. 图 2-3-12 中是四个接线柱的滑动变阻器的结构示意图，将接线柱 A、D 接入电路时，滑片向右移动，接入电路的合金线 _____，接入电路的电阻值 _____。

4. 滑动变阻器铭牌 "20Ω 1A" 字样，表示这个滑动变阻器电阻变化范围是 _____，允许通过的最大电流是 _____A。滑片 P 移至中点时，接入的阻值 $R_{AP}=$_____Ω。

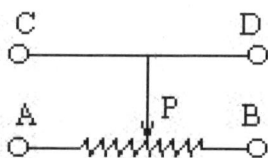

图 2-3-12

【课后预习】

1. 串联电路有哪些特点？ 2. 并联电路有哪些特点？

【布置作业】同步练习

第三章　物理学科能力

　　物理核心素养是物理课程标准修订时提出的新概念，是物理学科育人价值的集中体现，是学生在接受物理教育过程中逐步形成的适应个人终身发展和社会发展需要的关键能力和必备品格，是学生科学素养的重要构成（中华人民共和国教育部，2017）。这一界定集中体现了物理学科在基础教育阶段的教育价值，是新课程三维目标的提炼与升华，物理核心素养主要由"物理观念""科学思维""科学探究""科学态度与责任"四个方面的要素构成。[①]

　　物理学科能力一直是物理教育研究与实践的核心议题，"能力"作为当代教育研究的术语，在学缘上带有深刻的心理学印痕，欧洲大陆较广泛认可的对能力的定义源于德国著名心理学家弗朗茨·维纳特："个体自身具备的或通过学习掌握的、可用以成功且负责任地解决问题的知识、技巧、态度、意志和社交手段。"

　　我国物理教育界一直有着重视能力培养的传统。1929年《初级中学自然科暂行课程标准》中对学生提出"养成观察、考查及实验的能力与习惯"的要求，这是我国物理课程纲领文件中第一次出现"能力"这一术语。在随后的文件中，对各类具体能力（如观察能力、实验能力等）的要求陆续被增添进课程标准和教学大纲中，使得物理教育过程中的能力培养目标越发清晰，物理学科能力体系也初现其形。与课程发展同步，我国物理教育研究者也长期关注如何在物理教学过程中培养学生能力，特别是与物理学科的思维方法、探究精神相契合的物理学科能力。通过物理教学与心理学相关理论的结合，对物理学科能力的研讨在二十世纪八九十年代起逐渐系统化。例如段金梅和武建时主编的《物理教学心理学》，从知识、技能和能力三者的关系出发，结合中学物理教学的目标和特点，提出中学物理教学中需注重培养的五方面能力：观察实验能力、思维能力、分析问题解决问题的能力、自学能力和创造性思维能力。续佩君教

---

　　① 义务教育《物理课程标准》[S]. 北京师范大学出版社，2022：8

授从教育测量的视角，界定物理能力为物理学习中获得发展的、影响个体完成相应物理学习任务的心理特征，并给出各子能力的评价方案和分析案例。进入二十一世纪后，研究者们沿着多元的视角继续着对物理学科能力的解构，探讨物理学科能力的关键要素和要素间的复杂联系。

几代学者围绕其内涵、培养和评价等问题，从不同的视角、沿袭不同的范式展开了深入的理论探讨和实证研究。虽然学者们的视角和范式不同，但综合分析后仍能发现一些比较一致的观点。[①]

首先，物理学科能力是一种综合性的能力，包括多个方面或多个维度，其中观察概括、推论预测、解释论证、探究创新等是不同解构视角中的共性要素。这些维度有的是基础性的子能力（如观察、记忆、概括等），有些是较高级的子能力（如迁移、整合、创新等）。

再者物理学科能力既有一定程度的迁移性，又与学生对物理学科具体内容的认识紧密关联。故物理学科能力的培养和测评均需结合具体的物理知识和物理问题情境进行。

第三，对物理学科能力的研究可以基于对学生解决物理问题时的外在表现的描述和分析，进而对学生的内在心理特质做出合理推断。

新时代的人才需求确立了当代教育改革的主题——促进学生核心素养的发展。它是关于学生知识、技能、情感、态度、价值观等多方面要求的结合体；它指向过程，关注学生在其培养过程中的体会与感悟，而非结果导向；同时，核心素养兼具稳定性与开放性、发展性，是一个伴随终生可持续发展、与时俱进的动态优化过程，是个体能够适应未来社会、促进终生学习、实现全面发展的基本保障。

义务教育物理课程以提高学生科学素养为宗旨，基础性的要求是能形成关于"物质""运动和相互作用""能量"等正确的物理观念；实践性的要求是具有科学探究能力并能应用物理知识解释现象和解决生活中的实际问题，结合具体的课程学习，学生应该能形成正确的物理知识结构，具有物理实验设计和

① 郭玉英、姚建欣、张玉峰等.《基于学生核心素养的物理学科能力研究》[M]. 北京师范大学出版社，2017：17

分析能力，具有构建物理模型的能力，这是学生经历初中物理学习后需要具备的持续学习物理的能力，是初中物理的关键能力。

能力的培养一直是教育改革的长期目标，"能力"立意也成了近十年来各类考试命题的重要指导思想，作为核心素养的重要组成部分，学科关键能力的研究是教育实践亟待解决的问题，也是教育研究的热点和教育改革的中心问题。关键能力是指学习者在面对生活实践或学习探索问题情境时，具备在正确的思想价值观念指导下，高质量地认识问题、分析问题、解决问题的能力。学科关键能力是要转换自己的思维，培养学生的创新精神，关键在于拓展发散性思维。研究和把握"学科关键能力"，教师才能创造性地实施国家课程，建构起自己的"师本课程"。"学科关键能力"清晰了、明了了、简化了，教师才能更从容地将目光投向"人性"和"道德"，才能将佝偻的腰从无边的知识、无尽的训练中挺立起来。近些年研究发现中考物理试题更加注重以核心价值为引领，以学科素养为导向，以关键能力为重点，以必备知识为基础，大力引导学生从"解题"向"解决问题"转变。基于此，中学物理教学中培养学生物理关键能力是必然趋势。

物理学科能力的培养为学生在物理学习过程中形成的各种能力提供了兼具可操作性和科学性的分析视角，并初步实现了由外显行为对内隐认知的探查，为物理课程和评价的设计提供了参考。

经过多年的教学实践和学习研究发现，中学物理学科能力可以大致分为20多个，例如观察猜想能力、获取有效信息能力、数形结合能力、模型应用能力、语言表达能力、公式变形运用能力、作图能力、物理量定性分析能力、实验方案设计能力、物理量数据处理能力、物理量估测能力、空间想象能力、实验操作能力、计算能力、突出主要矛盾能力、概念理解能力、物理规律运用能力、类比能力、假设能力、求异能力等等。

为落实物理学科的核心素养，我校物理教研组在充分结合乡村中学生的认知水平的基础上，经过反复研究，探讨，最终确定了中学物理学习的最重要五个能力即：物理学科阅读能力、估测能力、运用数学知识解决物理问题的能力、物理建模能力、物理实验能力。

第一节　物理学科阅读能力

阅读不只是语文学科的事，每门课程都需要阅读。语文、政治、历史、地理，文史类课程需要阅读；数学、化学、生物、物理课程也同样需要阅读。这种从学科课程出发的阅读，称为学科阅读。

各学科的专业阅读对于掌握本学科的思想方法、提升学生综合素质和发展学科核心素养、发挥学科育人作用具有重要意义。物理阅读能力是培养学生物理学科思维的重要组成部分，是实施素质教育的要求，是实现学会学习物理的重要手段之一。然而，乡村学校学生阅读习惯较差，缺乏阅读能力及阅读动机，进行学科阅读的难度就会更大，更不能谈及阅读策略和方法。因此，培养农村初中学生的物理阅读能力迫在眉睫，不仅适应新课程改革的要求，而且对学生的终生学习具有一定的帮助。

物理学科阅读的范围十分广泛，有物理学概念和规律、物理学思想方法、物理学史、物理学前沿应用等等。初中学生最为常见的物理学科阅读形式包括：文字、公式、图表、图形（实物图、电路图、光路图）、函数关系图像等等。

基于初中学生认知特点，结合我校学情以及初中物理学科教材的内容和物理学科的特点，我校制定了农村初中物理学科培养学生阅读能力的教学策略：

1. 培养学生的阅读能力，首先要激发学生的阅读动机

阅读是一个复杂的生理与心理的过程，也是一个复杂的行为活动过程，其间有很多种因素参与，但它本质上是一个阅读主体与阅读客体相结合的辩证统一的发展过程。[1] 要使阅读变得科学且有意义，首先得使学生乐意去阅读，也就是要激发学生的阅读动机。那么教师就必须精选阅读内容，满足学生的认知需求。

同时心境对人的学习、生活、工作会造成一定的影响，对阅读也会产生影响，积极、稳定的良好心境可以提高阅读效率；相反，动荡、悲观的心境会严重影

---

[1] 杨小微.《教育研究方法》[M]. 人民教育出版社，2005：232

响阅读效果。所以教师可以试着去营造宁静、专注的氛围，恰好我校建设有学科专用教室，环境优美，给学生提供良好的学习氛围，促进学生阅读效率的提高。

并且在要求学生阅读前，通过提几个有趣的问题、讲个有趣的故事，或演示有趣的物理实验等来创设情景，使学生对要阅读的内容充满好奇，并形成强烈的阅读愿望。在学生自主阅读结束后，可以让学生以自己的语言表达对材料的理解，教师要给予及时的鼓励和反馈。

2. 培养学生积极主动阅读，使其养成良好的阅读习惯

鉴于初中生的年龄特点，要培养学生主动阅读的习惯，一定要循序渐进，不能操之过急。

首先在对物理材料进行阅读前，要提出明确的要求，让学生带着任务有目标的阅读。不仅要让学生明白所要阅读的范围，更要让学生明确要解决的物理问题。开始阶段，教师可以将阅读文本编制成相应的阅读学案，要求学生通过阅读并完成；经过一段时间的训练后，可以适当缩减成阅读提纲；等学生有了一定的阅读基础以后，可不必分发学案或者列提纲，而是要求学生通过阅读物理材料自己寻找物理问题，培养学生主动阅读的习惯。

其次，要加强检查工作，使物理阅读成为一种"硬性作业"。开始时，教师要做到亲自、逐一检查，不让学生存有侥幸心理；一段时间，教师可采用随机抽查的方式进行检查；等学生初步形成一定的阅读习惯后，教师可采用课堂提问和抽查的方式来检查学生的阅读情况。这样，经过了一段时间的严格练习后，学生便能养成良好的阅读习惯。

在阅读的过程中，要培养学生做好的读书笔记的习惯。读书笔记可以采用标记、批注、补充等方式直接标注在教材上。在对物理概念、公式、规律、定律等相应内容做出标记。例如，公式的阅读时，要标注出每个物理量的名称、国际单位、物理意义等；当教材上的知识难以理解时，教师可以引导学生使用参考书进行解读，并让学生把解读过程标注在旁边，以便于随时查阅。虽然做读书笔记会多花一定的时间，但是通过引导学生对教材的初步加工、理解、识记，可以加深学生对知识的理解。

3. 重在教予阅读方法

随着新课程改革的全面深入，在课堂教学中，教师为主导，学生为主体的

思想已被一线教师广泛接受。但是在物理课阅读教学中，怎样才能把主动权交还给学生呢？这就要求教师应针对阅读方法给予一定的指导。[①]

（1）物理概念和物理规律阅读，重在精细

物理学中的概念和规律是物理学的基础，所以这一部分的阅读是整个物理学科的重中之重。精读的目的在于充分理解和把握这些概念或规律。在阅读过程中，要引导学生做好标记、批注、补充等读书笔记。例如，在学习牛顿第一定律的时候，要让学生抓住"一切""没有""或"这些关键词，学生就会明白牛顿第一定律的适应范围、成立条件及物体所处的运动状态。另外，教师要充分利用教科书的特点，指导学生对物理概念和规律的阅读。例如，人教版初中物理教科书的任何一个定义或者规律的给出，课本中都会列举几个生活中的例子来说明问题。因此教师要充分利用这些例子，指导学生从中找出相同点和不同点，并引导学生做好总结。同时，教师也可以适当补充正例和反例，使学生进一步理解和掌握物理概念或规律。

（2）公式阅读，重在"翻译"

加强对物理公式的"翻译"，物理公式是用物理符号结合数学语言来描述物理规律的一种方式。对于初中学生来说，对公式通常不易看懂，常常把它当作代数式看，没有理解公式本身所代表的物理意义，就可能出现一些严重的错误。

例如，在学习阿基米德原理内容时"浸在液体中的物体受到向上的浮力，浮力的大小等于物体排开的液体所受的重力"。对于定理内容的学习，锻炼学生自己尝试将定理内容"翻译"成公式。要求他们将文字表达转换为物理符号或者数学表达式，同时锻炼他们把物理符号、数学表达式等转换为文字表达，经常锻炼以达到这两种形式的自由转换，理解公式中每个物理量的含义，这样可以有效提高学生的物理公式阅读能力。

（3）阅读插图，重在解释

教材中插图和图解的阅读，要引导学生学会把文字叙述部分和插图、图解结合起来阅读，图文对照。插图是初中物理教材的重要组成部分之一，也可以说是特色之一，符合学生认知特点，可以呈现给学生形象的直观信息。比如，

① （美）加涅著，皮连生译.《学习的条件》[M]. 华东师范大学教育出版社，1999：233-236

有些插图可以形象说明物理现象，有些插图可以启发学生思维，引起联想等等（如图 3-1-1 所示）。教师可以引导学生认真观察教科书中的插图，总结归纳，由表及里，使学生真正理解所要表达的物理知识。当学生对教材中的有些图表难以理解时，可以请一些理解能力较好的同学先进行解说，并启发引导其他学生一起交流讨论，最终达到理解的要求。对于课本中的插图，教师应该引导学生多读、多说。鼓励学生应用自己的语言对插图进行解释说明。长此已久，学生就不会对这些插图和图解感到陌生，且会提高学生图文结合的积极性和主动性。

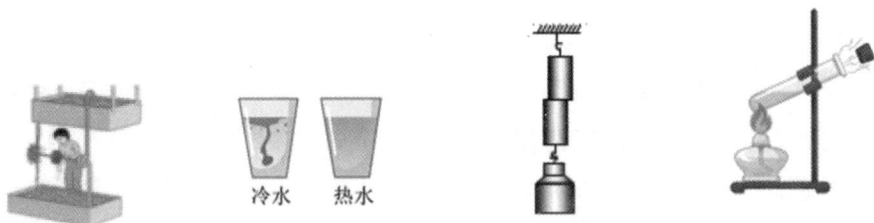

图 3-1-1

（4）表格阅读，重在比较

表格中的文字或数字阅读，指导学生运用比较法，观察表格中待比较的项目，找到相同条件下的差异，以及分析产生差异的原因。例如，在学习物质的密度时，可以根据实验方案设计如下物质的密度表（图 3-2-1），通过测量不同物质的质量和体积，可以引导学生对同种物质的质量与体积比进行比较，再对不同种物质的质量和体积比进行比较。这样对比的结果会给学生一个直观的感受，再去理解理论知识及客观规律就容易得多。

	质量（g）	体积（cm^3）	质量 / 体积（g/cm^2）
木块 1			
木块 2			
石块 1			
石块 2			
水 1			
水 2			

图 3-2-1

重视插图、图解及表格的阅读。很多同学在阅读物理课本时，对文字表达部分能够仔细阅读，但是对于课文中的插图、表格等就没那么重视，往往一扫而过。实际上，物理教科书上的插图、表格是非常重要的，往往是教材的重点。这些插图和表格通常是把抽象、难以理解的文字表处，加以形象化、直观化。它们可以帮助学生对文字叙述的理解，却又往往被学生所忽视，以至于学生阅读起来产生了一定的困难。因此在物理阅读教学时，要引导学生进行识图读图、图文结合、图文并重、以图促文。在阅读这些插图或图表时，教师可以实行给予一些启发性的引导，然后再让学生自己阅读后再进行小组讨论，方便学生遇到问题时进行交流与讨论，提高阅读效率。这些图表通常会给我们提供很多数据或者资料，而这些数据或者资料往往是物理概念或物理规律导出的重要依据，要引导学生进行观察、比较、鉴定。

（5）实验阅读，提升阅读综合能力

重视实验过程中文字描述的阅读，物理是以实验为基础的学科，因此初中物理教材中有很多"实验""演示"等内容。正确地阅读实验的整个设计、步骤、注意事项等内容，对实验的顺利完成有很大的帮助。所以不能忽略这一部分的阅读，指导学生阅读这些内容时，可从以下几方面入手：

①在阅读的过程中，教师要多问或者引导学生多问，如"实验需要哪些仪器？这些仪器有什么作用？为什么要在这样的条件下进行？"等等。这样整个阅读过程就可以与理论结合起来，引导学生积极的思考，阅读的效果也会更明显。当然，如果能引导学生自己积极主动提出问题，那样效果就更好了。

②在阅读的过程中，要注重引导学生阅读实验目的、内容、仪器、步骤、注意事项等。并且让学生明白每个实验步骤都是实验成功的必备条件，千万不可马虎应付。

③指导学生对实验结果的分析，并让学生尝试写出实验报告，了解报告由哪些部分组成，因为学生自己撰写实验报告是一项非常实用而且学生必须掌握的技能。

（6）科普阅读，拓宽学生知识广度

这一类知识相对比较容易掌握，且不是教学的重点。所以在阅读前，教师可以先提出问题，让学生带着问题快速的完成阅读。这部分的内容大多数是关于物理的研究历史、科学家的事迹、物理科学的重大研究发现以及有趣的生活现象等。虽然这部分知识不是物理教学的重点，但是这一部分知识对于提高学生物理的学习兴趣、物理科学素养的养成以及基础知识的学习都有一定的帮助，所以还是有必要让学生在课上进行阅读。

（7）例题阅读，提高学生解决问题能力

对例题、习题以及信息题的阅读，教材中的例题不但是对所学物理概念、公式的应用，而且可以向学生展示这类题型的解题思路和方法。同时也向学生展示了规范的格式和正确的解题步骤，具有很强的导向性，所以要指导学生进行积极"模仿"。一旦例题解读完，教师应给出相似的题目，让学生进行实战"模仿"。而习题或信息题都是检验学生应用物理解决实际问题的能力。题目一般包括文字和图像（或者示意图）。要求学生通过阅读物理题目，明确题目中所包含的物理现象或物理过程，并根据相应的知识进行解答。审题时要注意引导学生寻找关键字词及认真阅读图像，并把文字和图像进行"翻译"，挖掘隐含条件，运用物理方法对问题进行处理，因此解题的过程本身就是阅读能力的培养过程。对习题和信息题的阅读，要做到以下几点：

①抓住关键词，一般是题目中所提出的一些限制性语言。

②排除干扰因素，特别是信息题，题目比较长，干扰因素也比较多，需要学生做出判断，抓住题干、建立模型、运用已学的知识进行解答。

③借助示意图，在物理解题过程中，画示意图是建立起形象思维的过程，可以帮助学生理解题义，大大加快解题速度。

4. 以活动促进阅读能力提升

（1）"积分"活动，增强学生阅读主动性

充分利用物理教材中的"知识窗"板块，教师提前针对"知识窗"内容，设计几个相关问题，每答对一题积一分，并记入班级小组积分中，以赚取小组积分的方式促进学生主动阅读、认真阅读。通过"知识窗"阅读不仅拓宽了乡村学生的视野，更重要的是潜移默化的培养学生受益终生的阅读习惯，使学生从"阅读"走向"悦读"。

阅读问题的设计，符合进阶学习理论，有通过直接阅读获取的，也有经过阅读后加以总结和思考获得的，这样的设计既可以满足所有学生的需求，让每个学生都有获得感，又可以激发优秀生的学习动力。例如，在教材第九章《认识电路》一节中，[①]知识窗的内容是"各种各样的开关"，根据阅读内容设计了如下几个进阶式问题：

问题1：物理实验室常用的电路开关有什么？

问题2：新型开关是由什么组成的？通过什么方式接通电路？

问题3：生活中的新型开关有哪些？举例说明（至少举出5个实例）

问题4：新型开关可以怎样分类？为什么？

（2）拓宽阅读的广度，增加阅读机会

我校开展面向人人的"物理阅读主题月"活动，每月固定物理阅读的主题，每周选取一节课，利用课前5分钟进行读书分享。学生根据阅读主题翻阅书籍，查阅资料，最终在课堂上展示自己的阅读成果。

物理阅读主题内容的设计落实核心素养中科学态度与责任，通过开展学科阅读，使学生在认识科学本质的基础上，使学生进一步了解科学、技术、社会、环境之间关系，激发学生探索自然的内在动力，培养学生严谨认真、实事求是、持之以恒的品质，热爱自然、保护环境、遵守科学伦理的自觉行为，以及推动学生可持续发展和实现中华民族伟大复兴的使命担当。

因此，初二年级阅读主题可以是我最喜欢的物理学家，生活中科技小发明介绍，自制小实验，天宫课堂内容拓展；初三年级阅读主题可以设计为"宇宙与航天""中国伟大工程——天眼""诺贝尔物理学奖"等等。

另外，我们还会通过让学生绘制手抄报的形式来反馈每位同学的阅读成果，张贴在楼道文化专栏上，鼓励学生互相学习，并且以年级为单位给学生颁奖，旨在鼓励学生爱上物理阅读，让学生感受到物理阅读的快乐，在提高阅读能力的同时也增强了物理学习的欲望。

---

① 《义务教育教科书物理九年级（全一册）》[M]. 北京师范大学出版社，2022：7–14

第二节　估测能力

　　估测是人们在日常生活中、学习中以及在各种生产实践活动中，根据具体条件和所学知识对事物数量的大概推断或估计。[1]它是数学测量中另一种相对于精确测量来说非常重要的，使用频率更高、范围更广的测量方法。在物理学中估测是利用物理概念、规律、物理常数和常识，快速计算物理量的数值和数量级以及合理推断出取值范围进行测量的方法。

　　物理是一门自然科学，它建立在实验的基础上。在物理实验中，无论在实验方案的设计方面，还是器材的选择方面，都离不开粗略估算被测量的数值范围或数量级。在生产和日常生活中，为了便于生产和生活，也常要对某些物理量进行估算。中学生正处在世界观和人生观形成的阶段，估测能帮助孩子们更为方便的认识世界。运用估测这种方法，体现出新课程理念"从生活走向物理"。

　　在运用估测的方法分析物理问题的过程中，学生能够充分发挥自己的主观能动性，把感性直觉和理性思维有效结合，把物理知识与生活经验紧密连接，让物理学科核心素养在具体情境中得以提升。那么，学生的估测能力如何培养呢？

　　（一）让学生熟悉常见物理量，为估测做好准备。

　　学习物理认识世界离不开测量，而测量通常需要使用特有的测量工具。测量长度时需要使用刻度尺、测量质量时需要使用天平、测量液体体积需要使用量筒、测量电压需时需要使用伏特表、测量时间需要使用秒表等。然而在生活中我们不可能随时全都带着这些专业的测量工具，即便是带着专业的工具，受制于场地、环境因素的影响，我们也不一定方便去用这些工具进行具体的测量。因此，当遇到精度要求不高，或者测量工具不方面使用的情况，我们就需要进行估测了。

---

① 赵更强.《浅谈数学方法在解决初中物理问题中的应用》.《中小学教育》[J]，2019（361）：1

进行估测离不开作为估测依据的参照物。通常我们会以生活中常见的熟悉的东西作为估测参照物，熟练记住这些物体的信息能够快速帮我们进行估测。举个例子：在讲长度测量时，张老师提出了这样一个问题"学校楼前的这个大树有多高？"学生刚学会刻度尺的使用，对大树无法用刻度尺测量，脑海中又没有几米长度的概念，因此说什么的都有。有猜测 10m 的，有猜测 15m 的，还有猜 8m 的，也有摇头说我猜测不好的。到底哪个数据更接近实际高度呢？为了解决这个问题，张老师就告诉学生"咱们学校的一层楼房大约 3m 高，我们可以把楼房的高度作为参照物"，引导学生把树和楼房的高度进行比较。学生发现："这个树 3 层楼高，一层楼高 3m，所以这个大树的高度为 9m。"有了估测大树高度的经验，张老师顺势问道："咱们学校的国旗杆的高度是多少？"学生不再乱猜了，很快的得出估测结果："旗杆高度大约是 5 个楼层高，1 层楼高3m，所以旗杆高度约为 15 米左右。"楼房作为一个常见的固定的建筑物，教师把它的层高数据告诉学生，让学生记住它，当再让学生估测地面上其他建筑高度时，学生就不会再无从下手而乱猜了。由此见，记住生活中常见的物理量的参数是物理估测的前期必要准备。

下表（图 3-3-1）是估测过程中常用到的物理量，具体应用实践中还可以根据实际情况进行删减、增补。

新铅笔的长度	18cm	手一扎长	15cm-20cm（5 寸）	一层楼高度	3m
乒乓球直径	4cm	课桌面积	2400cm^2	课本面积	480cm^2
运动员跑百米的速度	约 10m/s	课桌高度	80cm	课桌长度	60cm
学生步距	50cm	步行的速度	1.1m/s（5km/h）	自行车行驶的速度	5m/s（15km/h）
矿泉水瓶容积	500mL（1 斤）	矿泉水瓶容积	500mL（1 斤）	热水瓶容积	2L
纯净水桶的容积	18.9L	一只鸡蛋的质量	50g	站立对地面的压强	10^{4}Pa（万）
家用电冰箱的电流	1.1 ~ 1.7A	鸡的质量	2 ~ 2.5kg	苹果的质量	150g（1.5N）

续表

中学生质量	50kg	日光灯	约40W	人的密度	$1.0 \times 10^3 Kg/m^3$ $=1g/cm^3$
课本对桌面压强	60 ~ 80Pa	一只鸡蛋的重量	50g–60g	教室体积约	$60m^3$
正常体温	37℃	空调电流	5A	白炽灯电流	0.1 ~ 0.3A

图 3-3-1

（二）创设贴近生活的物理情景，激发学生的估测兴趣、培养学生估测意识。[①]

兴趣是一个人前进的内驱力。作为教师，我们首先要充分结合学生的生活经验，有目的地创设生动具体的情境，激发学生估测的兴趣，通过认知冲突引发学生的深入思考，进而引导学生从生活走向物理。一个鸡蛋从内部打开它能变成小鸡成为生命，从外部打开只能变成一道菜。同样的道理，一堂物理课讲授同样的内容，学生带着"我要学"的态度和"要我学"的态度听课效果也会截然不同。教师可以从衣食住行等方面去创设贴近生活的物理情景去激发学生的估算兴趣，提高学生的内驱动力，让"要我估测"升级成"我要估测"。

质量是物质属性中基本的物理量之一。在讲完质量这节课时，李老师借助学校周边特有的地理条件（一片白菜地）设计了估测活动。首先拿出了一颗人们家里经常吃到的大白菜，问学生"一颗白菜的质量大概多少？"学生经常吃，而且很多学生家里也都种着白菜，但是很少有孩子注意一颗白菜几斤。李老师提出问题后，学生很感兴趣，就七嘴八舌开始猜想了。在学生经历猜想之后，李老师借助台秤现场进行了称量，结果表明一颗大白菜大概1500g也就是3斤。李老师紧接着抛出了新问题："如果我们一颗白菜质量为3斤作为参考物，你们能想办法估算咱们学校周边的这片白菜地能产出多少斤的白菜么吗？要是5毛1斤，能卖多少钱？"学生觉得更有意思了，天天吃着，天天看着，就是没有算过，也都很好奇，到底那里能收获多少白菜，到底能卖多少钱？为此学生们就展开了讨论。很快就有人给出方案："一颗白菜质量咱们已经称了大概3斤。咱们数一数一共有多少颗白菜就行了。"李老师进一步问到"那么大一片白菜地总共有多少颗白菜，天黑也数不完，物品我们如何快速解决数量问题呢？"

---

① 赵更强．《浅谈数学方法在解决初中物理问题中的应用》.《中小学教育》[J]，2019（361）：1

由此就把估测白菜总质量问题转换成了估算总数量。数学好的学生说："老师不用一颗一颗数，咱们那块地是长方形，白菜又是一拢一拢种的，我们可以数出来一拢种植的白菜数量，再数出一共种植的白菜拢数，把这两个数进行乘积就得到白菜的总颗数了。"学生们讨论好了测量方案后，利用课下时间对白菜地进行实地考察，利用实际测量数据计算出这块菜地大概能产出6000颗白菜，每颗3斤，一共是18000斤，一斤5毛，能卖9000元。解决了白菜的估算问题，李老师又提出了新的问题："如果明年不种白菜，改种植玉米了，如何计算那片玉米地的产量？玉米能卖多少钱？种植白菜和玉米哪个更具有经济价值？"

　　结合课堂所学的质量这一概念，借助学校周围的白菜地这一条件，用生活中的一颗常吃的白菜和学校周边的白菜地为素材进行真实情况创设展开提问，不仅使学生加深了对质量概念的理解，还让学生从经济的角度了解到种地挣钱不容易。我们在生活中要节约粮食，不乱花钱。我们乡村家家户户几乎都有农产品比如苹果、栗子、核桃，农产品的收入是农村家庭重要的经济来源之一。学生经历过估测白菜的质量和价格这个过程，当遇到家里售卖农产品时，学生很可能就会产生估算意识并进行提前估算。做好估算将有利于人们减少在售卖过程中因为人为因素造成的不必要损失。当然，只通过物理课堂上的一两节课的训练学生是无法形成估算意识的。要想培养出学生的估算意识就需要老师善于抓住各种机会、利用生活化情景，长时间的不断渗透，让学生在各种具体情境中逐步地体验、感悟估算的过程，从而形成估算意识。

　　（三）策略性指导，让学生掌握基本估测方法。

　　估算的具体方法很多，不同环境中、不同情景下、不同的人选择的方法就可能不一样。但是具体怎么估算，教师应该根据生活背景和现有知识水平的不同，教给学生一些基本的估算方法。

　　常用的估测方法有：

　　1. 直接判断法

　　直接判断就是要利用所掌握的常识物理量，不需要做进一步的分析运算，直接确定答案。很多城市的中考题目中都进行了估测的考察。

　　例如：

　　（1）北京中考试题：下列的估测，最接近实际的是（　　　）

A．普通课桌的高度约为 10cm　　B．物理课本的长度约为 2.6m

C．一位普通中学生的质量约为 50kg　D．一袋普通方便面的质量约为 0.5g

（2）成都中考试题：以下估测比较接近实际的是（　　　）

A．课桌的高度大约是 1.8 m　　　B．1 个鸡蛋的质量大约是 60 kg

C．洗脸水的温度大约是 –40℃　　D．小李同学受到的重力大约是 550 N

（3）南京中考试题下列数据中，符合实际情况的是（　　　）

A．人体感到舒适的温度约为 42℃

B．八年级物理课本的宽度约为 18mm

C．教室里日光灯的额定功率约为 40W

D．做一遍中学生眼保健操的时间约需 5s

上述的三个不同城市的中考题目可以归纳为同一类估测题，它们体现了物理与生活实际的紧密结合。正确做出这几个估测题的前提就是熟悉生活中常见的物理量。

2．比较排除法

通过自己不是很熟悉的物理量和自己比较熟悉的物理量进行对比分析从而得出结论。例如：中学生的正常身高约为 1.6m，双臂展开指尖到指尖的长度大概就是人的身高 1.6m。双臂打开鱼日光灯管平行对比，就可得出灯光长度大概在 1.2m 左右。

3．换算单位法

把比较陌生的单位转换为熟悉的单位。这种方法常常用在速度和长度的估测上。

例如：关于成年人正常步行的速度，下列选项正确的是（　　　）

A.36km/s　　B.3.6km/s　　C.3.6m/s　　D.36m/s

分析：我们对 km/s 这个单位并不熟悉，可以先转换为 m/s，再进行比较。

A 选项 36km/s=10m/s，B 选项 3.6km/s=1m/s，换算单位后很容易得出 B 选项 1m/s 最符合生活实际。

4．数学计算法

用熟悉的估测物理量和物理规律公式进行运算。

例如：估算中学生爬 6 楼所做的功。根据做功表达式 W=Fs，把人看作匀速上楼，F=mg 所以可以把公式写成 W=mg h，我们所熟知的中学生体重在 50 公斤左右，爬到 6 楼，竖直方向大概走 5 层楼高每层 3m 高。一共是 15m，因此可以计算出上楼时候人做的功为 W=7500J

估算本身就是一个大致推断，方法上并不统一，不存在说谁的估算方法对，谁的估算方法错的问题。但是掌握基本的估算方法有利于我们在具体估算中快速的寻找到适合自己的方法，提高我们的估测效率。

（四）增强学生估测信心

每当请同学们去估算一些物理量的时候，总有一部分学生会产生这样一种自卑的、畏惧的心理。觉得自己这也不清楚，那也不行。也有些同学就是觉得"这个问题大概是一个估算问题，我可以尝试看看"，这就是估测信心。

有估测信心的同学在生活当中会有很强的逻辑判断能力。估测信心来自于三个方面。第一，学生对常规物理数值有更多的积累和准确的积累。第二，学生掌握常见的估测方法。第三，教师多借助生活情景给学生创造机会，让学生经常进行估测训练。如果学生经常使用估测，而每次的结果都能与真实结果相似，就会让学生的估测信心不断增强。

例如：学校北边有个菜园，菜园旁边有个蓄水池。梁老师就以此为情景，设计了这样一个问题"手里只有 1 个矿泉水瓶子和一个水桶。请大家估测用自来水给水池蓄水，多长时间能蓄满水？"同学们经过初步讨论得出方案："1. 把蓄水池的容积先估测出来。2. 估测出水桶接满水所用的时间记录下来 t。并用水瓶子测量出水桶的容积。3. 用蓄水池的容积 V 除以水桶的容积 v。就能够得出蓄水池装满水所对应的桶水个数 N。4 用总水桶个数 N 乘以装满 1 桶水的时间 t 就以估测出总时间。"

从原理上看该方案是可行的，那么新问题来了"如何测量水池的容积呢？"有的说："围着水池子边，通过步数得到水池的长宽。以自身作为标尺，目测水池的深度。用体积公式长 × 宽 × 高可以得出水池的容积。"还有的说"手拉手借助手臂展开的长度测量水池的长和宽，拿拖布把续到水池中估测水池的深"等。大家都积极参与各有妙招，梁老师对每一种可行的方案都给予了肯定和赞扬，夸同学们的点子多。

哪一种测量的结果与真实情况最接近呢？经历了设计和猜想后，师生最终通过实践验证了最初的估测方案。师生直接用自来水往水池里注水，并用手机记录了注满水的时间。实践结果表明：虽然估测和真实值之间存在一定出入，但是整体看同学们估测的时间都与真实值相距不是太大。通过这样的来自身边的真实例子，让孩子亲自设计方案，实地考察估测，再进行真实情况对比验证，使学生在心灵上受到很大的鼓舞和满足。受到场地和认知水平等因素的影响，学生选择估算的方法不同导致学生对相同的物理问题估测出来的结果也不一样。有的时间稍微长点，有的时间稍微短点。其实测量结果时间长点和短点都无所谓，重要的是在整个过程学生的参与和所获得的体验感。

因此，作为教师我们不能以单一的标准去评价学生，应该从估测方案的设计、估计的便利性、准确性等多方面对学生的估算进行评价。让每位进行估测的同学都得到肯定和尊重，都能有所得有所获，愿意继续进行物理量估测。

生活中的这种例子还有很多，比如估测大山的表面积，估测食堂一个月消耗多少菠菜等等。教师应抓好这样的素材，多去创设机会，引导学生课后不断实践训练，让学生形成一种习惯，能够主动地把估测知识运用到学习和生活中去。整体上说，物理估测能力中考中虽有考查，但是内容不是特别多，也不难，物理中考中的考察更倾向于物理常识的记忆。但是物理估测能力是更贴近于生活实际。学会物理估测这不仅仅是为进一步精确测量提供一个大致的标准，它更为主要的是能增进学生对物理本质的洞察力，让学生对世界的感知更为清晰。

第三节　运用数学知识解决物理问题的能力

数学是研究数量、结构、变化、空间以及信息等概念的一门学科。数学逻辑缜密，解题实用。它是人类严格描述事物抽象结构和格局的通用手段。是一切自然学科的基础。数学可以表达物理所代表的意义，用数学公式或图像可以表达很多物理规律。学会使用数学工具，可以帮助学生对物理概念和规律有更好的理解。下面介绍几种常见的运用数学解决物理问题的方法。

（一）数形结合法

数形结合法在物理教学中表现为将数学的语言与物理图形有机地结合在一起，即抽象的物理概念与具体的物理事实合理结合的体现。它能够清晰的反应物理过程，能客观地实事求是反应物理实验规律，方便学生归纳得出结论。还能简洁、形象、明了、直观地呈现两个甚至多个物理量之间的联系。[①] 在中学物理中有很多地方都可运数形性结合。举个例子：

匀速直线运动是中学生最早接触的理想化运动模型，它的定义是快慢不变，沿着直线的运动叫匀速直线运动。什么叫快慢不变？为了更为直观的把匀速直线运动表示出来，我们需要让运动模型可视化。画出一个路程轴 s，用轴上线段的长短来表示做单方向直线运动的路程长短。画一个时间轴，用轴上线段长短表示运动时间。如果我们把时间轴水平放置，单方向直线运动的路程轴竖直放置并且把他们结合在一起让他们相互垂直，这样就将有特殊关系的路程和时间两个数轴合并在一起形成 s–t 图（图 3–4–1）。

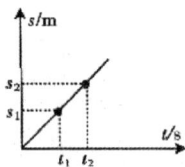

图 3–4–1

通过先描点，再作图的方法，可以直接得到匀速直线运动的模型

在 s–t 中是一个过坐标原点的倾斜直线。若只从图线上的点来看，不同时刻 t_1 和 t_2 对应的路程不同，这说明物体在运动的并且路程随时间是均匀增加的。由图像的斜率角度看 $\dfrac{s_1}{t_1} = \dfrac{s_2}{t_2}$，即两个时刻的速度相同，又由于初中阶段只研究直线运动，故该图像表示物体在做匀速直线运动。若只给出某次的运动 s–t 图像，如下图（图 3–5–1）所示，我们也能从图线上的点来看出不同时刻 t_1 和 t_2 对应的位置相同，从而推断出物体静止不动。

---

① 赵更强 .《浅谈数学方法在解决初中物理问题中的应用》.《中小学教育》[J]，2019（361）：1

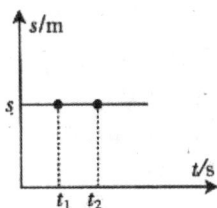

图 3-5-1

　　总结起来就是根据匀速直线运动定义，建立直角坐标系，采用先描点，再作图法能得到匀速直线运动的路程随时间的变化规律；反过来只给出 s-t 图我们也可以通过图线的特征反推出物体的运动情况。同一个运动模型可以用文字描述和图像两种不同的方式表征出来，并且两种表征方式还可以相互转换。这就能大大加深了我们对运动模型本身的理解。

　　初中物理把某种物质单位体积的质量叫定义为密度。在学习密度时，为了帮助学生理解密度，通常采用类表格计算的方式，比如为研究物质的某种属性，同学们找来大小不同的蜡块和大小不同的干松木做实验，实验得到如下数据：

实验次数	蜡块		干松木	
	体积 V/cm³	质量 m/g	体积 V/cm³	质量 m/g
1	10	9	10	5
2	20	18	20	10
3	30	27	30	15
4	40	36	40	20

图 3-6-1

　　通过表格（图 3-6）数据的计算，我们可以发现随着无论是蜡块还是干松木，随着质量的成倍增加，对应的体积也成倍增加。质量和体积的比值是定值。蜡块的质量与体积之比为定值 $0.9kg/cm^3$。干松木的质量和体积的比值是定值 $0.5kg/cm^3$。总结起来：对某种物质而言它的质量和密度的比值是定值，我们把这个值称为这种物质的密度。不同物质它的质量和密度的比值不同，即不同物质的密度不同。如何能更形象更直观的表示出密度是物质自身特有的属性。我们也可以体积 v 作为横轴，以质量 m 作为竖轴建立直角坐标系，先描点，再作图画出 m-V 图像（图 3-7-1）。

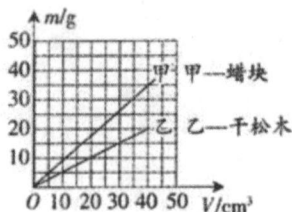

图 3-7-1

通过图像单独分析我们可以看出对蜡块而言体积越大质量越大，对干松木而言也是体积越大质量越大，即对同一种物质而言体积越大质量越大。通过对比分析可以得出相同质量的蜡块和干松木的体积不同。相同的体积的蜡块和干松木的质量不同。这都是物质属性不同即密度不同的表现。蜡块质量和相对应的体积比值是定值为 $0.9kg/cm^3$，干松木的质量和体积的比值是定值为 $0.5kg/cm^3$，在图像中表现为出蜡块的图线倾斜程度比干松木的倾斜程度大。表格处理和图像相结合的方法，让学生对密度概念理解更为深入。

物理中还有很多用图像法来描述物理概念和规律的例子。例如讲述电阻特性时候可以利用 U-I 图进行分析、描述速度随着时间的变化规律可以利用 v-t 图像进行分析运算、描述温度随温度的变化规律可以利用 T-t 图像进行分析、描述压强随体积的变化规律可以利用 P-V 图像进行分析……等等，运用图像时，我们首先要明确图像的含义，主要包括横坐标与纵坐标所代表的物理量，图线的变化趋势所代表的物理意义，然后再结合题干中给出的情景进行进一步分析处理。总之，用好图像法以不同的方式描述概念规律，可以让抽象难懂的物理概念规律变得简单、生动、具体、可视。

（二）列方程法

在物理中方程法是指在求解某个物理量时，根据因变量与自变量之间的因果对应关系，列出方程，通过求解方程从而求出物理量的方法。[1]

有些问题常常会涉及到多变量，因此联立方程组的方法常常会用到，将物理问题转化为方程问题，使问题的分析和解决更加容易，方程法可以减少学生的数学过程思维，解决问题简捷明了，方便于学生发现因变量与自变量的因果

---

① Andy2004.《初中物理解题方法大全 (2)– 方程法》.《Physics 玩转物理 123》[G]，2021：1

关系。[1]

例如:

1. 在求解运动学追及问题时

一辆汽车在平直的公路上以 20m/s 的速度匀速行驶,它用了 30s 追了前方距它 450m 处的一辆自行车,求自行车的速度。

思路分析:

本题属于追及问题,汽车开始追及到追上自行车,它们行驶的时间相等,都为 30s。而在这 30s 内汽车行驶的路程比自行车多了 450m,利用这个数量关系列方程求解即可。

参考答案:

解:设自行车的速度为 v,根据题意得:

$S_汽 - S_自 = 450m$

$v_汽 t - v t = 450m$

$20m/s \times 30s - v \times 30s = 450m$

解得 $v = 5m/s$

2. 在求解物质属性中的密度问题时

利用盐水选种,要求盐水的密度为 $\rho_盐 = 1.2g/cm^3$,现有样品测得其体积为 400cm^3,质量为 520g,问这样的盐水是否符合标准?如果不符合,是加盐还是加水?加多少?

已知 $\rho_盐 = 1.35g/cm^3$,$\rho_水 = 1g/cm^3$。

思路分析:已知样品的体积和质量,可以求出样品的密度。如果样品密度小于 1.2g/cm^3,则应该加盐;如果样品密度大于 1.2g/cm^3,则应该加水。然后利用加盐或加水后的总质量比上总体积等于 1.2g/cm^3 建立方程求解即可。

参考答案:

解:样品盐水的密度:$\rho_样 = m_样 / V_样 = 520g/400cm^3 = 1.3g/cm^3$

$\because \rho_样 > \rho_{盐水}$

$\therefore$ 盐水不符合要求,应该加水。

① Andy2004.《初中物理解题方法大全 (2)– 方程法》.《Physics 玩转物理 123》[G],2021:1

设应加水的体积为 V，根据题意得：

$\rho_{盐水} = (m_{样} + m_{水}) / (V_{样} + V)$

$\rho_{盐水} = (m_{样} + \rho_{水}V) / (V_{样} + V)$

$1.2g/cm^3 = (520g + 1g/cm^3 \times V) / (400cm^3 + V)$

解之得：$V = 200cm^3$

$m_{水} = \rho_{水}V = 1g/cm^3 \times 200cm^3 = 200g$[①]

3. 在求解电路计算电阻问题时

如图（图 3-8-1）所示，R 为定值电阻，电源电压保持不变。当滑动变阻器的滑片在 ab 两点之间滑动时，电流的示数变化范围为 $0.5A \sim 2A$，电压表的示数变化范围为 $4V\sim10V$，求电源电压和 R 的阻值。

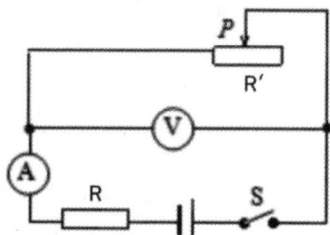

图 3-8-1

思路分析：

定值电阻 R 和滑动变阻器 R' 串联，电压表测滑动变阻器 R' 两端的电压，电流表测电路中的总电流。当电流表示数最小时，滑动变阻器的阻值最大，分得的电压最多。即当电流表示数为 $0.5A$ 时，电压表的示数为 $10V$。同理即当电流表示数为 $2A$ 时，电压表的示数为 $4V$。利用串联分压以及欧姆定律建立方程组求解即可。

① 义务教育《物理课程标准》[S]. 北京师范大学出版社，2022：4

参考答案：

解：根据题意得：

$U-10V=0.5A\times R$ ⋯⋯ ①

$U-4V=2A\times R$ ⋯⋯ ②

联立①②解之得：

$U=12V$

$R=4\Omega$ [①]

上述题目只是运用列方程求解物理问题的部分例子，在中学物理的计算中，绝大部分题目都能通过方程法求解。但是有些学生却无从下手，难以找到正确的突破口。在教学中，教师不能就题讲题，还要善于引导学生归纳总结解出方法和步骤。在用方程思想去解决物理问题时可参考这样的步骤：首先要找出与所要研究问题有关的各个量，确定因变量和自变量，其次根据与之相对应的规律，写出公式和方程，最后代入数据即可计算。

如果问题中有多个自变量，可根据问题中不同的物理过程及规律，找出其共同的参量，列出多个方程，组合成方程组一并计算。

（三）单位换算法。

在初中物理学习中，会涉及很多的物理概念和物理量，比如：长度（距离）、面积、体积、时间、速度、密度、功率、电流强度、电压、电阻等等。对于同一个物理量可以有不同形式的单位，不同形式的单位之间又存在着某种数量关系，比如电能，它的单位我们可以用千瓦时（$kW\cdot h$）也可以用焦耳（J），$1kW\cdot h=3.6\times10^6 J$；同一个单位又可以表示不同的物理量，比如焦耳（$J$）它可以表示内能的单位，热量的单位，还可以表示功、能量的单位。如果对单位换算比较熟悉的话，计算时就能得心应手，反之即使会分析这些习题也会因单位换算错误而失分。初中物理涉及的单位换算如下表（图3-9-1）所示：

---

① 殷静远.《初中生物理模型建构能力的调查分析及教学建议》，[D]. 合肥师范大学出版社，2022：8-18

物理单位换算

序号	名称	国际单位	常用单位	换算
1	时间	S		1h=60min=3600s　　1min=60s
2	电流	A		1A=1000mA=10⁶uA　　　1mA=1000uA
3	电压	V		1V=1000mV　　1kV=1000V
4	电阻	Ω		1kΩ=1000Ω　　1MΩ=1000kΩ=10⁶Ω
5	功率	W		1kW=1000W
6	电能	J		1kW·h=3.6×10⁶J　　　1度=1kW·h
7	长度	m		1m=10dm=100cm=10³mm=10⁶um=10⁹nm　　1km=10³m 1m=10dm　　1dm=10cm　　1cm=10mm　　1mm=10³um 1um=10³nm
8	面积	m²		1m²=10²dm²=10⁴cm²=10⁶mm²
9	体积	m³		1m³=10³dm³=10⁶cm³=10⁹mm³
10	容积	L		1L=1000mL　　1L=1dm³=10⁻³m³　　1mL=1cm³=10⁻⁶m³
11	质量	kg		1kg=10³g=10⁶mg　　　1g=10³mg　　1t=103kg
12	密度	kg/m³		1g/cm³=10³kg/m³
13	速度	m/s		1m/s=3.6km/h
14	一标准大气压			p₀=1.01×10⁵Pa=760mmHg(毫米水银柱)

图 3-9-1

如此之多的物理量和单位，怎么能帮学生快速掌握单位的换算法呢。最重要的是，借助数学上同底数幂乘法和除法的关系。同底数幂相乘：底数不变，指数相加；同底数幂相除：底数不变，指数相减。单位换算的技巧是熟练运用科学计数法，整体上可以把物理中的单位换算为 4 大类。

1．一次方的单位换算关系

例如：换算长度时 $120km=$＿＿＿cm

从上表中我们知道 $1km=1 \times 10^3 m$，$1m=10^2 m$，所以 $1km=1 \times 10^5 m$，$120km= 120 \times 10^5 m$

用科学计数法表示则为 $120km=1.2 \times 10^7 m$

例如：换算质量时 $50g=$_____kg

从表中我们知道 $1kg=10^3 g$，反过来 $1g=1 \times 10^{-3} kg$，$50g=50 \times 10^{-3} kg$

用科学计数法表示则为 $50g=5 \times 10^{-2} kg$

2．二次方的面积换算关系

例如：$120cm^2=$___m^2

对于面积的单位换算，首先将二次方改成一次方进行运算，

即先算 $1cm^2=1cm \times 1cm$，$1cm=1 \times 10^{-2} m$。

所以 $1cm^2=1 \times 10^{-2} m \times 10^{-2} m=1 \times 10^{-4} m^2$，$120cm^2=120 \times 10^{-4} m^2$

用科学计数法表示则为 $120cm^2=1.2 \times 10^{-2} m^2$

3．三次方的体积换算关系

体积的单位换算和上面面积单位换算类似，也是化 3 次为 1 次。

例如：$120cm^3=$___m^3，先算 $1cm^3=1cm \times 1cm \times 1cm$，$1cm=1 \times 10^{-2} m$。

所以 $1cm^3=1 \times 10^{-2} m \times 10^{-2} m \times 10^{-2} m=1 \times 10^{-6} m^3$，$120cm^2=120 \times 10^{-6} m^3$

用科学计数法表示则为 $120cm^2=1.2 \times 10^{-4} m^3$

4．综合换算。

结合前边的三个数量转换方法。把分子和分母分别换算成所要数量级，再组合在一起。

例如：速度 $30m/s=$___km/h，$1m=1 \times 10^{-3} km$，$1s=1/3600h$，所以 $1m/s=3.6km/h$

最后可算得：$30m/s=30 \times 3.6km/h=108km/h$

例如：$1.2 g/cm^3=$____kg/m^3，$1g=1 \times 10^{-3} kg$，$1cm^3=1 \times 10^{-6} m^3$，

所以 $1 g/cm^3=1 \times 10^3 kg/m^3$，则 $1.2 g/cm^3=1.2 \times 10^3 kg/m^3$

中学物理量有很多，物理量之间的换算如果死记硬背不仅加重了学生的学习负担，还会导致学生只会机械记忆不知道物理量之间的具体关系怎么来的。在教学中给孩子搭建好台阶，培养学生对物理单位的敏感性及其准确、快速地进行单位换算则能够有助于孩子对物理量的理解，并大大提高解题效率。

（四）数学方式变化物理公式法

物理概念和规律大多数都是利用数学公式表达的，根据在物理教学中经常用到的公式变形的数学方法，可以将已知公式变换成新的形式。

例如：密度公式 $\rho=m/V$，经过变化可以得到质量 $m=\rho V$，体积 $V=m/\rho$

例如：电阻公式 $R=U/I$，经过变化可以得到电压 $U=IR$，电流 $I=U/R$

例如：液体压强公式 $P=\rho g h$，经过变化可以得到密度 $\rho=P/gh$，

液体深度 $h=P/\rho g$

以上三个例子都是基本公式的直接变形，把一个公式变成三个公式，当然也有间接变形得到新公式的。

例如：电功率的表达式 $P=UI$。我们除了能给直接变形得到电压 $U=P/I$，电流 $I=P/U$，还可以根据电压 $U=IR$ 间接得到公式的表达式 $P=I2R$，也可以通过 $I=U/R$ 间接得到 $P=U^2/R$。

掌握公式之间的变形方法能开阔学生的解题思路，但是应用变形公式的时候，特别要注意，我们公式变形只是量度了物理量的大小，不能单从数学表达式的角度说物理量的正反比关系。

例如电阻是描述导体导电性能的物理量，是由导体两端的电压 U 与通过导体的电流 I 的比值来定义的，其定义式就是 $R = U/I$；这里不能理解为电阻跟电压成正比，跟电流成反比的关系，因为其决定式则是 $R=\rho L/S$. 电阻的大小由导体的电阻率，长度以及导体横截面积的大小决定。定义式是指反映某个物理量的基本定义，只表示量度该物理量的某种方法而不是与公式中其他物理量存在正比或者反比的关系. 一般来说对于涉及到计算某个物理量大小的题目中，定义式是普遍适用的。在教学过程中，我们在讲授公式变形的时候，一定要让学生分清楚二者的区别，这样对于接下来的物理学习学生才不会出现认知混淆。

物理与数学密不可分。通过以上分析，我们知道运用数学工具帮助学生解决物理问题的方法很重要，培养学生运用数学工具解决物理问题的能力尤为重要。初中利用数学工具解决物理问题的方法还有很多，比如反证法、假设法、极限法等等，本文只是选择最重要的方法进行剖析。作为教师，在平时的教学中我们要有目的性地渗透数学工具解决物理思想的方法，通过专题的训练增强学生运用数学解决物理物体的能力。

第四节　物理建模能力

在课程标准所规定的物理学科核心素养中，"模型建构"是科学思维的重要组成部分，在整个物理学科核心素养中拥有重要地位。正如在物理学中物理模型的地位一样，物理学的发展离不开物理模型的发展与完善，学习物理就是学习已经建立的物理模型以及学习怎样建立新的物理模型。另一方面，掌握物理模型建构能力对于数学、生物、地理等学科的学习也有着正向迁移的作用，可以说物理建模能力在学科体系间起到了串联作用，掌握好物理模型建构能力也意味着其他学科核心素养的发展前进了一大步。因此，我们要培养学生建模能力，提升学生科学思维品质。

什么是物理模型呢？物理模型是一个比较抽象的概念，物理模型是通过对物理学现象及规律的分析，为了一个特定目标，根据物体所特有的内在规律性，吸取一切主要因素、忽略一切次要因素所得到的一个物理学研究内容的基本描述。简单地说，物理模型就是提供一种解决物理问题的方法和思路，从复杂的物理问题中突出主要问题，抓住问题的本质，忽略次要因素或干扰因素，得到一种理想化的对物理问题本质的描述。物理模型的建构过程包含物理知识、方法与思维，是培养学生物理核心素养的重要方面。

好的物理模型具有简单、清晰、无偏见和易操作等特点，并能针对我们提出的问题提供令人信服的解答。初中物理模型可归纳总结为物质模型、状态模型和过程模型，如下表（图 3-10-1）所示。

物质模型	对象模型：质点、杠杆、平面镜、连通器、点光源、薄透镜、均匀介质
	条件模型：光滑、轻质杆、轻质球、轻绳等
	结构模型：原子结构模型、串、并联电路
	模拟模型：光线、磁感线、小磁针、通电螺线管、受力示意图
状态模型	二力平衡模型、液片模型、液柱模型
过程模型	匀速直线运动

图 3-10-1

建构物理模型需要学生有很高的综合分析能力，而乡村学生综合分析能力薄弱，对物理模型的概念又很模糊，那么，如何帮助学生建构物理模型，提升学生科学思维的素养呢？

（一）强化对物理模型的元认知，明确物理模型建构的重要性[①]

教师在教学中不仅要讲解某个物理模型的相关知识，还要明确物理模型究竟是什么，将物理模型的重要性讲清楚。只有让学生知道什么是物理模型、物理模型在物理学的学习中起到什么作用以及运用物理模型解决物理问题有哪些好处，学生才会有建构物理模型解决物理问题的意识和动力。与此同时，教师要为学生树立起评估自身掌握物理模型情况的意识，特别是对初中生而言，在这个阶段掌握科学的元认知方法对其终身发展好处颇多。

例如，教师设计一个专门的物理模型教案，在此教案中考察学生对物理模型本质的认识以及单个物理模型的适用条件、运用场景、应用方法及注意事项等等，使学生能够清晰地感受到物理模型的细节及自身需要掌握的内容，方便提升学生对物理模型的元认知。在这个过程中，将物理模型的概念、重要性潜移默化地展示给学生，帮助学生培养起在物理学中运用物理模型解决问题的习惯。

例如，在分析汽车实际的运动时，考虑到汽车加速、减速、转弯等实际情况，汽车的运动很复杂。但是，一切复杂问题背后都应该有简单"原型"，所以，研究汽车的运动，先帮助学生建立非现实运动模型即匀速直线运动模型，忽略其他因素（变速、转弯等）的影响，进而研究匀速直线运动的一般规律，学会研究运动的基本思路，为学习其他运动打下坚实的基础，同时培养学生用模型解决问题的意识。

这样，让学生对建模概念有了初步的认知，形成了初步的建模意识，为解决更复杂更抽象的物理问题做好铺垫。

（二）联系物理模型与生活情景，使物理模型形象化

物理学是一门自然科学，物理学的学习要与自然现象相联系，从生活中来，到生活中去。初中生处于刚刚接触物理学的阶段，在这个阶段所学习的物理知

① 沈文笑.《初中物理实验教学中培养学生科学探究能力的策略研究》[D]. 延安大学出版社，2021：10

识并不复杂，更多的是对生活中常见现象的解释与说明，这就要求教师在教学中发现物理学与生活情景的联系，并主动强化这份联系，而不是单纯的概念教学或是规律教学。只有将概念和规律与生活中常见的情景结合起来，才能使学生更为深刻得掌握它们。

例如，在学习"镜面反射与漫反射"时，这部分知识的引入就可以从学生都能接触到的生活情景中取材：在黑板上固定一面镜子，再在镜子上蒙上一层幕布，在幕布上播放电影时非常清晰，取走幕布，这时画面不会在平面镜中呈现出来。此时教师将此现象与光的反射模型和光线模型结合，很容易就能让学生理解现象之后的物理规律。在讲授物理模型时，要力求让模型脱离课本的文字概念而独立存在，使物理模型与生活情景结合，培养学生在生活中寻找物理现象、解释物理现象的能力，从而提升学生物理模型建构能力。

例如：在学习液体压强时，先通过生活实例让学生感受到液体压强的存在，再引入"液片"模型来推导液体压强的大小。要想得到液面下某处的压强，可以先设想这里有一个水平放置的平面，这里的"平面"其实就是一个物理模型"液片"，它的特点是没有质量、没有厚度，有面积的薄片，两个侧面会受到液体对它产生等大反向的压力和压强。这样，用相对可视化的模型理解相对抽象的陌生概念，可以使教学内容形象、直观化，学生更容易理解，降低了教学的难度。

在液体压强内容的教学过程中，通过建立"液片"模型，推理液体压强计算式 $P=\rho g h$，学生更容易理解和接受，同时有助于学生解释生活中很多与液体压强相关的现象，做到学以致用，强化了建立物理模型的重要意义，增强了学生学习物理的兴趣。

（三）强化物理模型的表征方法，提高模型建构表述的精准性

不同的物理模型表征方式各不相同，有些是用文字，有些是用图形，还有的用公式来表征。结合多年的实践教学发现，初中学段最常用的模型表征工具是图形，例如：受力示意图、光线传播图、运动过程图等可以用来直观表示物理情景。特别是初中生的逻辑思维能力还不成熟，所以教师在教学过程中要注意培养初中生运用图形或其他表征工具描述物理模型的能力，帮助初中生应用不同的表征工具表示不同的物理模型，在面对实际的物理问题时用简洁、精确的方式表述出物理模型，从而更方便地解决问题。

中学物理教学策略分析
——双减背景下基于物理学科核心素养的分层教学

例如，用力的示意图（图 3-11-1）表示物体受力的大小，用光线传播图（图 3-12-1）表示凸透镜成像规律，将物理问题用公式的方法可视化（图 3-13-1），借助图形和公式不仅能精准表征物理规律，而且能帮助学生深刻理解物理学的本质问题，强化物理模型的表征方法，提高学生的建模能力。

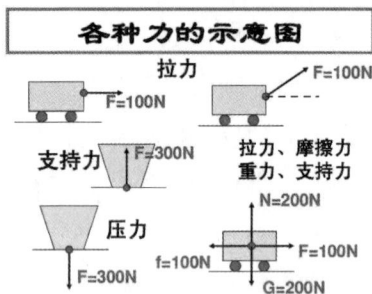

图 3-11-1

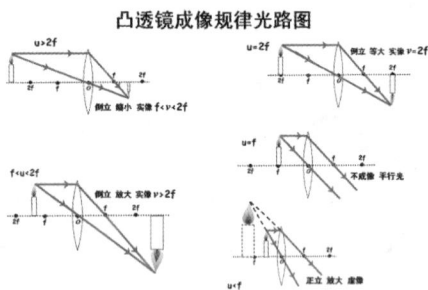

图 3-12-1

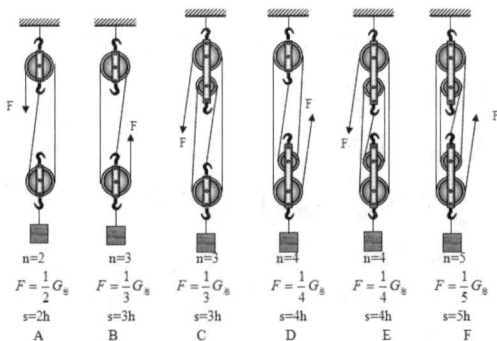

图 3-13-1

（四）强调物理模型的适用条件，培养情境模型转化能力

解决物理问题很重要的一步就在于在物理情景中提取出关键的信息，并排除干扰信息，将关键信息与物理模型的适用条件相对应，才能选择出合适的物理模型，解决物理问题。这样在情境中提取关键信息并与模型适用条件相对应，并应用该模型推理出更多信息的能力称为情境的模型转化能力。培养学生的情境模型转化能力意味着教师要帮助学生寻找关键信息，掌握寻找关键信息的方法，并熟练掌握多种物理模型的适用条件。

例如，在《熔化和凝固》章节中，教师应明确晶体熔化的模型特征，利用图像等方式将晶体熔化过程中温度的变化表征出来，从而让学生了解晶体模型的适用条件，使学生明白什么物体是晶体，如果有一个阶段温度是不变的，这个关键信息就能说明该物体是晶体，这个阶段的温度就是该晶体的熔点。

通过强调物理模型的适用条件，可以让学生更有效地理解物理模型，更加熟练的应用物理模型解决问题，最终实现学生从"解题"到"解决问题"的转变。

（五）借助物理模型，培养学生主动发散思维，发展学生核心素养

在学生掌握物理模型并能够用物理模型解决问题之后，教师可以抛出一些开放性的问题，让学生尽情发散自己的思维，思考物理模型更多的可能性。在此过程中培养学生的物理学科核心素养，包括但不限于科学思维，还包括物理观念、科学探究和科学态度与责任，让学生全面发展。

例如，在《光的直线传播》这一章节中，教师可以为学生创设一个光线在不均匀介质中传播的物理情景：在浓度不均匀的盐水中光线看上去似乎不再沿直线传播了，此时教师提出问题，我们所说的光线模型还适用吗？光线是否变成一条曲线了？在此情景下，学生不能够回答出该问题，但学生会发散自己的思维，为之后光线的折射部分做铺垫，在学习光的折射时也会用到光线模型，通过两个模型间的联系让学生将知识更加紧密的联系起来。

第五节　物理实验能力

物理学是通过科学观察、实验探究、推理计算等形成系统的研究方法和理论体系。义务教育物理课程是一门以实验为基础的自然科学课程，具有基础性、实践性等特点。

物理教学若离开了观察和实验，就成了无源之水，无本之木，纸上谈兵。因此，物理教师必须加强实验教学，提高学生的实验能力。实验能力在核心素养中主要体现为科学探究素养，科学探究是指基于观察和实验提出物理问题、形成猜想与假设、设计实验与制定方案、获取与处理信息、基于证据得出结论并做出解释，以及对科学探究过程和结果进行交流、评估、反思的能力。

初中物理必做实验，分为两大类，测量类实验和探究类实验，共21个（图3-14-1）。我校十分重视物理实验教学，21个必做实验带领学生逐个落实，在必做实验的基础上，还会增加自制实验辅助教学，帮助学生更好的理解物理概念和物理规律，全面提高学生实验能力。

测量类学生必做实验	探究类学生必做实验
1. 用托盘天平测量物体的质量； 2. 测量固体和液体的密度； 3. 用常见温度计测量温度； 4. 用刻度尺测量长度，用表测量时间； 5. 测量物体运动的速度； 6. 用弹簧测力计测量力； 7. 用电流表测量电流； 8. 用电压表测量电压； 9. 用电流表和电压表测量电阻。	1. 探究水在沸腾前后温度变化的特点； 2. 探究滑动摩擦力大小与哪些因素有关； 3. 探究液体压强与哪些因素有关； 4. 探究浮力大小与哪些因素有关； 5. 探究杠杆的平衡条件； 6. 探究光的反射定律； 7. 探究平面镜成像的特点； 8. 探究凸透镜成像的规律； 9. 探究通电螺线管外部磁场的方向； 10. 探究导体在磁场中运动时产生感应电流的条件； 11. 探究串联电路和并联电路中电流、电压的特点； 12. 探究电流与电压、电阻的关系。

图 3-14-1

　　根据乡村学校学生少，教师多，空间大等优势以及学生学情，我校从学生学的角度制定了提高学生物理实验能力的培养方案和策略。以培养学生提出问题的能力、物理实验设计能力、物理实验实践能力三方面为目标，促进学生实验能力整体水平的提高。

（一）提出问题的能力

　　发现问题是人类思维发展的关键，科学探究的第一步就是提出问题，只有先提出问题才有继续探究的可能，学生只有在学习中不断提出问题，才会不断取得进步。物理课堂是培养学生"发现问题，解决问题"能力的主阵地，随着新课程改革的不断深入，初中物理教学也并不是单纯局限于剖析问题，而是要把教学重心置于训练学生提出问题和解决实际问题的能力上面，物理教学将以培育学生的提问意识、提高学生的逻辑思维能力为主要教育目标。

　　培养学生提出问题能力是锻炼学生思维能力的基础，也是提高学生科学探究素养的基石，是提高学生主动学习的关键，不仅能在课堂教学中引导学生动手、动脑，充分尊重学生的主体性，也可以提高学生的主动性和创新思维，有助于学生养成终身学习的习惯，使学生意识到还有很多不懂的问题，只有勤于思考、勇敢发问、大胆质疑才能适应不断发展的社会。那么，如何培养学生提出问题的能力呢？

　　1. 创设生动的问题情境，激发学生提问的欲望

　　爱因斯坦说："提出一个问题往往比解决一个问题更重要，因为解决问题也许仅是一个数学上或实验室上的技能而已。而提出新的问题、新的可能性，从新的角度去看旧的问题，都需要有创造性的想象力，而且标志着科学的真正进步。"

　　因此，我们首先要培养学生能够提出问题、愿意提出问题的能力，那么，在课堂上就应该选择恰当生动的问题情境引入新课。

　　可以选取贴近学生生活、又十分惊奇的实验现象，引起学生强烈的好奇心，带入学生深度思考，主动提问；

　　例如，在学习"气体压强与流速关系"时，用一个既简单又惊奇的"吹气"实验引入新课，惊奇的实验现象能够吸引学生的注意力，学生就愿意主动提问，有的同学立即问道：

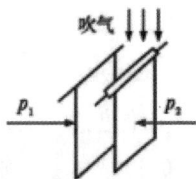

两张纸在底部为什么会吸引，而不是被吹开呢？

也可以是能够引发学生认知冲突，给学生制造"麻烦"的物理原理，以至于学生有强烈的提问欲望；

例如：在日常生活中别人说的声音和自己听到的声音是同步的，声音传播不需要时间，而实际上声音传播是需要时间的，与学生原有的认知是冲突的，以此激发学生提问的欲望，进一步探究。

还可以是"物理学家之争"，还原物理学家研究问题场景，引起同学争论、思考、提问！

例如：在学习力与运动关系时，亚里士多德认为力是维持物体运动的原因，而伽利略认为力是改变物体运动的原因，在物理学家的"争论"中，鼓励学生提出问题，并进行科学探究。

这样的创设提问情境，有利于帮助学生积极提问，打开学生提问的大门，帮助学生解开学习知识时被约束的枷锁。同时，学生在这种状态下也会越来越喜欢提问，爱提问，降低他们提问的门槛，营造善思爱问的良好物理学习氛围。

2. 多角度提问，培养学生发散思维能力

乡村学校学生懒惰，大多数不体现在行为上，而更多体现在思维上，发散思维能力比较薄弱，在课堂上习惯于教师讲授，不善于思考，不能就一个问题进行发散提问。

为改变这种现状，作为一名乡村教师，一直在思考培养学生发散思维的有效策略，恰逢我校课堂改革的热潮，教师不再"满堂灌"，而是鼓励学生在课上自由提问，并引导学生能从多角度提出探究性的问题，尤其是在起始年级、起始课，要给学生一定的思考时间，让学生把思维发散开来。学生所提问题也许贴近教学预设，也许天马行空、异想天开，但教师都不应遏止学生，而应鼓励学生继续表达出来，教师应该认识到每个学生提出问题蕴含的价值。学生提问涉及面越广，说明学生思维越活跃，日积月累，必然能大大提高学生思维的灵活性。

最初，虽然学生对身边事物有着强烈的好奇心，但学生思维板滞保守，不会多维度思考，不习惯多角度提问，因此提出的问题肤浅单一，而通过一个阶段创设情境、头脑风暴、进行竞赛等有针对性的练习，学生提问的角度明显增多了。

例如，在学习音调过程中，到底是什么因素决定音调的高低？教师课堂演示或播放视频，学生认真听不同发声物体音调的高低并思考影响音调高低的因素。给学生大胆猜想、自由提问和互相质疑的机会，培养学生发散思维能力。学生猜想的结果不尽相同，有乐器材质、乐器的大小、发生物体的软硬程度等等，学生根据不同的猜想，提出问题，互相质疑，反复实验，多次设计对照组，在不断的提问和质疑过程中学生才能真正理解问题的本质，同时锻炼了自身的发散思维能力，而教师只是课堂的组织者和问题的引导者。

这样，让学生有更多的机会多角度提问题，可以提高学生提问的维度，打开学生思维的广度，不断的提问使学生思考问题更加全面，进一步建立更为立体的物理观。

3. 聚焦问题，层层递进的提出问题

乡村学生，在初中阶段仍然略显单纯，没有更广阔的眼界，目标意识淡薄，缺乏学习的动力，导致学生很难聚焦某一具体问题，层层递进地进行追问，为培养学生能够聚焦问题并提出更有深度的问题的能力，上课时采取"问题串"的授课策略。"问题串"的设计可以帮助学生有效地梳理思维逻辑，给学生深度提问的一个示范，经过一段时间的锻炼，学生就能够按照知识发展的思维逻辑层层递进地提出问题。

例如，在探究导体在磁场中运动时产生感应电流的条件时，以实验引入新课，学生发现与导体棒相连的小灯泡，即使回路中并没有电源，小灯泡也能发光。看到这样的实验现象，为了培养学生层层递进提出问题，培养学生深度思考的能力，教师通过"问题串"的设计，启发学生思考，并且给学生示范如何提问，培养学生善思乐问的学习习惯，渐渐地，提高学生提出问题的能力。

问题1：导体棒与小灯泡相连，当导体棒在蹄形磁铁中左右移动时，回路中并没有电源，小灯泡为什么会发光呢？

问题2：如果导体棒上下移动，小灯泡会发光吗？

问题3：还有其他办法让小灯泡发光吗？

问题4：小灯泡发光的条件是什么呢？

问题5：生活中有哪些现象应用了电磁感应原理呢？

......

（二）物理实验设计能力

设计性的实验能全面培养学生综合运用所学知识的能力、搜集处理信息的能力、分析和解决问题的能力、语言文字表达能力以及团结协作的能力。因此，以实验设计为载体，培养学生物理实验设计能力，是全面提升学生核心素养的一条重要途径。[①]

1. 充分利用教材中已有的探究性实验

与传统物理实验教学不同，在探究性实验教学中，学生不再是一味地听教师讲、看教师做，而是在教师的指导下，运用已有的知识技能，灵活创造性的对所提出的问题设计实验方案，进行实验操作，对实验现象或数据加以分析并得出结论。学生真正参与探究过程，从过程中获得具体经验，活化了知识结构，养成良好的思维习惯。只要教师安排合理、引导恰当，必将有利于提高学生的初步实验设计能力。

2. 将某些验证性实验变为探究性实验

验证性实验是指对所研究的物理知识有了一定的了解，并且形成了一定的认识或提出了某种假说，为验证这种认识或假说是否正确而进行的一种实验。初中物理教学实验多为验证性实验，如阿基米德原理、二力平衡的条件、欧姆定律等。但是，学生在学习物理的科学方法和科学态度方面不能得到锻炼，也限制了学生初步实验设计能力的培养。因此，在物理实验教学中，可变换一个角度把适合研究探索的验证性实验上升为探究性实验，使学生由被动接受者变为主动探究者，让学生在探究过程中不断发现问题、提出假设、调整实验设计方案，为学生提供广阔的实践活动空间和思维分析空间。且在实施探究过程中，尽量再现实验的设计过程，鼓励学生大胆的去构思，逐渐增长自身的知识水平和能力水平，进一步提高学生的实验设计能力。

例如，在"密度"一节的教学中，可将这个验证性实验变为探究性实验。教师首先创设情境引导学生认识到不同的物质，其质量和体积都有可能不同。接下来，让学生分组，按小组分别测量若干杯体积不同的水的质量与体积，体

---

① 朱萌.《"从做种学"教学理论及其现实意义》.《理论观察》[J]，2016（9）：159–160

积不同的铁块、铜块、铝块的质量与体积，要求学生先设计实验方案、实验记录表格，然后选择器材进行实验，收集数据，分析数据并得出结论。通过学生之间的交流与合作，讨论并归纳得出：同种物质的不同物体，其质量与体积的比值为一定值；不同物质的物体，其质量与体积的比值一般是不同的。进而顺势提出"密度"的概念。

3. 教师可将某些疑难问题设计成探究性实验

学生在学习知识的过程中，往往容易根据自己已有的知识和经验对某些问题进行分析、判断，从而达到解决某一问题的目的。物理学习中，有些问题不能凭经验判断，必须通过实践才能得出正确的结论。在解答某些疑难问题的时候，如果让学生亲自设计方案、动手实验，根据实验现象分析、归纳，最终获得结论，不仅培养了学生科学的思维方法，而且培养了学生科学研究的能力。

例如，完成对凸透镜成像规律的研究后，学生还想知道，当烛焰通过凸透镜在光屏上成一实像时，用一块遮光板拦住凸透镜的上半部，光屏上能不能成一完整的像？此时，教师可以引导学生设计实验方案、进行实验探究。实验表明，像的大小位置都没变，只是变暗了一些，因为遮光板挡住了一些光线透过。通过实验验证，把学习内容中的疑难问题都得以印证澄清，既可加深学生对知识的掌握程度，又可提高学生对问题分析研究的兴趣。

4. 将生产、生活中的素材引进到探究性实验教学中

物理知识本来就起源于日常生活中的观察，并在观察的基础上通过探究实验归纳总结起来形成的。学生需要把学习的知识自觉的联系于实际，提高感性认识，促进自主设计实验能力的提高，因此教师要引导学生善于到周围的物理世界去观察、思考，调动学生已有的生活经验，运用学过的物理实验设计知识和方法，设计出实验方案，并通过实际操作验证实验方案的正确与否。这样，不仅能够激发学生探索物理奥妙的兴趣，而且使学生在不断的实践中体验到设计成功的快乐，增强物理实验设计的自信心。

比如，家庭照明用电，为什么同一盏灯在晚上有时较暗？有的同学观察到这一现象并提出疑问，想到实验室找答案。他设计了这样一个小实验：连接一个基本的并联电路，在干路上接一个小电阻，再并联几个相同小灯泡。依次开启灯泡，分别让一个灯亮、两个灯亮、三个亮……观察灯泡的亮度情况，发现

并联的灯泡越多，灯越暗。通过对这一现象的定性分析，学生把家庭用电的"电灯较暗的时间——各家各户的用电高峰期——电路中总电阻的变化——总电流的变化——各部分电压的重新分配——每一盏灯的电压变化"等联系起来了，从而对这一现象有了本质的印象和深刻认识。

又如，在建筑物或电梯中，手机有时会接收不到信号或信号较弱。有的同学是这样设计实验得到启示的：将手机先后放在密闭的塑料容器、纸容器以及金属容器中，再打电话呼叫容器中的手机，发现放在金属容器中的手机不能接收到呼叫信号。从而了解到金属容器对手机信号（电磁波）有屏蔽作用。

5. 引导学生改进实验并进行探究

在物理教学过程中，教师经常会以各种演示实验来吸引学生的注意。演示实验有着自身独特的要求，必须做到时间短、效果好、科学性和直观性强。但有些演示实验，如果照搬教材，效果并不好。此时，教师要有意识地引导学生发现实验中存在的不足，激发学生的认知冲突，启发学生对有关实验进行改进，促使学生主动地参与到实验设计的过程中来。

例如，估测大气压数值的实验。教材上的实验是用注射器、弹簧测力计、刻度尺来完成实验，但是在实际操作过程中，无法用弹簧测力计直接测出大气对活塞的压力。通过分析，学生找出了原因：大气压力超出了弹簧测力计的量程、注射器容积太大。因此他们提出了改进的方案，可以将注射器竖直放置，在活塞下面挂重物来代替弹簧测力计进行测量。如此步步启发、层层深入，既完成了实验的改进，又使学生受到了实验设计的训练，增强学生参与实验设计的意识和信心。

总之，培养学生的实验设计能力是初中物理实验教学中的一个重要方面，也是提高教学质量、培养创造性人才的极好途径。只要教师能认真研究初中物理的实验教学，并根据学生的实际情况，由浅入深，循序渐进，一定能逐步提高学生的实验设计能力。

（三）物理实验实践能力

美国著名的教育家杜威，其教学论的主要思想是"从做中学"，提倡把学生学习新知识的过程，认为是"做"的过程。学生除了在课本上可以学到知识，还可以利用动手的方式来探索客观世界，从而获取理论知识。[15]

大教育家杜威告诉我们：教育与生活有着紧密的联系，强调了学习最重要的不是结果，而是学习过程本身。在实际的物理实验课程中，教师应该把"从做中学"的理论应用到教学过程中，即教师要以学生的兴趣和身心发展特征作为中心，让学生通过"做"的方式来学习新知识，以学生为主体，让学生自主探究性地学习，而教师在实验过程中扮演一个启发引导的作用，学生通过"做"的方式来设计探究性的物理实验内容，在"做"中习得物理规律，不仅能够提高学生的动手能力，而且促进学生深度理解和记忆，进而激发学生学习的内驱力。基于此，我校提出培养学生动物理实践能力的四大策略。

1. 更多方式参与演示实验，增加实验机会

演示实验能够给学生示范正确实验步骤，强调重点操作，但是并不能提高学生的动手实践的能力，在保证学生安全和规范操作的基础上，我们把教师演示实验设计学生分组实验，给学生更多参与演示实验的机会。我想，只有让学生参与到实验教学中，才能快速提升其实践能力。在物理课堂上，只有教师充分发挥学生的主体地位，才能使其积极地参与到课堂实验中，让初中生对实验器具进行大胆的探索，使其通过自己的研究，充分了解仪器的功能，对物理知识进行大胆的探索，使其动手能力得到切实意义上的提升。

例如，在"惯性、牛顿第一定律"一课的学习中，教师可以让学生对本课内容进行课前预习，明确本节课实验操作的目的，知道需要对哪些数据进行详细记录，了解通过何种方式可以达到最佳的实验效果。教师要在课上留有充足的时间，让学生熟悉惯性相关的知识点，原本的演示实验变为学生分组实验的方式，进行深度科学探索。为了确保实验的质量，教师要引导学生通过协同合作，共同完成相关实验，培养团队合作的意识，并使初中生在进行自主探索的过程中，发散物理思维。通过分组探究的实验活动，学生可以充分了解仪器的相关操作要点，对牛顿第一定律的相关知识进行积极探索，加深对本课核心知识点的记忆。在分组合作的实验方法中，促进自身动手能力的不断提升，在教师的辅助下，显著提升物理知识学习效率。

2. 开放物理实验室，增加实验操作的频次

物理教学中要注重学生科学素养的培养，培养学生动手实践能力是培养科学素养的有效途径，我们利用乡村学校学生少、教师多、空间大、学生在校时

间长等优势，学校提出了开放实验室，给学生提供一个能够自主操作实验和小组设计实验的平台，在操作实验中培养学生的实验操作技能，在设计实验中提高学生学科思维能力和创新能力。

我们将初中物理实验划分为基础性实验、创新实验和实际生活紧密相关的实验三个能力水平，在开放实验室期间，学生可以完成课本上要做的演示实验和学生实验、可以把课本上的实验进行改进、创新，也鼓励学生做一些和实际生活紧密相关的实验，具体要求如下：

基础性实验：每次课后，学生根据自己掌握的情况，看是否需要进一步进行实验技能训练。需要的话向实验教师递交实验申请通知，内容包括：实验题目、实验时间等。

创新实验：学生根据自己的理解，对实验进行改进和创新。提前向实验教师递交实验申请通知，内容包括：实验题目、实验操作方案、需要的器材、实验时间等。

和实际生活紧密相关的实验：学生需要提前向实验教师递交实验申请通知，内容包括：提出的问题、做出的假设、设计的实验操作方案、需要的材料、实验时间等。经过实验教师和实验小组讨论实验方案的合理性并进行修订，然后再进行实验。

通过亲自动手实验对所需知识进行不断的巩固、加深，实现对知识点的拓展，并通过课后的实验，将所学的知识运用到生活中，提升学生对物理课程的喜爱程度。

例如，学生可以利用开放实验室的时间，对学过的复杂物理实验重复操作，像浮力实验、欧姆定律实验的实验器材长时间放在实验室，统计学生做实验的次数，远远强于原课堂设计次数，重复做，提高学生的认知，给学生创建自主探索的平台，实现校内资源最大化的利用，不断提升动手实践能力，为其打下扎实的实践基础。定期对学生开放实验室，能够使初中生科学搭配自己的课余时间，在课下对相关的物理知识进行更深层次的探索，使其能够在实验的辅助下高效解答自己在课堂上的疑惑，并以自主性较高的实验为铺垫，显著提升自身的动手操作能力，为日后进行更高水平的探索提供精神、知识支撑。

3. 充分挖掘乡村校园资源，提高生活中物理实践能力

物理现象和物理规律需要学生亲眼观察和亲手实践，教师的讲授不能替代学生亲眼观察和动手实践，然而，物理课堂的时间和空间都很有限，为了促进学生的发展，使其动手能力得到有效提升，我校物理教师将有限的教学资源进行无限挖掘，充分利用乡村校园资源，实现对初中生动手能力的培养。在实践活动中，点燃学生对物理知识进行自主探索的欲望，彰显乡村学校活动育人的价值，为学生综合素质的全面提升提供有力支撑。

例如，在学习"杠杆"一课时，为了更好地探究杠杆的平衡条件，找到在撬动沉重物体时更省力方法，最好的方法就是让学生亲自体验一下撬东西的过程，于是，本节课学习就发生在学校的"小菜园"。上课前，实验教师为学生准备一块沉重的大石头挡在路中间，教师寻求学生帮助："给你一个撬棍，你能帮忙把石头移走吗？"同学们跃跃欲试，争先恐后地想试一试，开始时同学们只用一个撬棍无法移动石头，然后同学们想到了找来几块砖头垫在撬棍下面，在撬动过程中，大家集思广益，有的学生就会想到移动砖头的位置试一试，发现砖头离石头越近用的力气就会越小，所有同学经过几次尝试，就连力气最小的同学也变成了"大力士"。接下来，教师再继续讲解杠杆的基本概念以及探究杠杆的平衡条件就顺利很多，就这样我们在"小菜园"上了一节生动的物理课，相信这样的经历和体验一定会提高学生动手实践能力，也能够激发学生学习物理的兴趣，在乐学中获得真知。

4. 自制实验器具，提高学生物理实践能力

物理知识在生活中无处不在，所以教师可以鼓励学生利用身边的物品进行物理实验器具的自主制作，使其能够将生活中的常见物品充分利用起来，使自身的动手能力得到有效提升。学生在搜集材料、自制实验器具的过程中，可以激发学生创新思维，通过科学的改造，实现对物理实验器具的创新，使学生能够发现物理实验的乐趣，快速理解相关的物理知识。

例如，在学习"电压及其测量"后，鼓励学生制作水果电池；在学习"变阻器"后，鼓励学生制作用铅笔芯控制小灯泡亮度的实验电路；在学习"串并联电路"后，鼓励学生制作声控和光控灯；在学习"磁场"后，鼓励学生制作指南针；在学习"电磁感应及其应用"时，鼓励设计制作小型发电机；所有自制实验器

具，必须先经过实验教师审核试验方案，实验方案通过后，在开放实验室时间，教师陪同学生一起指导学生制作。在实际制作过程中，会遇到很多实际问题，教师协同学生一起解决，在反复尝试过程中，学生的思维能力，学生的动手能力越来越强。

我校坚持自制实验器具的做法，实验室内除了现成的实验器材外，还收藏了很多学生自制的实验器具，使学生在实践中获得成就感。

5. 开发家庭物理实验，提高学生物理实践能力

家庭物理实验种类繁多、按照不同的教学目的、探索方式可以进行多类别分类。比如说自主探究型实验、动手制作型实验、观察感受型实验、课堂前置型实验、课堂后置型实验、知识建构型实验、能力培养型实验、兴趣培养型实验等。我校根据家庭实验的分类，建立家庭实验校本教材，每周布置一个家庭实验，培养学生物理观念、科学思维能力、科学探究能力、树立正确劳动观，进而提高学生的实验能力。①

例如：会走路的杯子

（1）家庭物理实验任务：学习了热胀冷缩的知识之后，生活中很多现象都得以解释，请你也巧妙地利用这一现象，进行家庭物理实验的设计与开展吧。学生成果展示：实验器材：一个玻璃杯、蜡烛、火柴、玻璃板、两本书、水。

（2）实验步骤：先将玻璃板放在冷水中，达到降温的效果。然后把玻璃板放在水平面上，另一头书垫高，大约高五厘米。将一个玻璃杯倒扣在玻璃板的较高一端上，确保杯口湿润以保持密闭性，杯子在上端不移动。将蜡烛点燃后，去加热杯底，玻璃杯会自己翘起落下，缓缓向下走去。实验原理：当蜡烛烧玻璃杯底时，杯内的空气温度逐渐升高，根据气体热胀冷缩原理，杯中的气体体积变大，杯内空间不够，气体就想要往外挤，所以热空气只能将杯子顶起来一点，杯子在自身重量的作用下，会逐渐下滑。

随着教育事业的不断改革，教学要求越来越倾向学生的素质教育，对初中物理教学提出了全新的教学要求，希望学生在日常学习中，能够提炼物理问题，提

① 陈宏玮.《基于核心素养下农村初中家庭物理实验应用研究》[D].贵州师范大学出版社，2022:19-33

升动手能力，提高创新精神，进而提高实验能力。从生活中发现物理知识，并将所学的物理知识灵活运用到生活中，将二者进行充分结合。只有科学、有效地提升学生的实验能力，才能使其大胆尝试，提升对物理课程的学习兴趣，在物理课堂上养成勤提问、多动手、多动脑的学习习惯。在教师的指导下，学生可以形成实事求是的学习态度，激发创造力，成为能适应社会发展的创新型人才。

学科能力的培养可以有助于学生形成科学的学习方法，符合孩子认知规律的记忆技巧，让学生的学习充满想象、乐趣，这有助于提高学生的学习兴趣，从内而外增强学生学习的内驱力，让学生爱上这一学科。作为新时代的教师，我们要转变教育教学观念，不再"唯分论"，重视学科能力的培养，能力提高了，孩子的学习成绩就自然上去了。

第四章 课堂是落实核心素养的主阵地

第一节 农村初中物理课堂教学现状

民族要复兴，农村必振兴。农村要振兴，教育必先行。农村教育对阻断贫困代际传递、实现共同富裕具有重要的战略支撑作用。党的十八大以来，我国更是把农村教育作为脱贫攻坚和乡村振兴的重要战略支撑来抓，不断推进农村教育创新发展和高质量发展。①乡村振兴政策给农村的教育带来新的转机，作为教师我们如果能够抓住这一契机，那农村的教育事业将更上一个台阶。虽然从新课程改革到落实核心素养，中学物理课堂教学不断在进步，但是在农村中学仍然存在很多问题。从学校到教师，从学生到家庭教育都在面临新的教学问题的考验。

一、学校方面

1. 师资力量薄弱：从外部环境考虑农村中学地理位置偏远，交通不便，周边生活环境相比城市不太便捷，从内部工作氛围考虑，农村中学生源参差不齐，工作晋升空间有限，很难吸引人才来农村中学执教；虽然也有部分人才引进，但由于以上原因离职的人不在少数，所以常常出现不断培养的人才逐渐流失，造成教师结构的不稳定这一更加棘手的问题。

2. 教研氛围淡薄：农村学校通常规模较小，一线教师人数较少，但是学校的各个部门缺一不可，所以常常出现一线教师身兼数职，有的担任物理实验室管理员，还有担任校外主管、德育干事、党务宣传委员等等职务，难免出现所担任职务不能同时兼顾，每项内容不能精进的问题。还会出现物理教师只有一到两人，有时还会有一名老师跨年级教学，这样就会出现像教研时间不充分，

---

① 杨银付.《改革开放以来农村教育辉煌成就的中国密码》.《中国教育报》[N]，2022（6）

人员不够的问题，导致教研氛围不浓厚。农村中学教师队伍老龄化也比较严重，新的人才难吸引过来，留在学校任教的教师常常是在同一岗位十多年、二十多年的老教师，一直用自己长期以来的经验开展教学，不太容易接受和学习新的教学理念，甚至对于教研和培训都非常抵触，会进一步增加教研的难度。人才很难留下，教研氛围不浓厚，缺少带领、缺少进步，师资力量薄弱就会陷入恶性循环。

3. 硬件设施落后：物理是一门以实验为基础的学科，教学质量的提高很大程度上依赖于物理实验。但是农村中学的物理实验室在满足物理教学上还存在一定差距。首先学校里的常规实验器材有时数量上不能满足所有学生的动手需求，再有就是一些实验器材落后、陈旧，实验效果不明显，还有一些新奇的更有效的器材很少在农村中学出现，不仅学生没见过，教师见到的也很少；同时农村中学的物理实验管理员通常是由物理老师担任，所以在实验管理上缺少正规培训，实验器材的检修也不能及时，一旦出现实验器材有问题，很有可能影响一整堂物理课。所以物理实验不能充分发挥它在物理课堂上的作用。

二、教师方面

1. 教法单一：由于师资力量、教师结构等问题，教师的教法主要集中在讲授法上，但是初中物理是一门综合型比较强的学科，有很多公式、专有名词、概念等比较抽象难懂的内容，还有很大一部分是要靠实验和实验现象以及实验结果来获取物理知识和规律的，仅用讲授法学生理解较为困难，而且有些教师仍然使用填鸭式教学，导致学生听不懂、不想听，造成对物理缺乏兴趣甚至演变成厌恶；有时教师讲得多，管得多，但是缺少对学生的锻炼，总是把我们已经加工好的东西直接给学生，而缺少他们自己的整合和分析，当然效果会比自己亲身实践的要低了。有些教师总是不放心将这些内容交给学生自己去完成，总是花大部分的时间自己讲解，却剥夺了学生独立思考的机会，没有做到真正的将课堂还给学生，也缺乏对学生的信任，其实他们可以通过自学完成这些他们没有接触过的知识，而且学生之间的讲解往往要比教师给学生讲解效率更好。

2. 内容缺乏：物理涉及很多生活和科技方方面面的内容，但是农村教师仍然有一部分课堂内容仅仅局限在教材，没有更好的联系生活，陶行知先生曾经说过："没有生活做中心的教育是死教育，没有生活做中心的学校是死学校，没有生活做中心的书本是死书本。"可见作为教师应该将生活实际与课堂内容进行有机结合，这样才更能使学生从生活走向物理，从物理走向社会。

物理知识的逻辑性很强，物理的知识与规律也不少，教师在课堂上常常只看到这节课的内容，把每条知识点一一罗列出来，再逐一讲解，而忽略章节与章节之间的联系，小节与小节之间的联系，很少将知识结构化，这种做法大大减少了学生对各个知识点之间的联系、迁移和应用，常常是为了讲知识而讲知识，更多的是让学生记忆每条知识点，所以学生掌握起来不太全面也不太容易。

物理课堂除了教学生物理知识，更多的是一种思维方式。但是目前来看课堂内容更多的是物理知识与实验结果的堆砌，教师们直接拿着科学家们研究出来的结果与规律进行教学，而结果与规律的形成过程被弱化，这些过程中艰难和巧妙的地方没能活灵活现的展现在课堂上，那么科学责任与态度的培养就会弱化，还有那些可贵的科学家们思考问题的方式也鲜少出现在课堂上，物理学史的内容应该在课堂上呈现。其中比较典型的内容是牛顿第一运动定律，亚里士多德从观察用手推物体，物体前进，不推便停止，得出物体受到力的作用才能运动，不受力便停止的结论，所以说"力是维持物体运动状态的原因"；伽利略利用理想斜面实验反驳亚里士多德的观点，在水平面上运动的小车之所以会停下来，是因为没有摩擦力，所以力不是维持物体运动状态的原因；笛卡尔在伽利略的基础上进行完善："只要物体开始运动，就将继续以同一速度并沿着同一直线方向运动，直到遇到某种外来因素造成的阻碍或偏离为止"；后来牛顿在笛卡尔的基础上将其表述为任何物体都要保持匀速直线运动或静止状态，直到有外力迫使它改变运动状态为止。物理学史优势在于可以将整个牛顿第一运动定律的发展过程像故事一样展现的学生面前，更加引人入胜，同时自然而然的展示了科学家们精益求精的科学态度。如果物理知识都能像故事一样讲出来，那么物理课堂会有另外一番风景。综上所述，不管是章节之间的逻辑，还是故事性的内容，或者自然展示出来的科学态度与责任都是现在物理课堂比较缺乏的。

3. 信息化教学落后：随着多媒体的普及，教育资源也越来越丰富，辅助教师攻克不少教学难点。但是农村中学教师信息化教学手段有待加强，并不是自己想要在课堂上呈现什么效果就能做出什么效果，大部分教师可以制作演示文稿，但是动画制作、实时转播、课堂小游戏、小组积分等信息化教学功能并未开发，课堂上学生利用多媒体展示也较少，多媒体的功能强大，但是还未开发出它的百分之十。

4. 评价单一：从目前来看，社会认知大部分仍然是以成绩论高低，所以说教学成绩仍然是评价学生的主要途径，这样就会间接打击成绩不理想的学生学习物理的兴趣。考什么，教什么，有规律可循，容易拿到分数的内容，很有可能为了得分就会机械性的不断重复，久而久之能力得不到锻炼，兴趣也慢慢丧失了。所以多元化评价不仅应该融入课堂，更应该融入考评机制中。

5. 作业单一：评价形式单一，考什么，教什么，自然作业就留什么，所以作业也常常是机械性的不断重复，选择题、填空题、计算题等等。时间久了，学生面对这样的练习题也就觉得没有意思，缺少兴趣。同时初中物理课堂的预习作业执行的并不太理想，间接剥夺学生自主学习的能力。

6. 课时有限：初中二年级物理课时为一周两课时，初中三年级物理课时为一周三课时，既要完成大量的动手实验，还要联系生活加以应用，时间就显得入不敷出。

三、学生方面

1. 缺乏自主意识：在当今知识爆炸的时代，知识是永远也学不完的，终身学习已经成为个人发展的必要因素，如果总是在教师的带领下才能学习，那么发展前景并不明朗。农村学生知识面比较窄，又容易受网络等不良因素的影响，认为学习无用，不想学习知识，表现在对很多东西提不起兴趣，当老师问以后想做哪方面的工作，都没有什么选择方向，所以没有学习的方向和动力，自然不能提高自身能力，被迫跟着教师学习，大大影响学生吸收知识的效率。在课堂之外对于学习的主观能动性不高，即使课堂上吸收的不错，课下不花点功夫也容易忘记，更别说提升了。

2. 两极分化严重：从小学到初中，科目变多，学习负担加重，很多学生会出现不适应，面对初次成绩的下降，如果缺乏信心就容易造成两极分化，农村学生的水平参差不齐，有不识字的同学，有不会算数的同学，有学习习惯没有培养好的同学，但也有接受知识非常快，十分愿意进行课堂互动的同学等等，每个班级人数不多，但是接受知识的能力可以分出很多层次，这就会影响到课堂教学的效果。

3. 动手能力不强：常常因为学校实验器材落后、物理课时有限等因素影响学生动手实验的时间，农村学生虽然家家都有耕地，但是业余时间很少有学生真正和家长一起干农活，没有自己动手的契机，所以就会出现动手能力不强的问题。

四、家庭教育方面

农村大部分学生父母长期外出打工，陪伴孩子的时间很少，难免疏于管教，有的沉浸于手机游戏，爷爷奶奶管不了，养成了不良行为习惯，难以享受到学习带来的快乐，不断重复造成越来越不喜欢学习的恶性循环。

或是一些家长望子成龙、望女成凤的心切，但是教育观念淡薄，没有正确的教育孩子的方法，只会对孩子不断施压、唠叨等，加深孩子的叛逆心理，有时难免适得其反。

党的十八大对教育提出很多新的要求：努力办好人民满意的教育。大力促进教育公平，合理配置教育资源，重点向农村、边远、贫困、民族地域倾斜，支持特殊教育，提高家庭经济困难学生资助水平，积极推进农民工子女平等接受教育，让每个孩子成为有用之材，鼓励引导社会力量兴办教育，加强教师队伍建设。

虽然农村初中物理课堂教学的现状有很多问题，但是在党和国家的支持之下仍有很多进步空间，以上亟待解决的问题可以为完善当下课堂教学提供一条可行的道路，北京市密云区不老屯中学进行很多课程改革实践，其中物理学科在分层教学、实验教学、任务式教学和单元教学方面有了一定的探索并取得了一些经验，本章将对这些课堂模式或教学方式进行阐述。

第二节　分层教学

一、关于分层教学
（一）分层教学追求课堂教学更高效

　　分层教学就是教师根据学生现有的知识、能力水平和潜力倾向把学生科学地分成几组各自水平相近的群体并区别对待，教师针对不同层次学生的基础水平和认知能力，在满足学生最基本知识和技能的学习基础上，设置不同能力需求的教学内容，使每一个层次的学生都得到最好的发展和提高，这样既可以满足学生的个性化发展需求，追求教育教学的高效，更能促进教育教学整体质量的提高。

（二）分层教学的组织形式

1. 行政班内分层

　　这种模式保留了行政班，但在教学中，从优秀、良好、薄弱各类学生的实际出发，确定不同层次的学习目标，进行不同层次的教学和个性化辅导，组织不同层次的检测，使各类学生得到充分的发展，具体操作程序有：①了解差异，进行分层建组。②针对差异，设置分层目标。③阶段考查，分层动态变化。④发展性评价，分层个性化评价。

　　行政班分层教学的优势。行政班实施分层教学遵从了以人为本、因材施教的基本理念，这种方式可以让班级内的不同层次的学生都有提高的空间，让每一个层次的学生都合理利用了时间，对于优秀的同学来说，能够完成更多更深的学习任务，学的更多就是他们最大的收获。对于基础薄弱的学生来说，教师所安排的学习内容思维能力要求较低一些，但也能满足学习的需要，有助于不断提升学习自信和学习兴趣的培养。对于每个层次学生来说，成长和发展带来的成就感是最大的激励。另外，不同层次的学生身处一个班级，可以培养相互帮助、团结协作等精神，也容易发挥榜样示范等作用。

　　行政班分层教学的劣势。在进行行政班分层教学的过程中，教师要对不同层次的学生进行辅导，奔波于不同层次的小组，思维跨度较大，基础薄弱学生遇到的问题较多，会占据教师更多的精力去辅导，无暇顾及优秀层次的学生。从教师的个人情感来说，很难让基础薄弱的学生放弃较困难的问题，总是对基础薄弱的学生能够完成较难问题抱有幻想，最终还是出现教学分层不清晰、学习内容分层不清晰等问题，致使分层教学没有真正落实到位。很多学生存在偏科现象，不同学科学生所处的层次可能不同，对于行政班内的分层分组是一个不小的挑战。诸如以上原因，行政班分层教学有时很难发挥分层教学的最大效能。

2. 走班分层模式

（1）什么是分层走班

传统的行政班是"学生不动老师动"，所谓走班就是"老师不动学生动"。没有行政班级，没有班主任进行统一管理，取而代之的是导师，更没有固定的上课教室。老师有自己固定的学科教室，学生上课要去相应学科教室。分层走班教学是将基础水平和认知能力类似的学生分到同一班级进行授课，将分层教学和走班模式相结合是初中教学改革的一种尝试，相较传统的行政班级的分层教学，走班分层教学更高效，更有利于教师对学生进行针对辅导。

（2）分层走班的优势

分层走班制更能体现学生主体地位。分层走班教学注重学生个体发展需求的培育，尊重学生的个人选择意愿，实行"走班制"后，任课教师按照学生的学习基础和接受能力，确定教学活动从而让学生取得更大的收获。

分层走班制更能调动学习的主动性。分层走班制的学习组织方式充分尊重了学生的主体地位，克服了传统的行政班授课形式下听相同的课、读相同的书、做相同的练习和做相同的评价，尊重了学生认知能力的差异性，学生能够较容易达到既定的学习目标。

分层走班制更容易让学生获得自信。分层走班教学过程中教师要根据学生的基础水平和认知能力，安排与之相适应的课程内容，学生更容易有所收获，有利于增强学生的自信心和成就感，感受到成功的快乐，减轻思想压力，始终保持乐观的情绪和平衡的心态。分层走班教学加大了同学间的相互影响，有利于增强同一层次学生之间的竞争意识和合作意识，学生在交流与合作中容易获得认可。

分层走班更有利于教学目标的设定。从生源上看，以平时的检测成绩和日常表现作为依据，同一层次内学生的基础水平和认知能力更为整齐，教师更容易制定教学目标，选择合适的教学素材、课堂模式、巩固练习和课后作业等进行教学活动，对于学生来说，适应自己的就是最好的。偏科的孩子或许能在优势科目上取得更大的优势，明确自己的短板，将自己的弱势学科弥补上去，取得整体成绩的提高。

（3）分层走班模式的不足

分层走班教学，虽然可以激励自觉性强的学生学习更加刻苦努力，而对于自觉性较差的学生来说，身边缺少了学习的榜样，学习的动力不足。同一层次的班级，由于学习习惯和意志品质相近，较差层次的班级不容易形成良好学习氛围，对于教室的管理也是极大的挑战。由于学生的成绩和学习状态是起伏波动的，所以分层也不是一成不变的，学校要根据学生的学习状态和近期的成绩适当调整学生的层次，学校都要关注学生的情绪变化。

不管是哪种形式的分层教学，他们都集中强调了这几点，第一，学生现有的知识水平和最近发展区域；第二，科学的给学生进行分层分组；第三，制定适合学生发展的教学目标和选择与之相匹配的教学资源；第四，选择适合的评价和激励方式，促进学生的发展。

（三）分层走班教学的发展与实践

孔子在两千多年前就为后人树立了因材施教的典范，他通过"听其言而观其行"实现"知人"，了解和分析学生的态度、品德、智力、基础、兴趣、个性特征等，即了解学生的差异，然后根据学生的个别差异因材施教，记载有云："中人以上，可以语上也；中人以下，不可以语上也"，使每个学生的个性都得到充分发展，孔子因材施教的教育原则应当继承和创新。

20世纪初，美国面对着大量移民儿童的涌入，为了教育这些背景各异的新生，教育官员认为有必要按能力和以前的学习成绩对他们进行分类（分层）。到50年代，英国几乎所有的中小学都在将学生根据能力分到不同的层次，但这种方式受到来自各方面的批评，产生了"种族不平等"和"低能儿歧视"等批评声音，分层教学陷入了低谷。1957年，前苏联人造卫星上天，使得西方各国，特别是美国，对教育制度进行抨击和反思，产生了要加速培养"尖端人才（精英）"的紧迫感，从而恢复了对分层教学的重视，并开展了再实验、再研究、现评价，形成了对分层教学新的研究高潮。70年代~80年代中期，对分层教学的研究呈现出两大对立的观点：一种是持赞成的态度，认为教师对分层后的同质班级进行教学更容易，对学生也产生积极的效果；另一种是持反对态度，认为分层教学对差生不公平，认为对于学生的学业成绩并没有显著的效果。到了90年代，由于美国政府对精英人才和学术成就的重视，大部分学校重新回到分层教学的实践当中。

20 世纪 80 年代以来，中国引进了分层教学的概念，国内各省市都有学校进行分层教学的研究和实践，其中有很多成功的案例，像北京十一学校分层教学的教育实验就取得显著的效果，产生了很大的影响。

经过美国实验研究，"分层教学"与"小班化"教学，更能发挥学生的自主性。国外的分层教学的形式多样，有基础班和提高班等，并形成走班的选修制。但是中国的学校多数是大班额超负荷教学，很多地区盲目地照搬国外的分层教学模式确实行不通。因此，在中国如何实施分层教学值得探究。随着中国城镇化建设的进行，尤其是北京地区，很多农村家庭不断涌入城镇，山区农村学生越来越少，很多深山区学校已经进入"小班化"教学。由于深山区的就业机会少，很多学生家长外出打工，没有更多时间关注学生的学习情况，再加上很多学生从小学开始就寄宿学校，学习习惯和基础水平已经出现较大的差异。所以基于以上诸多原因，北京市密云区不老屯中学物理学科开始了分层走班授课的改革与实践。

二、解决困难和实践经验

北京市密云区不老屯中学物理学科在实施分层走班教学过程中遇到了一些困难，通过借鉴北京十一学校的实践经验和老师们的大胆实践，积累了大量经验。

（一）解决精准分层的困难

初中物理所涉及的能力很多，如计算能力、设计实验时所需的书面表达能力和实验操作的能力等，不同的学生尤其是男同学和女同学之间也存在能力差异，有的擅长书面表达，有的擅长实验操作，所以即使采用分层走班教学的模式，课堂上仍然会出现学生步调不一致的低效现象。学生分层还要尊重学生个人的意愿选择，所以学生的选择可能与教师对学生的评估是不同的，尊重各方意见也是造成分层不精准的因素之一。如果学生的样本过少，在有限的师资条件下，学生不能分更多的层次，分层班级还会存在学生能力落差很大的情况，所以成功的对学生进行精准分层，有一定的困难。

1. 根据学生的选择意愿进行分班

分层走班教学的前提是"按层分班"，这要根据考虑学生的认知能力和基础水平，将认知能力和基础水平相近的学生分到同一个班级进行授课，在分班的过程中，学生可能会出现情绪上的问题，认为自己可能属于更高层次的水平，所以教师要根据学生的日常表现对其进行辅导，使学生更清晰的了解自身的认知能力和基础水平，更了解自身的个性化发展需求，最终使其找到自己适合的分层班级进行学习。当然，学生的分层是动态的，可以以半个学期或一个学期为动态变化周期，以满足不同学生的个性化发展需求。

不老屯中学物理学科的分层走班教学，分班情况是动态变化的，当学生经过一段时间的体验后，对班级授课的内容和自身的发展需求以及对分层班级的适应情况有了更深的了解，学生将在导师和学科教师的辅导下重新评估自身的发展需求从而重新选班。导师主要从学生的需求和学生的心理状态等方面给予学生选择的自信，学科教师主要从学生的日常学习表现和学生的阶段性检测成绩等方面给予学生选课意见，当然选课过程中家长也要为学生提供意见。可以说，重新选班的过程就是对自身阶段性学习成果评估的过程，就是对自身下一阶段的学习重新规划的过程。一些学生认为物理 III 较高层次的教学内容和教学模式不适合自己，就选择了物理 II 的课程进行学习，一些学生认为物理 II 的教学进度太慢了，就选择了物理 III 进行下一阶段的学习，这些情况都是有的。

2. 适合自己的才是最好

适合自己的才是最好的，这句话虽然正确，但又是非常不好操作的一句话，什么叫适合自己，只有体验过才知道是否适合自己，才能采取正确的选择。

不老屯中学的物理分层走班教学将物理班分为物理 I、物理 II 和物理 III，物理 I 为援助层，即基础薄弱层，物理 II 为普通能力学生班级，物理 III 的学生能力较强。2019 级学生赵思蒙在 2021-2022 学年初三物理的学习中，从平时表现和检测成绩等因素选择到物理 II 进行学习，学生刘思宇，基础较好，反应较快，计算能力也很强，根据平时表现和检测成绩，她选择到物理 III 课程学习，经过一个多学期的学习，思维反应稍慢的赵思蒙同学凭借踏实认真的学习态度使成绩明显提升，而反应稍快的刘思宇同学在一段时间内的学习态度不够端正，成绩有所下滑，考虑到班额容量等问题，在导师和学科教师的辅导下，赵思蒙同学选择了物理 III 课程的学习，刘思宇同学选择了物理 II 课程的学习。但是经过一段时间的学习，赵思蒙同学认为虽然物理 III 班级授课很好，但自己无法跟上物理 III 的课程进度，所以主动和刘思雨协商调换一下，双方达成意愿后征求老师的意见，学科教师尊重了他们的意见，于是将赵思蒙又调回物理 II 课程班，刘思宇同学又调回物理 III 课程班，从此两位同学又重新找回了原来的学习状态，尤其是赵思蒙同学，虽然物理 II 分层班的教学效率要低一些，课程内容难度要低一些，节奏虽然慢，但是她能够保证学一点会一点，最终在中考中取得了比刘思雨同学更高的成绩。

这个事例说明，学生只有在获得真正的分层学习体验基础上，并对自身水平客观评估后，才能找到适合自己的分层课程班级，不是层次越高越好，教学内容越难越好，只有脚踏实地地完成自己所学的内容，才能取得更好的成绩。尊重学生的选择，科学的进行分层，让学生了解自身的需求，逐渐培育学生学习的内驱力，学生才能有更好的发展。在此过程中，导师和学科教师所扮演的角色就是不断让学生正确的评估自己，而不是为了班级教学的方便给学生设定层次。

3. 动态分层策略

既然精确分层是困难的，学生找到适合自身发展的需求的分层班，也需要时间和体验过程，学生的学习状态和学段成绩也是起伏不定的，那就采用动态分层的策略，给予学生根据自身的水平变化，体验不同分层班级的适应机会，也能最大限度的尊重学生的选择意愿，实现相对精准的分层。

不老屯中学物理分层走班教学中，以半个学期为一个小阶段，小学段的学习结束后，学生将从学习状态、老师意见和检测成绩等多方面重新评估自身学习水平和发展需求，实践表明，重新进行分层课程选择对一部分同学来说是一次激励，对一部分同学来说是内驱力再提升。动态分层选课会让学生产生一定的心理变化，但是大多是正向的，学生主动的选择，让自身更能适应环境的变化。

（二）疏导动态分层走班下的学生情绪问题

分层走班教学将学生按照学习能力和基础水平分为高、中、低三个层次，而且是分班上课，这无疑会给学生带来情绪上的波动，对于身处高层次的班级学习的学生来说会产生两种情绪倾向，一种情绪是被激励，要继续努力保持良好的学习水平；一种情绪是我在"好班"学习，我比别人强，骄傲自满。对于身处中等或较低层次班级学习的学生来说，也可能有两种情绪：一种是认为我不行，对学习产生了厌倦情绪，无论我怎么努力也都处于较低层次的班级；另一种是我现在不行，我要努力学习，争取赶上"好班"学生。可以说无论学生在哪个分层班学习，都可能有正面和负面两种情绪。正向情绪，将激励学生更加努力，产生更强的学习动力，从而取得进步；负面情绪，对学生发展不利，要及时加以疏导和予以消除。

不老屯中学的分层走班教学尽管尊重了学生的个人选择意愿，但在学生评估个人能力的过程中，仍然摆脱不掉同学间互相比较对学生心理的影响，高层次和低层次的分班结果都会给学生极强的心理暗示。高层次的学生容易获得更多的自信，低层次的学生在低层次的班级环境中很容易失去学习的动力。为了避免负面情绪对学生的不良影响，导师将对学生的学习态度和成长规划等方面进行心理辅导，确保分层走班教学的有效落实。如果物理 I 的学生都能取得进步，与物理 II 的学生水平相当，那么学校将取消物理 I 分层班级，增开物理 II 分层班级，从而满足更多学生的需求，所以动态分层，也体现在是否开设课程和学生是否选择课程，这些措施都能够给予在物理 I 班级学习的学生最大的上升希望。所以对物理 I 班级的学生的心理辅导的核心是永远使其充满希望。

对于学习成绩较好且身处物理 III 分层班级学习的学生而言，他们的学习习惯、学习态度和学习能力都比较好，学习目标比较明确，学习情绪比较稳定，要使这部分同学更加优秀，就要增加竞争和激励，若在一个学段内长时间表现不好，并且检测成绩很差，在动态分层走班的情况下也有被迫降层的可能，使这部分学生避免骄傲，明白学习成绩的取得，并非完全取决于在哪儿学习，而是以什么样的状态学习，逐渐让这部分学生形成正面的良好的学习情绪。

（三）消除动态分层的不稳定因素

1. 让不同层次的学生具备相同的知识基础

学生在学习过程中，智力和能力都是不断发展的，学习习惯和态度也是有变化的，诸多因素影响着学生的学习成绩、基础水平和认知能力，所以在实施分层走班的过程中要注重动态分层即在一定的周期内让学生重新选择分层班级，这样既尊重了学生的个人成长，也对各个层次的学生能够起到一定的激励作用。但是动态分层也存在一些不稳定因素，学生在原层次班级的学习中，教师安排的教学素材可能不同，新组建的分层班级中，学生的知识结构可能不同，这可能会影响后续的分层教学效率，重新分层后的学生也可能出现一定的情绪问题。

为了消除这些不稳定因素，不老屯中学对物理 I、物理 II 和物理 III 三个分层班的教学内容提出了要求，就是基本知识部分要相同，知识的应用部分可以不同，物理 III 分层班在知识应用和解决问题方面可能需要更高的思维能力，物理 I 分层班在知识应用和解决问题方面是比较基础的，这保证了三个分层班的知识结构基本相同，当学生重新选择课程时不存在知识漏洞。

2. 所谓榜样的力量

低层次的学生与高层次的学生因为不在同一班级进行学习，无法看到更优秀学生的学习状态，所以优秀的学生此时不能起到榜样的示范作用，这是很多家长所担心的问题。不老屯中学，不是所有学科都进行分层走班教学，绝大多数学科没有进行分层走班教学，不存在薄弱生缺少榜样的问题。相反，由于分层走班教学是少数学科的行为，反而更激励学生的学习热情。

三、利用分层走班教学促进核心素养的提升

（一）不同层次的班级要有不同的目标

物理学科核心素养在物理观念、科学思维、科学探究和科学态度与责任四个方面对学生的培养方向提出了要求，在分层走班教学中，教师应对不同层次的班级学生制定不同的学习目标。

1. 物理观念方面

物理学科素养上说"认识物质的形态，属性及结构，认识运动和力光和热电核磁，认识机械能内能电磁能及能量的转化与守恒"，核心素养的这一段要求属于知识层面的要求，应让各个层次的学生都要达到目标，所以教学目标应该相同。核心素养上说"能将所学的物理知识与实际情境联系起来，能从物理学视角观察周围事物，解释有关现象，解决简单的实际问题"，这一段描述对于学生来说难度可高可低，不同层次的学生联系实际的能力和解决问题的能力不同，所以为了让学生朝着学科核心素养的方向发展，教师在选择教学素材时应选择不同难度的问题，创设不同难度的情境，而不是让较低层次的学生只掌握基础知识而不解决实际问题，所有学生都要体验联系实际解决问题的过程，只不过在不同的情景下解决问题的难度不同。

2. 科学探究方面

核心素养上说"有科学探究的意识，能发现问题提出问题，形成猜想与假设，具有初步的观察能力和提出问题的能力"，这一段描述的要求是比较基础的，应该让所有层次的学生都能达到，所以教学目标应该相同。核心素养上说，"能够制定简单的科学探究方案，有控制实验条件的意识，会通过实验操作等方式收集信息初步具有获取证据的能力"，这一段描述的能力，实际上对部分学生来说已经有了难度和挑战，对文字表达能力较差的学生，设计完整的实验方案是比较困难的，如撰写实验步骤和设计实验表格等，所以在设计实验方面，不同层次的学生应有不同的目标要求，层次较高的学生要达到设计完整实验方案的能力，层次特别低的学生，可以在老师的"一问一答"或"一对一"指导下体验实验探究。

3. 科学思维方面

核心素养上说"会用所学模型分析常见的物理问题，能对相关问题和信息进行分析并得出结论，具有初步的科学推理能力"，这一段描述的要求也存在能力上的分级，对于现象类的实验证据或信息，学生比较容易归纳结论，而对于数据层面的信息，归纳结论时需要一定的数学基础，这对于较低层次的学生难度较大。例如在研究杠杆平衡条件时当阻力和阻力臂一定，动力与动力臂是成反比的，动力臂与阻力臂一定，动力与阻力是成正比的，如果让学生分析这样具备函数规律的数据，认知能力较差的学生是比较困难的，所以在教学中就要避开这样的教学环节，用验证的方式让该层次的学生理解杠杆平衡条件，而较高层次的学生则可以要求会分析这样的定量数据。

四、分层教学的课堂模式

由于不同层次学生的基础水平、认知能力、学习习惯和学习态度等各方面的素质不同，所以要在不同层次的班级尝试用不同的教学模式，如果把学生分为三个层次，将最差层次的班级命名为物理 I，中间层次的班级命名为物理 II，能力最强层次的班级命名为物理 III，根据不老屯中学物理教师的实践探索，三个班级的学生分别以如下不同模式进行教学活动效果较好。

物理 I 的学生由于认知水平和学习习惯都处于较低的层次，采用"援助辅导"

的模式，课堂上相当长的时间，要对学生进行 1 对 1 的辅导，"手把手"的传授知识，注重利用物理学科特点培养学生的学习兴趣，尽可能减少如"语言过度""问题启发"等"零碎"的教学环节，直接抓住学生应会的知识点，在学生注意力有限的时间内，使其尽快掌握知识和技能，体验收获的快乐，所以物理 I 的课堂模式可以称为"援助辅导"式。

物理 II 的学生虽然成绩相近，但是这个班级的学生组成是最复杂的，有的学生具备聪明的头脑，但学习态度不端正，有的学生学习态度很端正，但是缺乏物理思维，学习态度、意志品质和认知能力参差不齐，是课堂管理最困难的。所以对物理 II 分层班学生采用传统的"启发式"教学，利用问题诱发学生的思考，主要包含提问、回答和小组合作等行为，教师在这种传统的教学模式下比较容易掌控课堂环节的节奏，容易保证课堂的有序进行，注重学生步调一致，尽可能保证所有同学学有所得，当然随着物理 II 学生的成长，也可适当逐步开放课堂管理或改变组织形式。

物理 III 的学生具有较强的学习能力和学习自觉性，所以主要采用"自主合作"式的课堂模式，该课堂模式下，要让学生在预习中解决部分问题，课堂上通过任务驱动和自主合作等形式完成学习任务，再解决不了的问题让老师讲解，该模式注重自学能力的培养，注重合作与交流，注重自信品格的培养。

五、利用分层教学落实双减政策

2021 年 7 月 24 日，中共中央办公厅、国务院办公厅印发了《关于进一步减轻义务教育阶段学生作业负担和校外培训负担的意见》。以下简称"双减"。"双减"这一政策的目的很明确，要减轻义务教育阶段学生过重作业负担和校外培训负担，削弱社会不公平的教育机会，创造一个公平的学生学习环境，创建高质量的教育体系，减负提质，促进学生全面发展、健康成长。

（一）双减政策对作业的要求

课后作业是教学过程中的重要组成部分，是学生解决问题的能力、创新实践能力和思维能力提升的重要途径，对课堂所学的知识和技能能够起到很好的巩固、检查和再提高的作用。

1．双减政策背景下的作业总量控制

学生每天要完成的作业不止一个科目，要了解学生作业总量所需的时间，然后确定每个学科大致能分到多长时间，要考虑学生能够精力充沛的、效率较高的完成作业。作业时间不是越长越好，用作业时间对作业总量的控制是比较好的参考指标，为控制物理学科作业总量，不老屯中学物理学科在分层走班教学中采用了几种办法，取得一定的效果，如用纸张的大小控制作业量，用教师完成作业时间作为参考控制作业量，简单练习和较难练习搭配控制作业量，作业答案的文字量作为参考控制作业量，这些方法的应用，一定程度上落实了双减政策，减小了学生的作业负担。

2．要向过度重复说"NO"

过度重复的作业，对学生的学习兴趣的培养很不利，很多教师总担心学生忘记知识，因此经常重复布置相同内容的作业，以达到记忆巩固的作用。适当重复有助于知识的记忆，过度重复则增大了学生的负担，为解决这个问题，不老屯中学的物理教师及时做学情调查，尊重记忆规律，及时掌握学生对知识的掌握情况，避免作业的过度重复。作业不重复，为学生能力的提升提供更广阔的空间。

（二）分层作业更有利于落实"双减"政策

1．路不能走偏

明确课标和核心素养的要求是教师精准针对教学内容布置作业的依据，精准把握方向，才能有信心删除对学生发展低效或不利的作业内容，才能真正减少学生的作业负担，减少了低效或无效的作业，才能为"提质"争取更多的时间。所以减负提质一定要明确课标要求，明确学生的发展方向，避免方向不正确，南辕北辙。

2．要及时做学情调查

学情调查是教师布置作业的关键依据，教师对学生掌握知识情况有了解，才能精准的设计和布置学生发展所需的作业内容，所以教师要通过课堂教学环节和小检测等形式了解学情，有针对性的为学生设计符合个性化发展需求的作业，在有限的时间内实现减负提质。

3. 分层作业的设计

每个学生的基础水平、认知能力和最近发展区都不同，做到"减负"，教师就必须了解学生的学业水平，布置符合学生发展的个性化作业，但是，让每个同学的作业都不同，也不容易落实，所以适当的将学生分层，布置分层作业是最好的选择。

双减政策的本质是"减负提质"，如果让能力较差的学生完成较难问题，不但基础知识得不到巩固，更浪费了很多时间，而能力较强的学生，如果和薄弱生一样总是做基础练习，那就是过度重复，不利于能力的提升。让学生完成与能力相匹配的作业，更有利于学生获得成就感，再配合一些"踮着脚"才可以完成的问题，就能获得更多的成就感，从而激发学生更多的学习欲望。成就感是学生学习过程获得的最高奖励，不断维持学生的成就感和探索欲望，是保持学习动力的重要因素之一。分层作业并不是把一个人设定在这个层次上，而是让学生学习的状态更舒适，可以慢慢向上发展，所以分层作业是动态发展的概念。分层作业是一项可以切实减轻学生压力，同时培养自主学习习惯的好策略。

不老屯中学在分层作业设计方面也做出了尝试，将每一天的作业分为基础练习、巩固练习和提高练习三部分，基础练习板块对于物理 I 的学生来说是必做内容，巩固练习和提高练习为选做内容。对于物理 III 分层班的学生来说，他们完成作业的速度较快，效率较高，所以基础练习、巩固练习和提高练习都是必做内容，三个分层班级的必做和选做内容是不同的，安排选做练习主要是考虑较低层次学生的情绪。

作业分层不仅体现在难度上，也体现在作业量上，物理 I 的学生，应安排较基础的作业，作业量也应该少一些；物理 II 的学生作业难度和作业量处于传统教学的平均水平，是布置作业时间的主要参考群体；物理 III 的学生由于效率更高，可以适当布置较难问题，形式也可以多样化，如实践类作业和阅读类作业等。在作业难度上，以物理的计算题为例，物理 I 的学生安排简单情境、简单数据和步骤简单的公式计算，物理 II 的学生可以安排步骤为"两个状态"的公式计算，物理 III 的学生则要安排文字量较大、结合生活实际和利用计算数据解释物理问题等公式计算。以实验设计问题为例，物理 I 的学生做一些实验填空题或选择题，即将完整的实验过程中部分重要细节去掉，让学生以填空题的形式完成实验问题，这样难度会低一些；物理 II 的学生要按照标准的科学探究流程，会完整的设计实验方案；物理 III 的学生除了要会根据常见的实验器材设计实验方案外，还要会根据给定特殊实验器材的情况下进行实验方案设计。

分层作业的设计，不仅能够让学生在自己的最近发展区内不断提升，更能不断增加学生的学习兴趣，不断获得学习的自信心。对于每个层次的学生而言，作业难度过重或作业量过大都会给学生增加负担，而作业难度过低、量过少又不能起到提质的目的，所以分层作业是落实"双减"政策非常有效的措施。

六、分层走班教学的评价

（一）发挥分层教学评价的激励作用

如果阶段性评价不能发挥激励性作用，那么评价是非常失败的。分层教学在学生评价方面可以做很多文章，既然评价的根本目的是为了激励学生在之后的学习中有更好的表现并且取得学习成绩的提高，评价薄弱学生时，完全可以用较简单的问题使其获得更高的分数，从而增加学生的学习自信心，且对未来的提升充满希望。如果学生通过评价的激励，在学习态度和学习状态等方面有更好的表现，那么学生在课程终结性评价（如期末考试或中考）中一定也会有更好的表现。

不老屯中学的物理学科教学中，起到学情调查作用的课堂小检测就有所不同，物理 I 分层班学生的检测多以概念记忆和基本问题的考察为主，学生拿到分数后都觉得原来自己还可以，学生常说："物理老师夸我很棒"；物理 II 分层班学生的检测多以中等难度问题的考察为主，出现了一些选择概念判断题、实验设计题和计算题；物理 III 分层班学生的检测增加了概念判断的情境性、实验设计的多样性和计算题的联系实际。

（二）发挥分层教学评价的育人功能

要发挥分层教学的育人功能，就要对不同层次的学生进行分层评价。如果一个学生总是得到较低的分数，那么他从教师的言语、同学间的交流和家长的谈话等周围的环境中得到的信息更多的是"我很差""我不行"等，学生会产生自卑感，久而久之会形成"反正学不会""无所谓"等心理，从而使其由学习差的"单差生"变为学习和品质都差的"双差生"，学生一旦成为"双差生"，学生和教师之间的心理距离会越来越远，学习成绩的进步将非常困难，所以分层教学的评价，就是要用适合的评价内容，使其获得具有激励性的成绩，对未来的学习进步充满希望，不断保持学习热情和良好的思想品质。

第三节　初中物理课堂中的实验教学

物理是一门以观察和实验为基础的学科。在新的初中物理新课程标准刚刚颁布不久的背景之下，教师开展教学工作时，要强调学生在课堂上的位置，要重视对学生自主探究的指导，要开发他们的心智，不能片面强调知识灌输给他们，让他们缺乏学习兴趣和对知识的深入理解。同样在初中物理教学当中，物理教师要做到对学生主体地位的充分尊重，改变过去单一知识灌输的方法，通过进行实验教学来实现，激发学生学习兴趣，使学生在自主实验中深化物理知识，也可以有效地促进学生实验能力的提高，有效地促进学生物理学习的效果。

一、现阶段加强初中物理实验教学的必要性

一是初中物理对学生打好物理基础非常重要，刚踏入初中阶段，针对物理这门学科应该十分熟悉，如何高效地激起学生学习物理的兴趣是每一位物理教师都需要重点考虑的。但通过物理实验教学可以有效地激发学生学习物理知识的自觉性与主动性，引导学生更进一步地了解物理理论知识，也可以有效地塑造他们的实践技能。所以，在初中物理当中进行实验教学是十分必要的，教师要改变陈旧的教学观念，把知识讲解和实验教学融为一体，发挥出实验应有的功能，推动物理知识的讲解，使初中生能够更好地掌握物理理论知识，同时促进他们独立思考以及物理实践能力的培养。

二是初中物理新课标还明确指出初中物理教师除了注重物理知识讲解之外，还应该注重对学生实践能力和实验探究能力进行培养和提高，陶行知曾经提出过"教学做合一"，主张教学做是一件事，不是三件事。教师拿做来教，方是真教，学生拿做来学，方是实学。做是学的中心也是教的中心，所以现代教学

一定要呼应。这就要求初中物理教师要对物理学科特点进行深入的分析，了解实验教学的功能，并以此为基础，积极放手，使学生能够主动参与物理实验，充分激发学生自主实验探究愿望，使其在实验的过程中不断提高分析问题、解决问题的能力，以及知识储备能力。

三是初中阶段的学生正处在一个关键的成长时期，对学生进行合理高效的实验教学能够更好地满足其心理需求，让学生在某种程度上获得一定的成功感。进行有效的物理实验教学能够充分调动学生的参与积极性，围绕有关物理问题进行自主探索，而教师在其中主要起着引导者作用，当同学们碰到不懂的知识点或者疑难问题时，给同学们以引导与提示。在这个过程中学生既能亲自动手独立分析思考，又能以小组合作形式进行研究讨论实验，而且不同的实验方式得到的结果是不一样的，在研究探索的过程中，更好地满足他们的好奇心，从而使学生更主动地去分析和证明教材的内容，有利于进一步深化对教材知识点的理解和掌握，同时借助小组合作实验，它不仅可以促进学生实验能力的发展，还可以加强学生合作意识的培养。

二、当前阶段初中物理教学的局限性

在提倡全面素质教育的大环境下，当前阶段初中物理教学和乡村物理教学还存在着很多局限性，具体表现为：

1. 教师教学观念落后

现代科技水平的迅猛提高日新月异，网络新媒体迅速普及，人们的生活、学习、工作方式不断变化，教育改革也在逐步推进，教师作为初中物理教学中的主要主体，就应该与时俱进，集百家之长，学习先进的教学理念。但是当前部分教师还受到应试教育的影响，还沉浸在题海战术中。他们在接受教育时，十分注重学生的学习成绩，因此忽略了学生学习的主体性质，没有立足学生全面发展和身心发展特点。与此同时，出现了重理论轻实践，偏重知识理论灌输而忽视实践教学以及启发与拓展教育等现象。其实在物理学科当中，所要涉及的知识内容是非常多的，教师是物理知识的主要传授者，在授课过程当中对物理理论知识加以阐述也是无可非议的，但对学生来说，他们作为物理知识的接受者和应用者，需要以自主意识、自主探索为前提才能有效地激发其思维发展，也只有联系实际才更有利于学生对物理知识的理解与应用。而就实际情况而言，正因为大部分教师都忽略了这一问题，教学环节更加重视自己在学习中的主导性，进而忽视了学生们的主体地位，且非常少进行实验教学，造成学生懒于思考、懒于动手、学习主动性降低，必然没法全面提升物理学习效果。比如，在部分乡村学校由于实验室器材陈旧、短缺不全，学生走进实验室的机会慢慢变少。教师上课时，演示实验效果不佳、可见度低，分组实验器材不够等原因，使得教师选择了纸上谈兵，只要能完成应试就可以。焦耳定律演示器就是一个典型实例，橡胶管老化，U型玻璃管太细灌注液体困难，视觉效果差，老师只能选择口述或课件模拟，这样就失去了物理实验的作用，学生也不能亲眼见识到实验的真实性和客观规律的呈现。

2. 忽视了实验教学的作用

物理本来就是一门实验性非常强的学科，每一个知识概念的获得都需要科学家们进行实验验证，在物理教学中亦然，对每一个知识点的阐述都必然会涉及对应的实验，因此，实验教学在初中物理知识的讲解中至关重要。但是就实际情况而言，即使很多教师能够理解物理实验教学的意义，但是在授课过程中主要还是停留在理论知识的讲解上，没有注重对学生动手体验方面的提升。就实验教学而言，又怕放任学生亲自动手，千篇一律地强调实验讲解，缺乏学生参与性和只注重观察性，不利于学生学习和掌握物理知识和后续成长。课堂中的分组实验缺乏设计优化，目标不明确，步骤繁多，时间安排不合理。演示实验大多数可见度差，牵强附会，自圆其说，跨越度过大重点不突出，难点没突破。

3. 缺少物理学科的特征分析

我国著名教育家陶行知曾经提出过"生活就是教育"这一思想，他所说的教育核心应该是来自生活经验，并和生活相联系，但是就目前初中物理教学现状而言，却出现了教学活动脱离了物理学科的特征，脱离了生活实际。物理这门学科综合性比较强，和日常生活有着密切的关系，这就需要教师在进行教学工作的时候要重视知识和生活之间的关联，从生活实际中进行教学活动，这不仅可以减少学生对于物理学科产生陌生感，还可以充分体现物理学科特点优势，促使物理教学更加科学。但有些教师受应试教育影响较深，在讲解物理知识时，基本上都围绕着中考知识点展开，几乎没有和学生实际生活相接触，这不仅会使学生对物理学习兴趣下降，而且不利于学生物理学科素养的培养。比如钨丝灯泡在生活中基本消失了，LED 灯已经普及到生活中的方方面面，物理课堂上还是钨丝灯泡贯穿首尾。

提升实验教学有效性对于提升学生们对于物理知识的认知，增强学科素养具有重要意义。立足于新课改背景，老师应该融合新课程理念，对实验教学进行优化，以全面提高实验教学的效果。

三、初中物理实验教学有效实施策略

1. 借助于直观，浅显的小实验来激发学生的兴趣

初中物理课程教学的主要教学目标就是使学生可以应用物理理论知识对生活现象进行分析、解释，还可以将物理知识应用到实际问题当中去。但由于物理理论知识的学习存在一定枯燥性与艰巨性，如果教师只对理论知识进行简单讲解的话，无法有效激发学生学习兴趣，会使物理教学效率下降。针对这种情况，要求老师在进行物理教学时，课前导入环节要与实际教学内容相结合，要借助于一个短小精悍的直观实验来引起同学们的注意，学生还可以对知识进行多角度的了解，这样就可以减少学生学习物理的困难。就《压强与浮力》知识点的教学而言，教师可以在导入环节与课本物理知识相结合，并通过网络渠道搜集相关情景素材，再运用多媒体技术把这些情景素材集成到情景教案中，再以直观的方式呈现在学生面前，这就更生动，更形象了，也更有利于深化学生对于物理知识的掌握。等到学生对"压强与浮力"物理知识有了一个基本的了解之后，老师就可以通过"鸡蛋魔术"这个简单的实验让学生去观察鸡蛋在清水里的浮沉，充分调动同学们的好奇心，然后抛出一个问题："鸡蛋在什么样的条件下会浮出来？鸡蛋的破裂和压强有何联系？"进而增强了学生实验探究兴趣，也使得学生可以充分利用已知物理知识去处理物理现象并高效地加强了学生问题解决能力。

2. 与学生的生活现象相关联，突显物理学科特色

初中物理教师对物理知识进行介绍时，需注意与生活现象相关联，突显物理学科的特点。同样地，初中物理教师可以从日常生活当中进行初中物理实验，增进教学中学生和教师及其物理学科之间的关系，让学生体会到物理知识近在

眼前，它能够减轻学生物理学习的困难，还可以调动学生对物理学习的动力和充分运用初中物理实验在课堂教学中的功能。比如在解释物理知识《声音的产生与传播》一课时，老师以学生生活实际为基础，设计教学时首先使学生联想到生活中哪些场合会有声音传播，然后指导和鼓励学生独立进行实验探究，充分发挥实验的功能，提升学生对"声音生成和传播"知识点的掌握程度。再比如学习《大气压强》这门物理知识，可利用覆杯实验来验证大气压强是否存在。把杯水倒一倒，水就往下流了，这是生活常识，在物理上，水往下流主要是由于地球引力。但是做"覆杯实验"时，杯子里装满了水，用稍大于杯口的厚纸片牢牢地盖住杯口而不留气，把杯口倒扣时发现杯体内的水未往下撒，这就和学生已知生活常识相抵触，突破了他们的固有认知，而通过这样一个情境化小实验所引发的矛盾又激发了他们探索物理实验的愿望，并在实验探究过程中让学生了解到是因为大气压的存在，使纸片紧紧压住了杯口，所以杯中的水并未向下洒出，从而使学生从物理实验中了解到什么是气压，什么是气压差。

3. 保证实验材料的科学有效，有利于实验教学的实施

实验材料是组成物理实验的关键要素，实验材料选择的是否合理有效直接影响着实验质量的高低。以"电磁铁及其应用"的教学为例，以实验教学的方式让学生理解电磁质的性质，如果在实验开展的过程中，老师只是让学生手拿一根铁质小棍儿展开实验，就会有一定的局限性，通电时，铁质小棍儿才有一定的磁性，断电之后，铁质小棍儿就失去了磁性，而在通电和断电这一过程中的某一时间铁质小棍儿也会存在一定的磁性。这样的实验教学过程让学生对于电磁铁的特征缺乏科学的认知，同时，实验教学的效果也不佳，最根本的原因就在于实验材料缺乏科学性，所以，在每一次实验教学开展之前，无论是老师还是学生都要为实验做好充分的准备工作，以科学有效的实验材料作为准备，才能够让实验有更加准确的结果。同时，老师也要为学生提供尽可能较多的实验材料，让学生能够自主选择实验材料，展开实验，为他们提供更多自主发展的空间、自主选择的时间，既有助于提高学生的创新性，又有助于激发学生的创造力，让他们根据多种实验材料的选择，设计多种实验方案，从而促进他们实验综合素质提升，实现实验教学有效性提高。以"浮力"这一模块的知识教学为例，以实验教学为途径，让学生了解浮力的存在和浮力的应用，老师便可

以为学生提供塑料瓶、塑料袋、皮筋、木块、石子气球等等各种各样的实验材料，让学生在这些丰富的材料中自由选择，从而设计出多种实验方案。通过方案的设定，让学生巩固物理知识，发挥自身的学习主体作用，从而实现实验技巧的掌握和实验教学效果的提升。

4. 将课堂演示实验做好做细，提升实验教学的有效性

物理课堂上的演示实验，是物理概念建立、规律总结的基础，是物理课堂教学的重要环节。所以，提升物理实验教学的有效性，要求老师在发挥自己教学主体的前提下，最大程度上激发学生们融入实验操作的兴趣。在物理实验教学的过程中，老师是实验的示范者，是知识的讲授者，更是学生的引路人，所以，为了保证实验教学的有效性，老师应该将课堂演示实验做好做细，通过直观而准确的实验操作，让学生深化理解相关知识，同时，也能够在老师边讲解边演示的情况下，激发学生们物理学习的兴趣和实验操作的兴趣。以"大气压强"的实验教学为例，老师要做好自己的引导作用，在课堂上为学生演示趣味性的实验过程，首先老师为学生展示他们熟悉的扑克牌，随后再取出透明玻璃瓶，并邀请学生，接着老师说着"接下来就是见证奇迹的时刻"，随即，老师将自己手中的扑克牌放到玻璃杯上，然后将玻璃杯杯口朝下，杯底朝上慢慢得倒过来，这时学生们便会惊奇地看到玻璃杯口虽然朝下但是水不会溢出来。通过这一简单的演示实验，既激发了学生们的物理学习兴趣，同时又激活了学生实验探究的欲望，有助于提升实验教学的有效性，让学生更好地掌握物理知识。

5. 充分运用现代化媒体技术，助力物理实验教学

有些物理实验具有"瞬变"的物理现象，有些物理实验可见度低，有些实验会受自然条件的限制，无法显示得更加精确，所以，为了提升物理实验教学的有效性，老师应该充分运用现代化教学技术，发挥信息技术手段的教学优势，辅助实验教学，以弥补实验教学中的一些不足。以"熔化与凝固"的教学为例，在探究"石蜡的熔化与凝固"的实验中，倘若老师还是为学生进行演示实验，不但实验时间会非常长，同时，温度计示数也难以观察，从而让学生对于实验结果和结论的考察不精确，导致实验误差很大，不能够让学生了解科学的物理规律，所以老师就可以发挥现代化教学技术的优势，运用视频的形式为学生播放实验小视频，同时，在视频的观察中，老师还要巧妙地利用强调放大等等功能，

让学生提升注意力，收集更为准确的实验证据，发现物理规律。又如，在学习变阻器这一部分的内容时，老师可以运用电脑辅助实验教学，让学生通过点击鼠标的形式，对电脑上的滑动变阻器进行组装，这样既为每个学生提供了实验操作的机会，同时，又能够促使他们更加清晰了解变阻器各个部件之间的构造关系，不仅改变了传统手动操作物理实验的过程，同时，也能够让学生在短时间内完成精确性的实验，接着，为了让学生更好地了解滑动变阻器的物理工作原理，老师利用微课视频为学生们播放模拟实验，当学生看到电流线圈长度会根据模拟变阻器滑片移动发生变化时，就能够一目了然看出实验效果，难以操作抽象的实验概念转为直观的画面，有助于让学生对抽象的物理现象有更加清晰的认知，从而在模拟真实的物理现象中，提升实验教学效果。另外，以现代化教学工具为依托的实验视频还拥有跨越时空限制的特点，老师在课下可以将这些实验操作的视频传给学生，让学生根据自己的学习需要，重温实验过程，既能够激发学生们自主学习的欲望，又能够真正提升教学效果。

6. 发挥小组合作物理实验教学的作用，指导学生对物理知识的进一步学习

为了提升物理实验教学的有效性，老师应该充分发挥学生们的主观能动性，而小组合作学习在提供学生锻炼空间、为学生们提供动手机会中发挥着重要的作用。老师应该根据日常的实验教学内容，对学生们进行合理的安排，实施小组合作实验教学，以"摩擦力的大小与什么因素有关"的实验教学为例，根据"摩擦力的大小与三个方面的因素有关"这一物理知识，老师就可以将班级中的学生分成三个小组，第一个小组探究摩擦力的大小与压力之间的关系，第二个小组探究摩擦力的大小与接触面粗糙程度之间的关系，第三个小组探究摩擦力的大小与接触面大小之间的关系，结合具体的实验主题，让每个小组中的学生针对性地开展实验操作，既能够让每个小组的学生们充分发挥自己的作用，同时还能够让他们在自主实验中获取知识，当三组实验结束之后，老师再从三个小组中选派学生，让他们谈一谈自己的实验感受，将自己实验的过程与其他小组的同学共享，在集思广益和互助学习中，营造了良好的学习氛围，有助于取得良好的教学效果。又如，在"连接串联电路和并联电路"这一小小的实验操作中，老师根据班级中的学生人数和他们的学习能力，分成 5 到 6 人为一组，发挥每个小组成员的主观能动性，让他们联系串联电路和并联电路的特点，画出简单

的线路图,根据这一线路图,运用老师为他们提供的实验材料连接电路,最后,在班级中展开实验比拼,以器材摆放、电路连接的规范性、器材调配为考察对象,评选出最佳合作实验小组,这样竞赛的实验环节,能够让每个小组中的成员通力合作,同时,也能够激发学生们实验的热情,让他们在合作学习指导下形成良好的学习氛围,同时,在实验操作过程中,也能够使得学习印象更加深刻,从而提升教学效果。

7. 创设趣味性实验情境

通过实验前的情境创设,能够实现视觉形象与特定意义的结合,同时,也能够激活学生的思维,感染学生的实验情感,让学生们融入到情境中思考、操作,既能够让生硬的器材充满勃勃的生机,又能够让单调的实验过程充满丰富的色彩。比如,在每次实验教学开展之前,老师要结合学生们熟悉的生活实际,创设实验情境,以"影响摩擦力大小的因素"教学为例,老师在实验展开之前可以用手拿一根光滑的铁棍,然后再用肥皂洗一洗手用沾满肥皂泡的手拿这根光滑的铁棍,让学生观察洗手前和洗手后有哪些不同?在师生互动之下,学生很容易就能够感受到摩擦力,同时,也能够自发地制定出探究与摩擦力大小有关因素的实验方法。又如,在"探究浮力大小"的实验教学开展之前,老师可以通过"曹冲称象"这一有趣的历史故事,创设教学情境,通过池水深度、排水量、船与石头重量关系之间的联系,深化学生对于浮力的认识,从而为阿基米德定律实验的有效开展奠定基础。

四、对初中物理实验教学中引入环节演示"实验微课"的制作与应用研究

1. 演示"实验微课"在物理实验教学中的重要性

在物理课堂教学中,引入环节对于整堂课具有重要的意义,起到创设情境、激发兴趣的作用,效果夺目,吸引眼球的引入往往能够使学生快速的进入学习状态,激发学生探索欲望,推动学生的思考,并在后续学习中作为印象深刻的记忆点,巩固串联对应的知识能力。

在诸多的引入形式中,实验引入无疑是物理课堂中最常见也是最受物理教师青睐的引入形式。实验引入往往具有近距离、效果明显、与课堂结合更为紧密、

更加科学严谨、可根据现场状况临时调整等优点，但是也存在时间、效果等方面的不稳定因素，于是就有了对于初中物理实验教学中引入环节演示实验微课的制作与应用的研究。

2. 演示"实验微课"在物理实验教学中的实施

（1）扬长避短，让实验微课发挥自己独特的优势。

从学生参与感的角度上说，学生体验实验大于学生分组实验大于教师现场演示大于视频演示，但从实验难度和操作完成度上则是相反。从实验难度、实验成本等方面考虑，有些实验是无法实现全员参与的，有些实验更是无法实现现场演示的，这就需要将演示实验制作成微课。

（2）物理实验教学中对于"实验微课"的需求主要源自以下几个原因：

①实验演示难度过大，成功率偏低。

有些实验由于学生知识或能力不足无法完成，需要教师演示，同样有些实验由于难度的原因导致即便是教师来完成也难以做到一次成功，例如通过向水中加入食盐实现鸡蛋在水中悬浮，需要多次尝试才能成功，如果在课上演示就存在浪费时间甚至是实验无法完成的风险，类似的实验可以通过实验录制将实验成功、效果明显的一次直接向学生展示。

②实验条件特殊，课堂中不能直接展示。

有些实验由于器材、场地等原因，无法进行反复实验，就需要录制微课视频反复播放，例如在匀速直线行驶的车厢中竖直跳跃能否落在原地、大气压与海拔高度的关系 、马德堡半球实验、大气压能够支撑的水柱高度测量等实验。

③实验效果弱，受到时间或空间等因素的影响。

有些实验由于器材体积较小，现场观察的效果反而不够理想，需要通过镜头拍摄，有的现场效果甚至不如录制视频。有的实验时间较长，效果不易观察，例如晶体熔化、凝固、非晶体熔化、凝固、水沸腾的实验，就可以录制实验并进行加速剪辑，使用将实验现象分屏显示等方法，提升显示效果。

④安全因素使实验展示无法进行。

有的实验操作比较危险，通过实验视频录制可以避免对学生造成意外伤害。有的实验虽然不危险，但是实验后的遗留可能影响课堂，比如电流的热效应引发火灾的实验原理演示，绝缘胶皮燃烧后的烟雾和气味在教室中会存在一段较长的时间，影响学生的课堂学习、听讲。

（3）"实验微课"制作过程以及注意事项

①前期准备

要录制微课，基础的前期准备：演示"实验微课"的剧本、录制场地和时间、人员安排、演示需要的相关器材、录像机及支架、屏幕录制软件、视频剪辑软件等。

②时间统筹

教师大多工作繁忙，每日要备课、上课、批改作业、课下辅导、教研和自主研修、完成学校的其他工作等，所以要提前做好时间安排，在平时上课实验过程中注意记录遇到的问题，闪现的想法，并统筹人员、场地的时间安排等。

③拍摄内容

新授课的引入需要新奇的吸引眼球的效果，或者展示反常规、反常识的现象，通过实验引发思考，这种实验往往是由于实验条件的原因无法现场演示，为了提高参与感，区别与网络上的视频，老师最好露脸拍摄，现场解说，往往能够有较好的效果。

复习课的引入往往是将已经做过的实验重复再做一次，比较浪费时间，而且效果可视化不够明显，所以将实验录成视频经过剪辑，可以更好的突出重点，提升教学效率。

④注意事项

可以邀请其他教师或同学参与拍摄，提升参与感和认同感；可以编入幽默有趣的故事将实验串联其中，加入生动风趣的语言配合后期剪辑提升学习兴趣；提前写好方案，以免翻工。

结束语：

物理实验教学环节对于学生物理知识的学习重要性不言而喻。立足于教育实践，老师应该树立以生为本理念，优化日常的物理教学，为学生提供创造实践的机会，促使学生在观看实验和动手实验中实现知识的活学活用，真正提高学生的物理综合素养，为他们将来的学习和成长奠定基础。

附：物理实验教学的典型课例《磁现象 磁场》教学设计

教学基本信息				
课题	第二十章第一节 磁现象 磁场			
学科	物理	学段：初中	年级	初三
教材	书名：《物理》九年级　　出版社：北师大版　　出版日期：　年 月			

指导思想与理论依据
课标中与磁体和磁场相关的描述有： （1）1.2.1 通过实验，了解物质的一些物理属性，如磁性。 例2通过实验，了解物质的磁性和磁化现象，调查磁性材料在生活中的用途。 （2）2.4.2 通过实验认识磁场、知道地磁场。 　如何让学生自主探究磁极及磁极间的相互作用和磁化现象是本节课要解决的问题。 　磁场的概念，课标要求是通过实验认识磁场，"认识"不仅需要通过回忆提取所学过的相关知识，还要对所学的这些知识有所领悟，能在具体问题中辨析和识别它们。磁场看不见、摸不着，很抽象，如何通过实验让学生认识磁场，转化方法的应用和磁感线概念的建立尤为关键，这也是本节课需要解决的一个难点。

教学背景分析
教学内容：本节课是本章《电与磁》的第一节，整节课主要让学生了解生活中的磁现象，并建立磁场的概念，为后续学习"电生磁""磁场对电流的作用""磁生电"打下基础。磁场是看不见、摸不到的物质，因此要想研究磁场，就要通过它对其他物体的作用来认识，用实验来感知。因此本节课除了知识的教学外，方法的体会与应用才是教学的重点内容。 　学生情况：初中生以形象思维为主。形象思维的特点是对直观现象比较感兴趣，喜欢动手，但欠缺对问题的深入思考。而本课中涉及用到的"转换法"的研究方法，是在现象的基础上，深入分析其反映的问题。基于以上思考，本节课从直观现象入手，让学生亲自设计并动手实验。对于初三的学生，实验不仅要培养学生的动手能力，更重要的是设计实验的能力，在实验过程中，学生就在潜移默化的使用着"转换"的研究方法。用这种学生亲历探究过程的方式来研究物理问题，可以激发学生的好奇心，降低学生学习难度，拉近学生与物理的距离，并且掌握了科学的研究问题的方法。通过小组合作式学习，培养学生自主、互助的学习能力。 　教学方式：结合本节课的知识特点和学生的特点，教师在设计教学活动时以启发式教学为主，采用"思、猜、做、析"四个步骤。首先，通过有趣的小魔术——"隔空穿物"，激发学生学习的兴趣，促使学生主动地去"思"。接下来，教师通过问题的设置，为学生创设情景进行合理的"猜"。然后学生通过自己设计性的实验亲自动手去"做"，最后再根据自己的体验和探究去"析"，并归纳得出结论。在磁感线的教学中，尝试通过学生实验的方法，帮助学生建立物理模型。在本课中，学生手脑并用。尤其是大脑，在不停的思考、设计、分析。 　重点：磁场　磁感线　　难点：感知磁场的存在，磁感线引入的过程及实际意义

续表

教学目标（内容框架）

1. 物理观念

　　知道磁体周围存在磁场。知道磁在日常生活、工业生产和科研中有着重要的作用。

　　知道磁感线可用来形象地描述磁场，知道磁感线的方向是怎样规定的。

　　知道地球周围有磁场，知道地磁的南、北极。

2. 科学探究和科学思维

　　观察磁体之间的相互作用，感知磁场的存在。

　　经历实验观察、总结类比的过程。学习从物理现象和实验中归纳规律，初步认识科学研究方法的重要性。

3. 科学态度与责任

　　使学生在经历分析、观察的过程中体会到学习探究的乐趣。

教学流程示意（可选项）
磁现象　➡　磁场　➡　磁感线　➡　地磁场

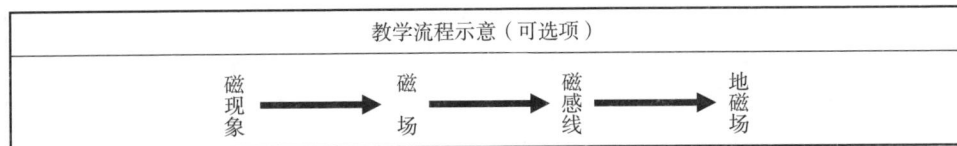

教学过程（表格描述）			
教学阶段	教师活动	学生活动	设计意图
创设情境	魔术："隔空穿物"	观察，尝试揭秘	引入新课——磁现象 磁场
新课教学 环节一： 磁现象	一、磁现象 实验1（演示）磁铁吸引铁屑 　1. 磁性：能吸引铁镍钴的性质（常见铜铝除外） 　2. 磁体：具有磁性的物体 　3. 磁极：磁体磁性最强的部分 　4. 磁化：原来不具有磁性的物体在磁体或电流作用下获得磁性的过程	观察 思考	由于学生已有一些磁现象的前概念，但是这些概念又不够清晰准确。所以，本环节以"问题和实验并行"的方式，帮助学习重新正确的认识磁现象。
	学生活动一：探究磁极间的相互作用 观察现象：让磁极相互靠近（但不要接触），感受磁极间的相互作用 对现象的分析：同名磁极相互_____，异名磁极相互_____。	学生实验探究过程 并总结实验结论	通过学生活动，让学生感受到磁极间的相互作用，并由此引入磁场的概念

	1. 拨动小磁针，使其发生旋转，引导学生思考手的推力改变了磁针的运动状态。 2. 将磁体靠近磁针，磁针由运动变为静止，引导学生感到磁体给的力，没有接触，力是怎样产生的呢？ 思考磁体周围存在一种特殊的物质，像无形的手推动了磁针，使其偏转帮助学生认识到磁体周围确实有一种特殊的物质。 二、磁场 现象：磁场中的小磁针指向某个确定的方向 1. 基本性质：磁场对其中的磁体会有力的作用。	设疑引起学生思考 观察 思考 总结	运用对比法，帮助学生建构磁场存在
环节二：磁场	用手再次拨动小磁针 现象：小磁针还会静止，他总是把小磁针推向某个确定的方向，也就是说，磁场对小磁针的力是有方向的，即磁场是有方向的。 2. 磁场方向：规定磁场中，静止的小磁针 N 极所指的方向，就是该点的磁场方向。	思考 逻辑推理 认识磁场方向	帮助学生理解磁场方向
	设置疑问： 1. 如何能知道更多点的磁场方向呢？从而引发学生思考放入更多的小磁针。 2. 通过描述实验台，引导学生认识到想要更清楚地认识磁场，必须将磁针"更小化"处理，从而引入利用磁化后的铁屑代替磁针探究磁体周围磁场分布情况的教学过程。	设疑引起学生的思考	

续表

环节三：磁感线	学生活动三：探究磁体周围的磁场分布，继续为磁感线的教学铺路		学生实验探究观察到一个漂亮的图案	说明： 1. 铁屑不具有磁性 2. 磁化后形成小磁针铁屑若被磁体吸引不易取下来，因此铁屑要撒在玻璃板上； 由于摩擦力的影响，撒铁屑的同时必须轻敲玻璃板； 为了减少铁屑的损耗，实验在盒子内完成。
	观察到的现象	先将条形磁体放到桌子上，再将玻璃板放在条形磁体的上方，最后将铁屑均匀的、快速的撒到铁屑周围，撒的同时应当轻敲桌面（不要撒到一堆，否则就无法呈现漂亮的图案了）		
	对现象的分析	铁屑形成了一条条____（"直线"或"曲线"）		
	思考	如何能知道某一点的磁场方向呢？____		
	引导学生认识到磁感线并不存在，是人们为了方便问题的研究假想出来的，是理想化的模型。 教师出示条形磁体和蹄形磁体磁感线分布情况。 对比条形磁体和蹄形磁体周围的磁感线分布，以讨论的方式总结磁感线的特点。		学生讨论磁感线的特点	培养学生分析归纳能力。
环节四：地磁场	游戏名称：我做你猜 内容：通过磁针指向判断盒子里的条形磁体N极位置。 设置空盒，小磁针N极指向地理北方，引入地磁场的教学。		师生互动 提出质疑，并分析	借助游戏起到承上启下，引发思考，进而引入地磁场的教学
	四、地磁场 引导学生运用本节课所学的知识分析出地磁体的磁感线分布与条形磁体周围的磁感线分布相同，并总结出地磁南北极和地理南北极是反过来的，并且地磁的南北极和地理的南北极不是完全重合的，存在磁偏角。最早发现这一现象的是我国宋代科学家沈括。		分析 思考 回答 并总结结论	介绍物理学史 渗透情感态度与价值观教育
归纳总结	磁现象——磁场——磁感线——地磁场		思考回顾	归纳总结

效果评价 巩固练习	1. 在图中标出磁感线的方向。 N ⊙ S	2. 下列说法中正确的是（　　） A、放入小磁针时有磁场，取走时磁场消失 B、磁感线是磁场中真实存在的曲线，它的方向是从 N 极到 S 极 C、在磁场中的某点，小磁针静止时 N 的指向与该点的磁场方向一致 D、地磁南北极与地理南北极重合
板书设计	第二十章第一节　磁现象　磁场 一、磁现象　　　　　　　　　　三、磁感线 1.磁性 2.磁体 3.磁化 4.磁极　　1.模型　2.N 极出，回 S 极 5.磁极间的相互作用　　　　　　3.疏密性 4.不能交叉 二、磁场　　　　　　　　　　　四、地磁场 1.基本性质： 2.磁场方向：	

学习效果评价设计
评价方式 　课上参与度：1. 课上注意力；2. 观察实验；3. 讨论活动参与情况；4. 课堂训练；5. 完成实验。（此项评价课上口头表扬，给出综合评价） 课堂检测（实测，给出成绩）

评价量规

姓名	课上参与度（每项满分 10 分）_____
	课堂检测完成情况（满分 10 分）_____

本教学设计与以往或其他教学设计相比的特点（300~500 字数）

1. 在本节的学习中，学生会遇到两个难点：第一是场的概念，这是由于磁场看不见，摸不着，而又客观存在，对初中学生不能深讲，对这个问题，教师只有通过实验、比喻让学生领会。第二，磁感线是学生遇到的又一难点，难在搞不清楚磁感线的本质究竟是什么以及磁感线的分布情况。

2. 这节课关键是做好 9 个实验。让学生体会到用实验去验证，用实验去探究，用实验去认知。

3. 尝试让学生实验体会"物理模型"的建立。

磁感线能够形象直观的描述磁场。但"为什么引入磁感线、如何引入？"这一思维过程的建立，在物理教学中才是最重要的。我们的物理教学虽然要传授知识，但知识获取的科学方法与过程更是教学的重点。在本节课中，不仅让学生能充分应用"转换法"研究问题，更在研究过程中，从形象直观的现象中，抽象出模型，同样也降低了学习的难度。亲历研究过程，会让学生体会更多的方法，获取更多的知识与能力。

第四节 "任务式"教学法与初中物理教学

一、应用"任务式"教学的背景

随着我国教育的深度改革，改革逐步进入"深水区"。为此中共中央办公厅、国务院办公厅于 2021 年 7 月印发了《关于进一步减轻义务教育阶段学生作业负担和校外培训负担的意见》。"双减"政策的出台和落地，并没有降低对学校的教学质量要求，相反，要求学校大力提高教学质量、作业管理水平和课后服务水平，以减轻"双减"后家长对孩子学习成绩下降的顾虑，缓解他们焦虑的情绪。"双减"政策的落地减轻了学生的作业负担，减轻了家长的顾虑。由于对学校的教学质量提出更高的要求，一线任课老师的压力骤然增加，这就需要我们任课教师寻找更好的教学方式，更科学的教学方法，以提高课堂的教学效率。

2022 年版义务教育课程标准，要求教师在教育教学过程中促进学生核心素养的养成和发展。引导学生学会学习、学会合作、学会生活，为学生的终身发展奠定基础。这就要求我们学科教师勤勉认真的研究不同学段学生的心理特征，为我们选择教学方式和方法提供支持。认真研究新的课程标准，研究教材，寻找更科学的教学方法，进行实践创新，从而提高教学质量。

无论是"双减"政策对教育教学的要求，还是新课标对培养学生核心素养的要求，对于教师而言，都要认真备好每一节课，认真选取教学素材，应用高效的教学组织形式，提高课堂效率。近年来，很多学校、很多学科在研究"任务式"教学的组织模式，北京市密云区不老屯中学物理学科就是其中之一。在实践研究中发现，合理采取"任务式"教学，对提高学生的学习能力和合作意识都有帮助，对提升学生的学科素养、养成良好的学习习惯都能起到至关重要的作用。

二、"任务式"教学方法

（一）什么是任务式教学方法？

任务式教学法产生于 20 世纪 80 年代欧美地区，以美国教育家杜威为代表。这种教学方法是交际教学思想发展的新形势，通过尽量设计真实或接近于真实的学习任务，最大限度地为学生完成任务提供可操作的互动平台，创建"做中学"的教学模式，不同于传统课堂中教师讲授的教学方式，把教学的中心从教师转移到学生，教师成为任务的指导者、参与者。教学任务在设计、展开和实施中皆考虑了教师和学生的角色定位，在教师的指导参与之下，学生独立思考，积极实施操作，促进任务更顺利有效地完成，达到最佳效果。[①]

（二）"任务式"教学的基本要素

1. 任务目标：任务要具有较为明显的目标指向，一是任务本身要达到的非教学目的，二是利用任务所达到教学的目的。

2. 任务本身的行为和活动，简单的说就是"做什么"。

3. 完成任务的方法和步骤，简单的说就是"怎么做"。

4. 完成任务的条件，指完成任务过程中所使用或依据的辅助资料。

5. 教师和学生的角色：在任务式教学中，教师既可以是任务的参与者，也可以是任务的监控者和指导者。根据教学的需要，设计任务时可以明确定位教师和学生的角色。

6. 任务情景：任务情景是指完成任务时的环境和完成任务时的组织形式。

（三）"任务式"教学方法的主要特点

"任务式"教学方法与传统的讲授式教学方法差异较大。"任务式"教学的课堂中，教师更加起到主导作用，学生更能体现主体地位，教师为学生精心设计符合学生发展的、感兴趣的学习任务从而指导学生学习，学生在老师创设的任务或情境中通过独立思考和小组合作等形式完成任务。传统课堂中，学生是认真的"听众"，"任务式"教学中，学生是任务的完成者，是在做中学、

---

① 引自《大学》2022 年第八期总第 554 期。林左天所著《关于任务式教学法与反转课堂教学相结合的思考》。

体验中学。

1. 容易让学生体验成就感从而激发学生的学习兴趣

老师在设置任务时要考虑学情，任务要符合学生的认知能力和基础水平，这个结合分层教学效果是非常好的。学生从完成一个个任务的过程中体验到成就感，体验到成功的喜悦，使得学生逐渐对学习产生更多更浓厚的兴趣。在成就感和学习兴趣的驱动下，学生的学习内驱力逐渐形成。

2. 更能体现学生的主体地位

"任务式"教学方法最突出的理念就是在"做中学"。学生在完成任务的过程中，学生是深度参与的，独立思考、小组讨论、合作探究和师生交流等都是学生常见的解决问题的方式，教师的讲授时间减少了，学生在课堂中的活动时间增多了，学生的主体地位得以充分体现。

3. 激发学生创造性

学生的潜能是无限的，完成任务的过程中，学生要思考"用什么""怎么做"，要充分发挥想象力，只有做才能体验任务中的细节问题的解决过程，提出问题、提出假设、设计实验、选取器材、收集证据、归纳结论，每个细节问题都能培养学生的思维，独立思考、寻找帮助，想尽办法解决问题的过程中，学生的创造力不断提升。

4. 有利于学生形成良好的学习习惯

学生在一段时间内完成相同的任务，就会逐渐形成习惯。完成不同的任务，会形成不同的的学习习惯，如通过预习任务培养课前预习习惯，通过检测培养课后复习习惯，通过对较复杂问题的任务分解培养认真审题习惯，通过课后作业培养独立完成作业习惯。在任务的驱动下，学生逐渐将每节课的必做任务形成习惯。

三、"任务式"教学法在初中物理教学中的应用

物理是一门以实验为基础的自然学科，也是一门思维性很强的学科。很多初中学生在学习物理过程中感觉比较困难，学习兴趣和积极性也不高，处于被动学习状态，如果这种学习状态长期得不到改善，学生将产生厌学情绪。在初中物理教学中应用"任务式"教学方法，教学过程中给学生建构明确的学习目标，

将学习目标转化为具体的学习任务，学生在任务的指导下进行学习活动，在完成任务过程中，学科可以采用独立思考方式，也可以采用小组合作方式，不仅提高自学能力，更提高了团队协作意识。初中生在课堂中专注时间较短，老师可以利用学生完成任务后的成就感，激发学生学习内驱力，延长学生专注持续时间，提高学生学习的参与度，促进学生持续学习，所以，任务式教学方法是促进初中生提高学习效果较为有效的教学模式。

（一）不老屯中学的"任务式"教学实践

北京市密云区不老屯中学的物理学科采用分层教学进行授课，按照学生认知能力和基础水平，以学生自愿选择的方式将学生分为三个层次，选物理 III 的学生基础水平和物理思维相较物理 I 和物理 II 的学生普遍强一些，所以"任务式"教学首先在物理 III 的物理课堂上实施。在课堂教学实践中，不老屯中学的物理教师将初中物理每一课时划分四个阶段，即课前预习、课中学习、课尾巩固和课后提升拓展阶段，对每个阶段精心制定学习任务，层层推进，顺利完成教学任务，提高教学质量。

以《物理》九年级（全一册）（出版社：北京师范大学出版社，日期：2014.7）第九章简单电路第六节电阻的第二课时《探究影响导体电阻大小的因素》为例，阐述在不老屯中学教师是如何应用"任务式"教学方法的。

本节教学内容是在学生学习了电流、电压两大电学基础知识之后的又一大基础知识，是学习后面变阻器、欧姆定律、电阻的串并联等内容的必要基础。在本节教学中注重全员参与、让学生主动探究本节知识。所以，不管是从课标的要求来看，还是学生学习物理知识的扩展来看，"探究影响导体电阻大小的因素"都具有很重要作用。

九年级学生已通过一年的物理学习掌握了一些学习物理的方法，已经具备一定的科学探究能力，实验、观察、分析、概括能力已有一定的提升。因此在教学中，积极引导学生用已有的基础知识和科学探究的方法，亲身体验科学探究的过程，发展学生的抽象思维能力，培养学生的动手动脑以及实践能力。

任何阶段的学习任务都要围绕教学目标制定、执行、评价。本节课的教学目标是：物理观念——通过探究实验，获得实验数据，分析归纳得出电阻大小跟导体的材料、长度、横截面积、温度等因素有关；科学探究——经历观察和实验，探究电阻及影响电阻大小的因素，培养学生观察、分析、比较、概括的能力；科学思维——通过学生探究活动，渗透研究问题的一种方法——控制变量法；科学态度与责任——通过观察、分析、实验操作等多种活动形式，培养学生对科学探索的热爱。

本节教学重点：了解影响电阻因素，学生互动研讨，学生归纳，突破重点。

本节课教学难点：利用控制变量法，探究影响电阻大小因素的实验设计。通过学生动手进行实验探究，让学生突破难点。

本节课教法和学法：用任务驱动，问题引领，小组的合作讨论探究、教师的启发引导探究相结合的教学方法，让学生主动、快乐的学习；另外，利用多媒体辅助教学，使实物教具和多媒体课件相辅相成，充分发挥两者的作用，增大教学容量，增强教学效果，提高教学效率。

（一）课前预习

1. 老师的任务

本阶段老师的主要任务是为学生提供必要的学习素材，用问题引领学生进行预习。学生预习后老师要向学生推送预习自测评估资料，学生完成后交给老师，老师根据学生完成情况对学情认真分析，了解每个学生的预习情况，然后根据学生的预习情况适当调整课堂教学内容和进度。老师为学生布置的任务如图 4-4-1 所示，这个图可以成为课前导学图，课前导学图通过"读""思""拓""绘"几个动词对学生课前自学的行为做了提示，"读"就是通过阅读老师准备的材料实现初步感知，如本节课需要阅读教材 35 页至 36 页；"思"就是要让学生通过阅读材料思考并解决问题，这些问题将引领学生掌握本节课的知识，这一环节需要学生独立完成，自己解决不了的问题需要课上小组讨论解决，如本节课思考的问题有如何对电阻的影响因素进行猜想，每个实验的自变量、因变量、控制变量是什么，自变量如何改变和测量，因变量如何测量，控制变量如何控制？

"拓"就是让学生解决拓展问题，提升学生应用知识解决问题的能力，如本节课的实验方法是什么？怎么确定三个变量？实验结果如何表达才能更规范？实验表格如何设计？"绘"就是要求学生总结预习中所学的知识和方法，以思维导图方式表达出来，整理已经学会和尚未理解的知识或问题。

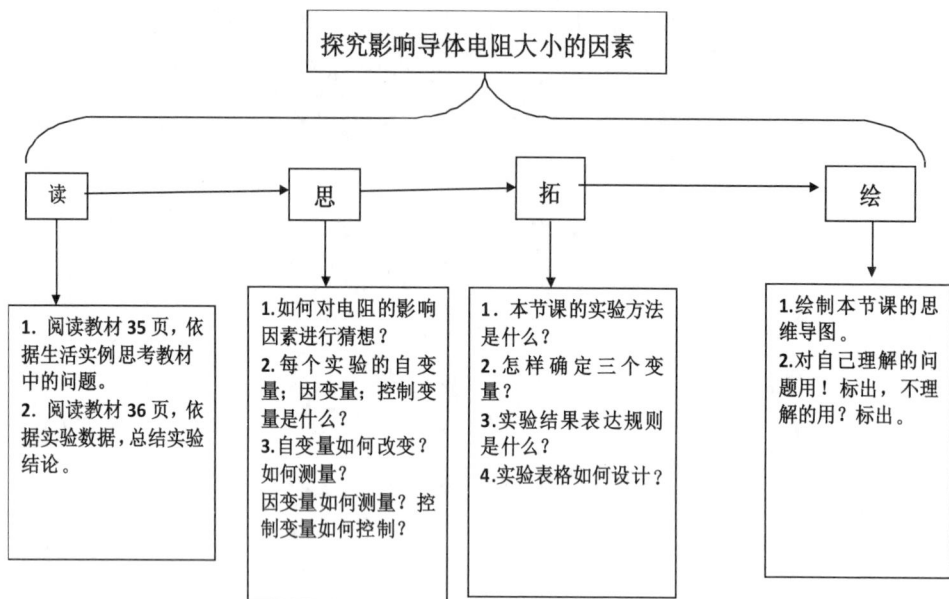

图 4-4-1

2．学生完成预习任务

学生根据老师的课前导学图中所设置的问题，阅读教材 35 至 36 页，很多学生知道了影响电阻大小的因素有哪些，知道在研究电阻与哪些因素有关的知识点时需要做实验，通过阅读教材学生对实验的步骤有了一定的了解，但是还需要课上的体验过程。

3．取得效果

课前导学图的应用，使预习任务更加明确，行为指令更加明确，预习成果表达更加明确，所以学生按照课前导学图完成预习任务有很多收获，很多学生能够猜想出影响电阻大小的因素是材料、长度、横截面积和温度，学生对本节课即将要学的知识有了一定的了解，对获取规律的过程中所要做的实验有了一定的了解，知道自身已掌握的知识和尚未解决的问题后，学生在课堂上的学习任务就更加明确了，可以说预习为课堂学习打下了基础。课前预习是非常好的学习习惯，学生在一段时间内坚持完成课前导学图中的任务，能够不断形成预习习惯，课前预习培养了学生的自学能力。

（二）课中学习阶段

1. 教师的指令

首先教师在课堂上展示本节课的学习目标，然后给学生的指令有两个，一是通过小组讨论解决自己在预习中尚未解决的问题，二是小组讨论解决不了的问题由全班交流解决，全班交流包括学生展示、老师讲解等形式。

2. 学生的学习行为

由于学生通过预习已经了解自己在本节课中哪些知识还不理解，哪些问题尚未解决，所以在小组讨论中都积极的将自己的问题抛出来让同伴帮助解决。在小组讨论环节中，学生解决基本知识较为容易，获得规律较难，学生普遍对设计实验感到困难，有的学生凭借小组讨论也不能解决设计实验的问题。

在小组讨论环节中，老师也参与了部分小组讨论，了解各个小组解决问题的情况，也及时给予小组帮助，但是老师还是发现让学生自己设计实验并完成实验获得电阻与哪些因素有关的最终结论还是比较困难的，于是进行下一个环节——全班交流环节。全班交流环节中，老师让小组讨论中表现突出的学生发表设计实验的看法，为其他学生打开思路，最后老师讲解所有学生未解决的问题，讲解的内容有如何用控制变量法探究电阻与哪些因素有关、实验所需的器材、实验步骤和实验结论如何规范表达等。

3. 取得效果

虽然老师的指令非常简单，但越简单的指令越能给学生更多的解决问题的空间，学生会在小组讨论中主动寻求帮助，提出自己的问题，解决自己的问题。学生除了要解决问题，更要寻找解决问题的途径，是亲自实验验证还是寻求同学或老师帮助都是学生所要考虑的问题，学生在解决问题的过程中，实现了深度参与课堂，体现了学生的主体地位。

（三）课堂巩固阶段

1. 教师给予学生的任务和指令

（1）任务：让学生完成针对训练并自纠答案。

一、判断题

1. 温度一定，两根镍铬合金线长度相等时，较粗导线的电阻较大　　　（　）

2. 温度一定，两根镍铬合金线横截面积相等时，较长导线的电阻较　　（　）

3. 将一根电阻线的拉长，它的电阻值会变大　　　　　　　　　　　　（　）

4. 温度一定时，镍铬合金电阻的大小由它的长短和粗细决定的　　　（　）

5. 温度一定，两根长度相同的铝导线，粗的一定比细的电阻小　　　（　）

6. 灯泡中灯丝的电阻随温度升高而变小　　　　　　　　　　　　　　（　）

7. 导体两端电压为零时，电流为零，电阻不为零　　　　　　　　　　（　）

二、选择题

8. 不考虑温度影响，为了增大铝导体的电阻，以下做法正确的是 [　]

A. 改变铝导体两端的电压　　　　B. 改变通过铝导体的电流

C. 将铝导体拉长　　　　　　　　D. 将铝导体截短

三、实验题

9. 某实验小组在"探究影响电阻大小的因素"时，选出符合要求的学生电源、滑动变阻器、电流表、开关、导线若干以及几种电阻丝，电阻丝的参数如下表。

编号	材料	长度 /m	横截面积 /mm^2
a	镍铬合金丝	1.0	0.2
b	镍铬合金丝	1.0	0.1
c	镍铬合金丝	0.5	0.1
d	锰铜合金丝	0.5	0.1

小组成员做出了如下猜想：

猜想 1. 电阻大小与导体的长度有关；猜想 2. 电阻大小与导体的材料有关；猜想 3. 电阻大小与导体的横截面积有关；设计了如图 4-4-2 所示电路，请回答下列问题：（1）实验通过比较＿＿＿的大小，来比较电阻丝电阻的大小。

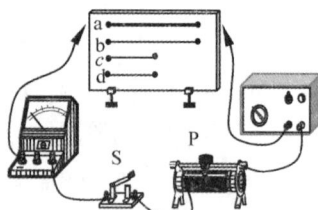

图 4-4-2

（2）若要验证猜想 1，则应该选用＿＿＿两根电阻丝（填编号）进行对比实验。

（3）选用 c、d 两根电阻丝进行对比实验，目的是为了验证猜想＿＿。

（2）指令：此环节教师明确了学生完成巩固练习的时间，明确了学生的行为，即先用 5 分钟完成巩固练习，然后根据幻灯片上的答案纠正自己的错误。

2. 学生的行为

学生按要求完成老师布置的巩固练习，完成巩固练习较快的几个同学给老师展示了自己的成果，待绝大多数完成巩固练习后，老师展示了答案，学生根据答案检查自己的习题是否正确。

3. 取得效果

巩固练习可以提高学生应用知识解决问题的能力，巩固练习可以帮助学生了解自己掌握知识的程度，也可以帮助教师了解学生在本节课的学习情况，这个环节要培养学生的时间意识、纠错意识。

（四）课堂小结

1. 老师给予学生的任务

本环节老师给予学生的任务是总结本节课的知识，画出本节课的知识结构图，展示自己的作品。

2. 学生完成任务情况

大多数学生利用 5 分钟的时间基本完成了本节课的知识总结，学生总结的方式不同，有的是框架图形式，有的是序号形式。

3. 学生的收获

用作品代替过去学生的口头课堂小结显得更具体，学生更知道干什么，有时候老师在下课前问学生："本节课我们都学到了什么？"学生往往说不上来多少东西，而画知识结构图的形式学生有一定的思考时间，而且有外显的表达和展示，提高学生的成就感。在学生完成知识结构的总结后，学生将所学的知识进行结构化，使知识不断形成体系，更具有逻辑性，体验到成就感的学生将不断对学习产生兴趣，逐渐形成学习的内驱力。学生完成课堂知识总结的外在形式不同，尊重了学生的主体地位，尊重了学生的个性化差异。

四、课堂之外的"任务式"活动

课余小实验、小制作和小发明等任务可以弥补物理课堂上由于时间不足而缺少的体验，能够激发学生学习物理的兴趣，是课堂教学的补充和延伸。从生活走向物理，从物理走向社会，这是物理课标中的理念，既然是从生活走向物理，就要求物理课堂要多运用生活常识或利用学生的生活经验构建物理概念，除此之外还要让学生多体验生活，多从生活中发现物理知识，课余实验刚好是可利用的学科特点，教师给学生分配实验任务，让学生利用身边的物品或实验室里的器材，在家里完成实验操作并拍照或录制视频，学生的作品将在多媒体上、海报上甚至校报上进行展示。任务式教学不能仅仅体现在课堂上，那样会让学生感觉到学习就是完成一个个任务，时间久了就会感到枯燥和疲倦，所以课堂之外的"任务式"活动是课堂任务式教学的重要补充，它可以维持学生对物理学科的兴趣。

（一）生活小实验任务举例

实例一：物体的浮沉条件

在学习浮力的时候，老师给学生布置了一个家庭实验任务，让学生利用家里的物品找到沉底、悬浮和漂浮三个状态，悬浮状态是非常不容易实现的，需要多次调试才能成功。郭子俊同学在实验中发现，将橘子直接放在水中会漂浮，将橘子皮全部剥去，橘子会沉底，将橘子皮剥去一部分并多次调试，可以让橘子悬浮在水中，如图 4-4-3 所示。

图 4-4-3

郭子俊同学通过拍照的形式向老师和同学展示自己的实验成果，获得了极大的成就感。

为什么橘子能够实现沉底、悬浮和漂浮呢，郭子俊同学也做了分析，橘子内部有空气，所以未剥皮的橘子会漂浮在水上，橘子里面有糖、酸和矿物质等，使得去皮的橘子密度略大于水，所以会沉底。

郭子俊的收获是全方位的，不仅自己成功的完成了实验，还向其他同学展示了自己的成果，对实验现象也有自己的思考和解释，可以说这种任务式活动点燃了学生的实践激情，乐意花费更多的时间参与实践，对物理学习大有益处。

实例二：吹硬币大比拼

在学习流体压强与流速的关系时，教师布置了"吹硬币大比拼"的任务，同学们纷纷回家找出硬币，不断实验，尝试将硬币吹到碗里，如图 4-4-4 和图 4-4-5 所示，赵莹和王晨同学成功的将硬币吹到碗里，录制了视频，将过程分享给同学。

图 4-4-4

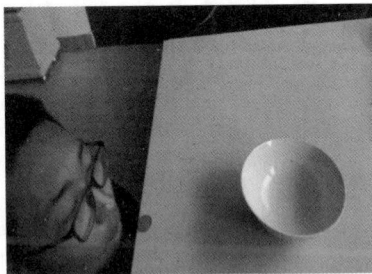

图 4-4-5

吹硬币有一定的技巧，要掌握角度，还要掌握吹气的力度，赵莹同学是一个女生，她能够成功的将硬币地吹到碗里，而很多身强力壮的男生却不能将硬币吹到碗里，这让赵莹同学非常自豪。赵莹和王晨同学对物理老师布置的任务非常有兴趣，每次都能积极参与，这种任务式活动充分调动了这两个同学的积极性。

实例三：寻找生活中的悬浮

学习了浮力的浮沉条件后，老师给学生布置了一个任务，即寻找生活中的悬浮和漂浮，学生展开想象，发散思维，有的同学用棒棒糖做实验，有的同学用西红柿和木棍做实验，如图 4-4-6 和图 4-4-7 所示，学生发现，只要让木棍的一头质量大一些，木棍是可以竖直漂浮在水中的。当然，有的同学取得了成功，也有的同学实验失败，尤其是物体悬浮水中，非常不容易找到这种状态。不管成功与失败，只要学生能够积极参与，总结在实验中成功和失败的经验，就是一次非常好的体验，任务式活动，不能光强调学生的成功，更要强调学生的体验和参与，学生的失败也能反映学生的不断思考和努力。

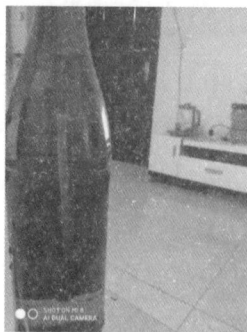

图 4-4-6

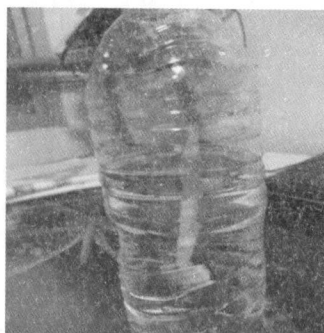

图 4-4-7

实例四：探究浮力大小与液体密度是否有关

在学习了浮力大小与哪些因素有关的内容后，老师给学生一些器材带回家，用家里的物品进行实验，用实验进一步为浮力大小与液体密度有关提供证据，如图 4-4-8 所示，赵思蒙同学准备了一块儿石子、一杯清水、一杯可乐和一杯浓盐水，用细线拴好石子测量其重力为 0.5 牛，然后分别将石子浸没在水中、可乐中和浓盐水中，示数分别为 0.39 牛、0.37 牛和 0.38 牛，从而计算出浮力，分别为 0.11 牛、0.13 牛和 0.12 牛，从而得到结论：浸在液体中的物体所受的浮力与液体的密度有关。

物理学上的一个规律的取得所需要的支撑证据越多越好，赵思蒙同学做的这个实验，为教学中获得浮力大小与液体密度有关提供了更多证据，也提升了赵思蒙同学的科学探究能力。这一任务式活动，让赵思蒙同学解决了很多问题，盐水中含盐，可乐中含糖，为了让盐水和可乐的密度不同，她用弹簧测力计做了大量的测试，最终获得了较为科学的数据，体验到了成功的快乐。

图 4-4-8

实例五：网红小达人

为了培养学生的表达能力，老师给学生布置了录制实验视频的任务，让学生用家里的物品进行实验并录制视频，锻炼学生的语言表达能力，加深学生对物理术语的记忆和应用，如图 4-4-9 所示。李思燃同学将乒乓球放到一个玻璃杯中，将玻璃杯水平放置，将两个玻璃杯口相对，向杯口吹气，小球会滚到杯口，用生活实验验证了流体压强的特点。她还将实验录制成视频，并将视频分享给老师和同学观看，边操作边解说，条理十分清楚。老师常说："你们越来越有网红范儿，越来越有科学小达人的样子。"

图 4-4-9

（二）小制作任务

学习初中物理"长度的测量"知识后，老师给学生布置了制作刻度尺的任务。任务不是特别困难，学生选用了薄泡沫板进行切割和加工，并在尺面上绘制了精美的图案，将科学和美学自然的融合，学生极大地获得了成功感。学习了杠杆知识后，学生用茶叶罐的盖子、小木棍、螺丝母和细线等身边的器材制成了杆秤，挂在教室的墙壁上，成功感获得了极大的满足。

（三）小发明任务

利用热学知识学生发明了简易温度计；学完压强知识，他们又开始研究制作气压计，虽然是一些不成熟、不先进的小发明，但那也是创造意识的开始，是发明创造的基础。而这些都是任务式教学的一部分，利用这些任务，不断勾起学生的好奇心，让学生不断体验，培养学生的兴趣。

课余小实验、小制作和小发明这些"任务式"活动拓宽了实践范围，学校实验室的器材，家里的物品，都可以作为操作的对象。"任务式"活动补充了学生更多生活经验，这些经验有利于学生构建物理概念。"任务式"活动让学生觉得学物理更有意思，让物理课程更加丰富，让学生意识到学习不只是在课堂上，学习应该在更广阔的空间内发生。

学生从课余实验中不但获得了知识，也获得了快乐。为了让课余实验对学生心理形成更大的正向冲击，老师们对学生的影像资料进行后期加工、展示宣传。展示宣传可以在课上和课下，课上播放影像，课下利用海报宣传，取得了良好的效果。

当然，课余"任务式"活动还有提升空间，活动实施过程中暴露出了一些问题。第一，缺少计划性，活动如果能够根据教学进度，将实验分配给不同层次的学生，配合分层教学，会使物理课程更加完善。第二，信息技术掌握还不足，多数学生还不能进行后期的影像资料加工，应鼓励学生利用信息技术完成实验的记录和表达，现代社会离不开信息技术，要紧跟时代的发展。第三，活动的激励还有不足，除展示和宣传外，将学生的成果进行评比，适当评奖并给予一定奖励，也是激励学生创作热情的重要手段。

总之，课余"任务式"活动提高学生参与学习物理的热情。学生的表现给老师惊喜，老师认可学生的表现，师生之间就这样产生了更多不同的情感。

（四）错题积累和方法总结任务

1. 错题积累任务

错题积累是学生学习过程中不可缺少的一步，也是良好的学习习惯。每学期开学的时候，老师都会建议学生准备积累本。错题积累是每节课后的任务，强调改错不能只是摘抄几道错题而敷衍了事，这样对自己的学习没有任何帮助，还浪费了时间。错题积累不应该局限于错题，还应包括经典例题、新题、犹豫不决的"危险"题等。其目的是记载知识漏洞，是后面复习时的资料。总是训练自己会的类型题，只能是增加解题的熟练程度，只有把自己不明白、经常错的题弄懂弄会才是提高。在错题积累过程中应记录：错题原型、错的原因、正确解题思路和解答过程及反思。将错题本儿随时带在身边，将错题重现重做，时常翻阅，自主改编错题，进行变式训练，时间长了，解题能力自然就提高了。可以说，错题积累任务对学生学习成绩的提高起到了重要作用。

2．解题思路及方法总结任务

教学中发现，学生对重点题型的解题思路和方法及时进行总结梳理和内化非常重要，有利于分析能力的提高，有利于学习效率的提高，对提高成绩起到事半功倍的作用。如有的学生这样总结初中物理探究实验题解题思路：第一步是认真审题，任务是确定自变量、因变量和控制变量，确定自变量和因变量的方法是"主自被因"，也就是说通过分析主动改变的是自变量，被动受影响的是因变量。如果题干描述为"探究谁与谁的关系""探究谁和谁的关系"或"探究谁跟谁的关系"，连接词前面的是因变量，后面的是自变量，总结方法为"前因后自"。确定了自变量和因变量，其它影响因变量的物理量就需要控制不变。第二步是实验设计，要思考自变量如何改变、控制变量如何控制和因变量如何测量等问题，根据现有的器材找到相应的措施，实验方案设计就有了雏形。当然，设计实验还包括设计实验表格和规范书写实验步骤等，很多学生也总结了方法和技巧。可以说，方法总结任务让学生不断学会学习，对于学生学习能力和学习成绩的提高大有帮助。

（五）综合社会实践是很好的"任务式"实践活动

综合实践活动课程属于国家规定的中小学必须开设的"必修课程"，它更强调多种主题、多种任务模式和多种研究方法的综合，综合实践活动提供了一个相对独立的学习生态化空间，这个空间可能不是校园内部，学生要以自我和团队为中心，推动活动的进行。在这个过程中，学生更谋求独立完成整个活动，而不是聆听教诲和听取指导。教师在综合实践活动这个生态化空间里，是主题和任务的发布者，是观察学生解决问题的旁观者和指导者。

1．社会实践活动的目的

物理知识来源于实践。初中物理综合实践活动，能够培养学生观察能力、实践能力、信息处理能力、表达能力、分析和解决问题能力；对物理观念的形成、科学思维的锻炼、科学探究的意识、科学态度与责任的培养有不可替代的作用。

2．实践任务的选择

实践任务可以是自然现象的探究，如力、热、电、光、磁等现象均可。也可以是生活中需要解决的物理问题，还可以是物理知识在生活中的应用。

3．任务单的制定（活动计划方案）

任务单的主要内容包括：任务名称、目标、任务执行的组织者、执行时间、地点、小组成员、分工及注意事项。

4．学校组织过的社会实践活动

组织完成物理综合实践活动，对物理教师的组织能力是一个极大的考验。尤其是学生到了自然环境中兴奋、思想放松，安全意识几乎降到了零。物理组利用竹竿、PVC 管、皮尺、细绳等器材组织学生进行测量，应用数学知识成功计算出了操场的国旗杆高度。组织学生去医院调研——物理知识在医疗器械方面的应用。在医护人员的讲解下，学生了解了核磁、CT 和 X 光片的区别；知道了 B 超是超声波的一种；参观了治疗腰椎、颈椎的牵引设施。拓宽了学生的知识面，开阔了学生的眼界。

五、"任务式"教学的评价

在传统教学过程中，老师对学生的学习评价，大多指向学生的学习结果。根据学生完成的课后检测、周测、月考、期中考试和期末考试来评价学生的优劣。评价方式简单粗略，评价内容单一，即用考试分数将学生分层归类，忽略了学生学习过程中的态度、情感、价值观。但是，评价的作用应该是"以评促教，以评促学"，帮助学生改进和发展。评价产生于学生学习的全过程，是教学过程中的一个重要环节，对促进和推动学生学习的进步起着重要的作用。"任务式"教学评价标准是教师依据评价作用制定出来的，评价时注重对学习过程的态度、情感、价值观的评价，注重学习的全过程评价，评价内容丰富全面。

（一）过程性评价

教师对学生学习进行过程性评价是指在教学过程中为改进和完善教学活动而进行的对学生学习过程及结果的评价。评价的特点：评价始终贯穿教学全过程进行；评价方是教师，评价对象是学生；评价的作用是帮助学生构建学习活动价值并促进学生不断改进和发展。"任务式"教学评价还有一个显著特点：评价是围绕完成任务的过程进行的，是一个动态评价。

为了实现"以评促学"，激发学生的学习潜能，增强学生的内动力，为学生的身心发展创造良好的条件，在评价内容上要力图把初中物理课程标准的物理观念、科学思维、科学探究和科学态度与责任的核心素养目标尽可能地纳入到评价体系中。对学生的评价中，学生的学习成绩只是学习成果的一部分，提高学生综合素质才是课程改革的初衷。因此，应从学科能力的发展、学生的创新精神、学习兴趣、积极情感体验以及良好的心理素质等方面评价。激励学生发挥潜能，利用评价充分调动学生的学习积极性，使学生形成自尊、自信、自强的人格，且拥有持续发展的心理状态。

（二）"任务式"教学过程应采取定量评价和定性评价相结合的评价方式

学生的学习成果是多元素的，因此"任务式"教学的过程性评价方式尽可能全面灵活。总的来说可以采取定量评价和定性评价相结合，覆盖整个学生的学习过程。学生在学习过程中完成任务的参与程度、小组合作交流的主动性、完成任务是否具有创新意识等，都可以用描述性评语来反映。例如：对小组合作交流的主动性这样进行评价：1. 非常积极；2. 较为积极；3. 不够积极。这样的评价比较柔和，倾向于正向，更容易引起学生的反思。定性评价是教学过程性评价方式的反思与革新，也是教学评价的补充。定量评价在"任务式"教学中也是经常用到的，例如在完成针对性训练和课堂检测的评价中，利用定量评价更精准一些。而定量和定性相结合的评价模式，教师更应该重视定性评价，定性评价更能科学丰富的反映教育教学现象。

因此，"任务式"教学过程性评价方式，彻底改变了只以分数为参考的定量评价方式。利用定性评价和定量评价相结合的方式，能够全面客观的评价学生的学习成果，促进教学与评价的融合，真正做到评价在学习进行中，在评价中努力学习，让教与学在和谐的气氛中发生。

（三）"任务式"教学评价的注意事项

1. "任务式"教学评价要从单一评价转向多元评价

多元化评价是新课程改革背景下对学习成果评价的要求，即具有评价权力的主体多元化，评价者不仅是教师，也可以是其他学生，甚至还可以是被评价者本人。评价内容不仅是基础知识和基本技能，也可以是学科素养和学科能力；评价形式不仅仅有常规卷面习题检测，还有实践操作、语言描述等；评价功能不仅仅是考察学生达标程度，还要评估学生的综合素质发展和学科能力的提升。注意学生的差异性，促进不同学生共同发展。所以，定量评价和定性评价相结合更为全面、科学，为以后的学习建立了积极的心理状态。

2. "任务式"教学评价要考虑学生的差异和特长，评价能够调动每个学生学习的积极性，使过程性评价发挥促进学生全面发展的功能，评价方法一定要简明、有可操作性。

3. "任务式"教学评价不仅要注重结果，更要注重学生成长发展的过程。要想促进学生的转变与发展，一定要将评价贯穿于日常的教育教学行为中。清晰、全面的记录下学生成长中的点点滴滴，用发展的眼光客观评价学生的发展，具有深远的意义。

4. "任务式"教学评价要从注重"双基"转向注重学科核心素养

新课改背景下的教学，注重核心素养目标的培养，既包括传统教学中注重的"基础知识和基本技能"，也包括新课程倡导的"观念""思维""探究""态度与责任"。实践证明，短时间看，强化"双基"教学有利于学生基础知识和基本技能的提高；但长时间看，无论哪一方面的提高都需要学生各方面的协调发展，相互作用。总之，学科素养的提高是新课标的要求，也是学生身心发展的需要，课堂教学评价也要关注老师对核心素养目标的设计和落实状况。

第五节　单元教学

一、为什么要进行单元教学

1. 教学目标的变革

1993 年提出教育改革双基目标，立足于学生的基础知识与基本技能，旨在扫除青年文盲情况；1999 年我国启动了新一轮的教育改革，提出三维目标：知识与技能、过程与方法、情感态度与价值观，不再只注重结果，而是把学习过程也作为教学目标的维度之一，这样课堂就能慢慢从填鸭式、死记硬背式转变到学生动手探究与自主学习，肯定在学习过程中经历的成功与失败、成长与经验的教育价值，不仅重视知识的传授、学习的过程，还要重视课堂对人的精神和心理的影响；这样的目标设定主要在迎接网络信息时代的来临；2017 年核心素养正式进入高中阶段，主要是指学生应具备的，能够适应终身发展和社会发展需要的必备品格和关键能力，核心素养的提出是在双基目标和三维目标的基础上进行的升华，适应世界教育改革发展趋势、提升我国教育国际竞争力的迫切需要。其中物理学科核心素养包括物理观念、科学思维、实验探究、科学态度与责任。其中物理观念包括：物质观念、相互作用观念、运动观念、能量观念等要素；科学思维包括：模型构建、科学推理、科学论证、质疑创新等要素；实验探究包括：问题、证据、解释、交流等要素；科学态度与责任包括：科学本质、科学态度、科学理论等要素。不难看出核心素养对学生提出的要求比三维目标要多出很多，但是课时没变，甚至减少，教材也没变，既要落实核心素养，又要在有限的时间内完成教学任务，想要把这些目标在一节课上落实很难，自然对教师关于教材和课堂的整体把握提出更高要求，打破教材上节与节、甚至单元与单元之间的界限，重新梳理符合学生认知的教学顺序以及内容便是有效解决以上问题的途径之一——单元教学。

2. 符合认知规律

在日常教学中，我们不难发现这样的情况，学生每个知识点都会，但是一做题就不会，或者平时学得还不错，一到考试就不行。其实不难理解，就和我们熟知的盲人摸象故事很相似，每个盲人只根据自己所摸到的这一小部分就认为自己摸到的物体是什么，这个成语故事告诉我们的道理是不能只看到事物的一部分，而应看全局，那样才能全面和真实的了解事物的情况。而它同样也可以反映教师教了但是学生不会的问题，教师教的内容和学生学到的内容在两者的脑海中并不是一样的，但是教师却认为教的内容到学生的脑海中就是和自己脑海中是一样的，所以产生了偏差，即使教师把某一道例题讲的再透彻，再明了也仅仅只是整体中的某一部分而已，也就是一条象腿罢了，所以教师需要整体布局，在学生知道自己要学什么、要学成什么样子后再仔细的进行部分的教学，这样学生就不至于把象腿当成一根柱子，只见树木不见森林。因此教师在进行教学的过程中要先进行整体概述，再进行分部分学习，然后再整体复习，简单来说就是总—分—总的结构。

二、什么是单元教学

单元教学法：将教材、活动等划分为完整单元进行教学的一种教学法。每个单元均有规定的学习目标和内容，时间长短因学习内容和学生个人情况而异。其目的在于改变偏重零碎知识和记忆文字符号的教学，强调学生手脑并用获得完整的知识和经验。以完形心理学、差异心理学为其心理学依据，重视整个学习情境中的各部分关系，以及对学生个别差异的适应。1931 年美国莫里逊在芝加哥大学附属中学实践的基础上所著《中学教学实践》一书，首先提出莫里逊计划，即莫里逊单元教学法 [①]。这是最早的单元教学，教材正是依据单元教学法编写成由小节组成单元，由单元组成的教材，但是这种单元教学在中国已经推行了很多年，可是近年来逐步走进一线教师的视野发现大单元教学与单元教学法有着些许不同之处。大单元教学通常有一个主线任务，而这个任务是基于一个大问题、大情景进行的，而这个问题和情景不是教师直接抛出来的，而是通过教师的引出，是学生的真问题，可以激发学生一连串思考的问题。例如在进行光现象的教学中，可以展示出光的几种不同的传播方式，有直线，有折线，有曲线等，光究竟是如何传播的？这一个问题可以连接光现象中光的直线传播、光的反射和光的折射等内容，在教师协助、学生合作或者学生独立思考下，慢慢形成解决问题的过程，当然在解决问题的过程中，不同的孩子有不同的重点，也有不同的疑惑点，突破过程需要老师、同学的指点，根据教师对单元的整体构建，学生通过学习摸索进行整体结构再构建，这样就可以将老师的东西转化成自己的东西，这个过程也是锻炼学生创造力和思维能力的重要方式。所以总体来说：大单元教学是指以大主题或大任务为中心，对学习内容进行分析、整合、重组和开发，形成具有明确的主题（或专题、话题、大问题）、目标、任务、情境、活动、评价等要素的一个结构化的具有多种课型的统筹规划和科学设计。具有系统性、关联性、递进化、科学化的特征（引用）。

三、如何进行单元教学设计

核心素养是必备品格、关键能力、基本价值观与物理观念、科学思维、科

---

① 刘克艳.《以单元教学法提高物理课堂实效性》.《教育》[J]，2020（15）：40

学探究和科学态度与责任的有机结合，是一种综合品质。为了能让这种综合的品质在课堂上落地，就需要教师将教学内容进行整合，兼顾核心素养的四项内容，单元教学在有机的整合下使内容丰富、综合性强成为现实。单元教学设计的主要步骤是单元主题的确定、单元目标的确定、单元结构的确定、单元设计的策略和单元作业的设计。

1. 确定单元主题

（1）常见单元主题确定

最常见的单元主题便是教材上设定的单元，例如第一章常见的运动、第二章质量和密度等，一般我们进行新课教学的时候常常以这样的单元推进课堂进程，这是很多专家合力编写的教材，他们水平很高，早已经考虑到单元与单元的设置、单元与小节的设置之间都存在很强的逻辑性，便于教师将知识传递给学生，更加适用于新课教学。但是不同版本的教材在章节设置上略有不同，例如人教版九年级物理教材中第十五章是电流与电路，第十六章是电压电阻，分别在两个章节中学习串并联电路的电流关系、串并联电路的电压关系，这样编写是以电流为中心去区分串联和并联的区别；但是在北师大实验版教材中是先进行串联电路的电流、电压关系，然后再进行并联电路的电流、电压关系，这样编写是以串联为中心区分电流和电压的关系，两者没有好坏之分，教材的编写逻辑略有不同，但是都是便于学生接受的教学顺序，所以教师根据学情和教学设计的策略来决定采取哪种教学顺序。

（2）小单元主题确定

有时教材上的一个单元内容过多，其中的几个小节联系更加紧密，逻辑性也更强，我们也可以把这样的几个小节合并成一个小的教学单元，例如第八章光现象中包括九节内容：第一节 光的传播、第二节 学生实验：探究光的反射定律、第三节 学生实验：探究平面镜成像、第四节 探究光的折射现象、第五节 透镜、第六节 学生实验：探究凸透镜成像规律、第七节 生活中的透镜、第八节 眼睛和眼镜、第九节 物体的颜色，其中第五节、第六节、第七节、第八节四个小节都属于透镜这一小单元，我们也可以将其设定为一个单元主题，这样主题更加鲜明，逻辑性更强，老师好上手，学生也更容易接受。当然我们也可以将四、五、六、七、八节做为光的折射与应用这一小单元。

（3）情景单元主题确定

不同的生活情景蕴含着不同的物理知识，我们也可以将家中、校园中、社会中常见的情景作为蓝本，例如滑雪场中的物理知识，滑雪场中的雪是如何形成的？滑雪板为什么设计成这样？高级道、中级道和新手道在滑雪的过程中有什么区别？为什么？将一系列问题做为单元的切入点，这样就可以将物理与生活自然地链接在一起，雪涉及物态变化，滑雪板涉及到压力压强，滑雪过程涉及到机械能转化等等，这样一个鲜活的场景不仅可以调动学生的学习兴趣，还能够将物理和生活紧紧联系在一起，还能激发学生的思考，学生常常可以在一个情境中想到老师没有想到的物理知识，这样的相对固定的单元却有动态的知识输入是一件很有意思的事情，当然我们所处的环境不同，经历的事情的不同，这样的单元也就更多，更鲜活，更有创意。

（4）能力单元主题确定

物理核心素养包括四个维度：物理观念、科学思维、实验探究和科学态度与责任，与之相辅相成的能力有五个：理解能力、推理能力、分析综合能力、应用数学处理物理问题的能力和实验能力。我们可以单独设定一个应用数学处理物理问题能力的单元，里面包含各种可以处理物理问题的数学方法，例如利用图像处理物理问题，我们可以把路程——时间图像、质量——体积图像、压强——深度图像、电压——电流图像等放在一起，将问题的主要解题方法作为处理这类问题的钥匙交给学生，图像问题的解决方法是先弄清楚图像中横坐标、纵坐标分别表示什么物理量；他们的单位是什么以及每个小格代表多少；利用图像的交点坐标、斜率和截距以及图像和坐标轴所围成的面积等进行分析、推理、判断和计算；根据图像对题目中的问题进行数据计算或者判断性的结论。一个相对统一的方法在不同的题干中进行试验与实践，以不变应万变，学生一旦熟悉这个方法就会大大提升学习物理的信心，认为物理的题目也不过如此，真的很简单。所以能力单元不仅可以帮助学生重点提升某一个能力，还可以让学生提升学习物理的信心。

2. 单元目标确定

单元目标的确定要考虑物理教材、课程标准和学情三个方面，是预期学习结果，教师希望学生在学习这个单元后在物理观念、科学思维、实验探究和科学态度与责任方面都有哪些提升，也就是说通过这个单元的学习我们希望学生达到怎样的预期结果，这个结果就是我们本单元要设定的目标。这也是维金斯所说的逆向设计，通过逆向设计进行单元目标的确定，进行单元目标分析，利用合适的单元资源，设计单元学习活动。

那么单元目标来源于哪里？第一就是物理课程标准。以第八章 光现象中透镜为一个小单元，在课标中对于这部分的目标描述是："2.3.5 了解凸透镜对光的会聚作用和凹透镜对光的发散作用。探究并了解凸透镜成像的规律。了解凸透镜成像规律的应用。例 7 了解凸透镜成像规律在放大镜、照相机中的应用。例 8 了解人眼成像的原理，了解近视眼和远视眼的成因与矫正方法。具有保护视力的意识。"不难看出课程标准中的目标内容比较概括，一节课没有办法全部落实，所以教师就需要将课标内容进行拆分，我们常常会把单元分成几个课时进行讲解，这就需要每个课时都有对应的目标，首先我们可以把完整的一句话拆成一个一个的名词。例如："了解凸透镜对光的会聚作用和凹透镜对光的发散作用。用蜡烛（或 F 形光源）、凸透镜、光具座、光屏等，探究凸透镜成像时，像的正倒、大小、位置、虚实等与物距的关系。"可以拆成"凸透镜、凹透镜、会聚、发散"，把这些名词解释清楚这个目标就可以完成一半，我们拆分的目标就可以是：（1）了解什么是凸透镜；（2）了解什么是凹透镜；（3）了解什么是光的会聚作用；（4）了解什么是光的发散作用。接下来我们要思考在教学过程中我们利用怎样的方法帮助学生了解这些名词，例如：通过观察和触摸手中的凸透镜和凹透镜，通过小组讨论来区分两者的异同达到了解凸透镜和凹透镜的目的。那么学习目标就可以具体成通过观察和讨论了解什么是凸透镜和凹透镜。作为教师要详细研读课程标准，而研读的其中一项就是要学会拆分课程标准中关于内容的要求，从中我们可以紧扣主题的定下目标。

第二，目标来源于物理核心素养。我们从课标内容要求中拆分出来的目标一般为物理观念的目标，科学思维、科学探究和科学态度与责任的目标我们可以从核心素养的具体描述中找到，例如物理的科学思维是指：从物理学视角对客观事物的本质属性、内在规律及相互关系的认识方式；是建构物理模型的抽象概括过程；是分析综合、推理论证等方法在科学领域的具体运用；是基于事实证据和科学推理对不同信息、观点和结论进行质疑和批判，予以检验和修正，进而提出创造性见解的品格与能力。科学思维主要包括模型建构、科学推理、科学论证、质疑创新等要素。需要教师来培养的科学思维有：构建模型的抽象思维、分析综合思维、推理论证思维、质疑批判思维、检验修正思维和创造性思维。我们以探究凸透镜成像规律为例，在正式实验前教师要帮助学生构建凸透镜成像规律实验的物理模型，便于实验操作和分析规律，这里就可以锻炼学生构建物理模型的抽象思维；从实验现象可以看出当物距大于二倍焦距时，在一倍焦距和二倍焦距之间成倒立缩小实像，用光路图来具体分析这样成像的原因就可以锻炼学生的分析综合思维；在实验现象未出时可以让学生猜想当物距在一倍焦距和二倍焦距之间时，成像特点是什么样？当物距在一倍焦距时，不成像，实验现象会有一定迷惑性，这时我们可以让学生进行猜测成像特点是什么样？既解决物距在一倍焦距时的成像难点，又能锻炼学生推理论证的思维等等，科学思维的培养并不固定在某一课时或某一章节，需要教师以教材为载体分辨出可以培养学生科学思维的地方，然后在单元教学中统筹安排，在课堂中进行具体落实。

同样科学探究是指基于观察和实验提出物理问题、形成猜想与假设、设计实验与制定方案、获取与处理信息、基于证据得出结论并作出解释，以及对科学探究过程和结果进行交流、评估、反思的能力。科学探究主要包括问题、证据、解释、交流等要素。科学态度与责任是指，在认识科学本质和了解科学、技术、社会、环境之间关系的基础上形成的，探索自然的内在动力，严谨认真、实事求是、持之以恒的品质，热爱自然、保护环境、遵守科学伦理的自觉行为，以及推动可持续发展和实现中华民族伟大复兴的使命担当。科学态度与责任主要包括科学本质观、科学态度、社会责任等要素。这里就不一一举例了。

综合以上内容，为了更清晰的将单元思路整理清楚，以这个小单元为例，单元学习目标设计如表 4-5-1 所示：

表 4-5-1

核心素养	单元学习目标
物理观念	1.通过观察和讨论了解什么是凸透镜和凹透镜； 2.通过实验观察凸透镜和凹透镜对光又怎样的作用；
	3.通过对照定义找到透镜的光心、主光轴、焦点和焦距；
	4.通过实验知道凸透镜成倒立缩小实像、倒立放大实像、正立放大虚像的条件；
	5.通过阅读材料了解近视眼与远视眼的成因以及矫正；
	6.知道照相机，幻灯机，放大镜，望远镜，显微镜的应用原理；

续表

核心素养	单元学习目标
科学思维	1.通过对光线的理解，增强物理模型建构能力和抽象概括能力；
	2.通过实验对凸透镜成像规律的探究，增强科学推理能力；
	3.通过对凸透镜成像规律的观察和讨论，增强分析综合能力；
科学探究	1.经历探究凸透镜成像规律的全过程，观察成像性质和收集实验数据；
	2.经历探究凸透镜成像规律的过程，领会探究未知现象的物理方法，通过对实验数据的收集与处理，逐步总结出凸透镜成像的规律，提高处理数据的能力和分析概括能力；
科学态度与责任	1.在对人工制作的各种透镜进行研究的过程中，感受科学技术的力量，逐步建立对物理学习的兴趣。
	2.通过了解凸透镜和凹透镜在生活中的广泛应用，初步认识科学技术对人类生活的影响，有将透镜知识应用于日常生活、服务于人类的意识；
	3.通过对凸透镜成像现象的观察，揭示其内在规律，感受到科学研究的乐趣。
	4.从几何光学的角度理解凸透镜成像规律，领略到科学现象和本质的规律美和统一美。
	5.在制作照相机模型的过程中，感受利用物理原理进行制作的乐趣。
	6.通过了解透镜在日常生活中的应用，初步认识科学技术对人类生活的影响，有应用物理知识提高人们生活品质的意识。

3．单元结构创建

　　单元结构就是将本单元的全貌展现在学生面前，以一个主线问题串联起整个单元的内容，起到一个整体概述的作用。通常情况下，我们可以利用思维导图来显示出物理小节与小节之间的联系，每个小节重点要培养什么能力以什么样的方式来培养学生的那个方面的能力，使整个单元建立在一个完整的知识网络上。先全面的统领这个单元，然后根据设计好的主线问题进行课时划分。如果我们自己设计的单元并没有这样的逻辑性，还是建议大家用教材的单元进行教学。

　　例如，在讲光现象这一单元时，其中包括第一节 光的传播、第二节 光的反射、第三节 学生实验：探究平面镜成像、第四节 光的折射、第五节 透镜、第六节 学生实验：探究凸透镜的成像规律、第七节 眼睛和眼镜、第八节 物体的颜色。从各个小节之间的联系我们可以把这一单元分为三部分，第一部分：光在同种介质中的传播；第二部分：光在不同介质中的传播，第二部分又可分为光的传播没有穿过介质，光路发生变化，也就是光的反射；光的传播穿过了另外一种介质，光路发生了变化，也就是光的折射，所以整个单元围绕着光是怎样传播的这一主线概念内容展开的，所以我们可以给学生呈现这样一个单元结构：

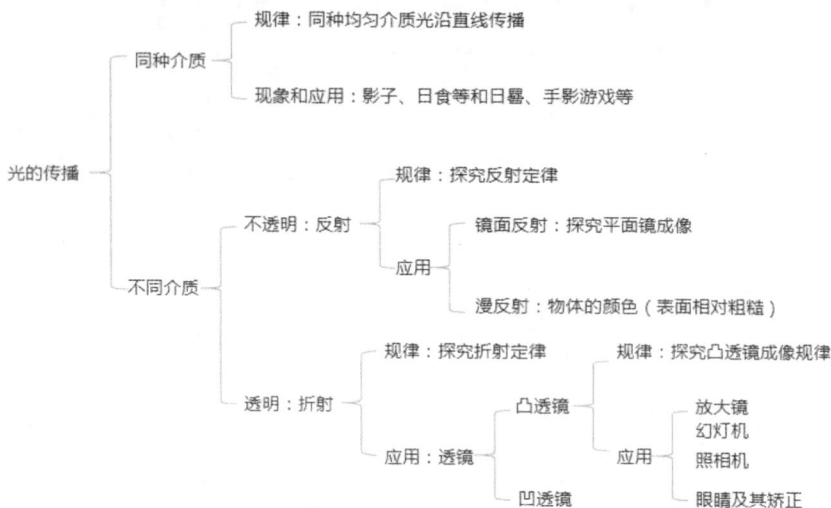

图 4-10

　　从上述结构中学生可以清晰的看到这个单元中要学习的内容，还能展现出各个小节之间的联系，帮助学生记忆知识，同时展现出来的逻辑关系也让本单元内容更加流畅。然后我们在实际教学过程中，再将整个单元的内容结构以问题链的形式串联起来，用一个大问题勾连整个单元，再利用逐层递进的情景问题把单元内容更加生活化的体现出来，使学生想到这些问题就能将整个单元的结构呈现到眼前，所以我们可以将问题链以如下表格的形式梳理出来。

大问题	情境问题	核心问题	基本问题
光在自然界中是怎样传播的？	问题1：激光笔的光线在空气中的传播路径是什么样的？	光的直线传播的条件？	什么是同一介质？ 什么是均匀介质？
	问题2：隔着玻璃是如何将蜡烛吹灭的？	光的反射的传播条件和特点是什么？	什么情况光会发生反射？ 什么是平面镜成像？ 平面镜成像的实验过程中有哪些注意事项？

续表

大问题	情境问题	核心问题	基本问题
	问题3：为什么放大镜有时成放大的像，有时却是缩小的像呢？	光的折射的传播条件和特点是什么？	什么情况光发生折射？ 什么是凸透镜？ 什么是物距、像距、焦距等？ 怎样进行凸透镜成像实验？
	问题4：眼睛、放大镜、照相机、幻灯机等的工作原理是什么？	光的传播的应用有什么？	日食、月食的成因？ 镜子成像的原因？ 眼睛的结构是什么？ 我们如何进行正确物理模型建构？

将整个单元的问题链梳理出来后，我们就可以对单元进行课时的统筹安排，不难看出本单元根据问题链可以分成光的直线传播、光的反射、光的折射和光的直线传播的应用四个部分，再根据四部分的内容进行课时划分，做到心中有数。

光的传播单元课时安排				
光的直线传播	光的反射	光的折射	光的传播应用	单元复习
1课时	2课时	2课时	1课时	1课时
	光的反射定律 平面镜成像	光的折射定律 凸透镜成像规律		

4. 单元设计策略

当我们完成单元目标的确定和单元结构的构建，单元教学设计就完成了一大半，在课堂上如何去落实就需要一定的教学策略，我们可以尝试一下策略来完善教学过程。

（1）思维导图

《沙塔洛夫纲要信号法》是由前苏联教育学家沙塔洛夫创立的一种教学方法，沙塔洛夫教学法，就是"纲要信号"图表法。沙塔洛夫认为，既然人们能借助于各种新的生产工具减轻体力劳动的负担，作为教师就应该创立一种科学的教学方法，以减轻学生的负担，提高教学质量。"纲要信号"图表教学法正是基于这一观点建立起来的。这是百度上对《沙塔洛夫纲要信号法》的解说，也恰恰点出了它的作用和长处。

通常提到教学内容，第一个进入脑海中的可能是成篇成段的文字，一条一条的知识点，一个一个的教学目标，或是一道一道的题目，而完成文字的记忆和阅读要比记忆简单的图片中的信息慢得多。约 5000 年前，古埃及人发明了象形文字，来自于图画文字，是一种最原始的造字方法，研究表明，象形文字比文字更容易理解和记忆，这也正印证了图形比文字更使人们容易接受。但是文字同样也有它的优势所在，文字可以阐发，引申，联想，可以表达人类更深层次的东西。文字可以把人类的思考这一虚无的东西转化为物质的文字符号并且可以长久的保存，而图画在这方面就不太方便了。所以二者各有优点也各有缺点，沙塔洛夫的"纲要信号"图表法巧妙的将文字和图形结合在一起，最大限度地发挥两者的优势，将繁重的文字以图形的方式连接在一起，用图形减轻整个画面的负担，并同时建立文字间的联系；再利用文字来引发人们更深入的思考。达到化繁为简，让知识可视化的目的。这种有科学依据的教学方法可以使教学有事半功倍的效果，这种方法同样可以应用于物理教学。

物理是一门研究物质运动一般规律和物质基本结构的学科，其中的内容大多抽象难懂，有很多定义、公式，所以对于初中的孩子来说难度可见一斑。但想要掌握物理还必须记下这些基本的定义和公式，所以就会有很多文字、字母是需要记住的，这时就会有很多同学望而却步，面对这样的问题我们可以尝试把文字和图形结合在一起，毕竟图形的刺激比文字要明显得多，图文结合就更利于学生的记忆。在图文结合的基础上通过简单的线段链接来体现知识之间的逻辑关系，化繁为简，使知识可视化。

（2）小组合作

教师是主导，学生才是课堂的主体，那就需要尽可能多的增加学生的参与感，如果整个课堂的内容和知识的推进都是靠学生来完成的，那么学生对这堂课的记忆有多深，自己掌握自然优于教师讲解。可是有些问题学生仅仅靠自己的能力还不能解决，通常这类问题都需要深入思考，或者步骤比较复杂，例如探究压强与哪些因素有关等探究类的问题，这时教师引导学生进行小组合作，不同的同学就可以从不同的角度结合自身不同的经历和知识完成探究问题，同时起到启发、演示的作用推进同学们深入思考，增强探究的能力。

在进行单元结构的重建时，可以先自行构建单元结构，再利用小组合作的方式进行查漏补缺，启发、借鉴，从更多的角度去了解、掌握知识，提高实际的学习效果，掌握更加综合的能力。

（3）多媒体运用

学生精力和理解能力有限，如果教师一味的满堂灌，长篇大论的讲，学生的好奇心、耐心很快就会被消磨掉，如何有效地吸引学生注意力、提高课堂的精彩程度，就可以靠初中物理教学的热门之一——信息化教学。在多媒体快速发展下，信息化教学有越来越多的新鲜方式，不仅可以很大程度的为学生提供学习的便利，还可以有效的帮助学生提高学习效率。

物理是一门以实验为基础的学科，教师要做演示实验、学生要做学生实验，但是演示实验的实验器材有时不能满足全班同学的观看，常常远处的同学不能观看清楚，这时多媒体就可以有效地实时放大实验过程；学生分组做实验的时候经常会有一些常见的错误操作，但是每组各不相同，尽管在动手实验前教师已经强调实验注意事项，但是仍然没有出现问题后及时反馈让学生记忆深刻，所以多媒体就可以实时转播学生出现的问题，教师给予合适的引导，就可以让学生更为直观地了解与认知物理知识，更清楚地看到实验的操作过程，基于真实的问题，利用多媒体进行系统的、完整的讲解。

教师还可以利用多媒体进行创新单元作业布置，通常一个单元学习结束后，学生都对本单元有新的认知，教师可以给学生布置利用短视频的形式高度概括的讲解本单元涉及内容的作业，不仅形式新颖，学生喜欢观看，还可以考验学生对本单元内容的掌握程度，是否全面，是否有深度等等，同时还可以锻炼学生进行单元的再建构，知识的再整合，便于整体掌握，在一定程度上减轻了学生的负担，也激发了学生的创新能力和思维能力。

5. 单元作业设计

教学设计来到最后一步，单元作业设计，最能体现我们的单元设计是否提质增效的环节。随着全国人民教育水平的不断提高，家长们对孩子的教育越来越重视，不惜花费高额补课费来提高孩子的作业成绩，还要花费更多的时间来辅导学生作业，久而久之，越来越大的经济压力和精神压力压垮了越来越多的家庭，面对"生得起、养不起"的现实问题，"双减"政策横空出世。"双减"之后，当今教育的格局发生巨大变化，教育的主战场转为公办教育，家长对公办教育的期望也越来越高，教师成为改变当今教育现状的践行者，如何在减轻学生作业负担的同时提高学生学习效率，科学有效地合理布置作业就成为关键一环。以前作业是针对本节课学习内容进行布置，目的是进行巩固复习练习。作为单元作业我们要综合考虑学生课内外的学习活动，减少机械性、重复性的作业，用少而精的作业内容来减小学生的作业负担。

目标与作业要保持高度一致。作业作为课堂教学的评价之一，有帮助教师了解学生掌握情况的作用，帮助学生认清自身掌握程度的作用。所以教师在设计单元目标时同时进行单元作业的目标设计。相比于单元学习目标，单元作业目标更加具体，要求教师头脑里有练习题，练习中容易出错的地方就是作业目标中的一些注意事项，在单元没有正式开课之前，单元作业要根据单元课时规划进行统筹安排，单元的题量总数、预计完成时间、素养属性、难易程度、题目类型、适合对象等都要考虑，做到心中有数，所以为了更加清晰地完成单元作业设计，教师可以根据如下单元作业设计属性汇总表来进行统筹安排。

课时规划			课时		学习水平		素养属性		题目类型		题目来源		适合对象	
课时	题量	预计完成时间	目标	题量	水平	题量	属性	题量	类型	题量	题目来源	题量	层次	题量
1					A 了解		物理观念		选择		练习册		A	
2					B 理解		模型建构		填空		原创题		B	
3					C 掌握		科学推理		计算		改编题		C	
4					D 运用		科学论证		作图		中考题		D	
5							质疑创新		解答		......			
							科学探究		...					
							评估反思							
							科学态度与责任							

将单元目标和作业目标设计好后，在物理素养上有一个全面的安排，心中有数后，自然在讲课过程中会意图明显的渗透所要检测的作业内容，自然可以达到事半功倍的效果。但是我们设计好单元作业后，要用每个课时进行落实，所以还要进行每个课时的作业设计，当然在单元作业设计后，课时作业设计会简单很多，我们以第一章常见的运动为例，看看单元目标和作业目标如何匹配，单元作业如何设计落实。

单元（主题）	单元（主题）学习目标	单元（主题）作业目标
常见的运动	1.1 学生会规范使用刻度尺和停表进行测量	练习规范使用刻度尺和停表进行测量，并正确记录实验数据，注意单位
	1.1 学生借助已有知识，对常见的长度和时间进行估测	巩固记忆生活中常见物体的长度和时间，根据生活实际和对比的方法进行长度和时间的估测
	1.2 学生会根据指定的参照物判断物体的运动状态，会根据物体的运动状态判断参照物	练习相对不同参照物，判断物体的运动状态，或者根据物体的运动状态，选择可能的参照物，巩固"运动的相对性"
	1.3 学生会用速度描述运动的快慢	记忆生活中常见物体运动的快慢，可以正确辨析速度的概念，并根据生活实际估测其速度
	1.3 学生能用速度公式进行简单的计算	能够运用速度公式进行简单计算，注意公式和单位
	1.3 学生能识别匀速直线运动、变速运动，会判断匀速直线运动	联系实际情况，会根据速度大小和方向判断匀速直线运动和变速运动
	1.4 学生会使用刻度尺和停表正确测量时间、长度和平均速度	练习规范使用刻度尺和停表测量平均速度，正确记录实验数据，分析实验数据
	1.5 学生根据实验归纳声音的产生和传播需要物体振动	再现声音的产生和传播的实验或现象，证明声音的产生需要物体的振动，声音的传播需要介质，形成观察生活的习惯
	1.6 学生记忆并能识别乐音的三要素	巩固乐音的三要素及能够通过实验探究响度和音调的影响因素，能够区分乐音三要素

接下来教师要做的就是按照作业目标进行作业设计，以机械运动为例：

1.2 机械运动

课题	学习目标	对应题号	作业类型	作业难度	作业目标
1.2 机械运动	1. 知道什么是机械运动	1	巩固类	A	了解运动的定义
	2. 知道什么是参照物	2	巩固类	A	知道判断运动还是静止需要选择参照物
	3. 会根据参照物判断物体是运动还是静止	3、4、5、6、9、10	巩固类	A	会判断物体的运动情况
	4. 会根据物体运动情况判断参照物	7、8	巩固类	A	会选择合适的参照物

1. 一个物体相对另一个物体_____的改变叫做机械运动，简称运动。

2. 当我们要确定某个物体的位置时，被选作_____的物体叫做参照物。

3. 正在行驶的货车中的货物，相对于地面是_____的，相对于货车是____的。

4. 平常我们说"日落西山"是以_____为参照物，同步卫星总"静止"在地球某处上空，这是以____为参照物，若以太阳为参照物，这种卫星是____的。

5. 在行驶的火车上的乘客，看到路边的树向东运动，他是以_____为参照物。若以地面为参照物，火车是_____。

6. 两只船在碧波中并驾齐驱地破浪前进，其中一只船相对于另一只船是____的，而两只船相对于岸是____的。

7. 小杨静坐在匀速运动的公交车上，如果说小杨是静止的，则选择的参照物是

A. 自己乘坐的公交车　　　　B. 其他汽车

C. 路旁的树　　　　　　　　D. 路旁的电线杆

8. 在颐和园的昆明湖上，小青同学坐在航行的游艇M内，如果说她是静止的，则所选择的参照物是

A. 湖岸　　　　B. 游艇M　　　　C. 湖水　　　　D. 岸边的树

9. "中秋的夜晚，小明看见月亮在白云中穿行"下列说法正确的是

A. 这句话描述了月亮在运动，选择的参照物是地球

B. 这句话描述了月亮在运动，选择的参照物是小明本人

C. 这句话描述了月亮在运动，选择的参照物是白云

D. 这句话描述了白云在运动，选择的参照物是月亮

10. 2019 年 1 月 3 日，"玉兔二号"从停稳在月球表面的"嫦娥四号"上沿轨道缓缓下行，到达月球表面，如图 3 所示，关于"玉兔二号"下行的过程，下列说法中正确的是

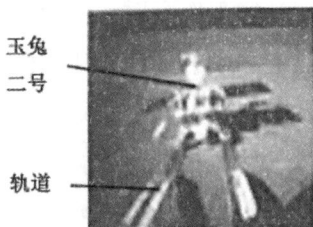

图3

A. 若以月球表面为参照物，"嫦娥四号"是运动的

B. 若以月球表面为参照物，"玉兔二号"是静止的

C. 若以轨道为参照物，"玉兔二号"是运动的

D. 若以"嫦娥四号"为参照物，"玉兔二号"是静止的

以上的单元作业设计有单元目标作为统领，根据课时内容统筹安排，做到每个题目都有对应的目标，都能起到相应的作用，能准确定位学生不过关的知识或者能力。

6. 单元教学评价

教学评价是以学生为主体的重要体现，究竟学成什么样学生要做到心里有数，所以单元教学评价重点面向学生，教师通过评价结果间接掌握学生的单元学习情况。从单元教学设计的整体性和综合性考虑，单元教学评价和单元作业设计一样，要以单元教学目标和每个课时的目标为依托。在每节课的课堂检测中每个题目的出现又要对应一个学习目标，并且让学生明确这个题目在考察哪个学习目标，如果做对了，学生就可以明确这个目标我可以过关了，如果做错了，学生依旧可以明确的知道这一条目标我还存在问题，所以在学生内心就有一个教学评价，可以通过询问同学和教师的单独辅导来攻克没有过关的学习目标。教师可以通过收集课堂检测的结果来统计学生对于学习目标存在的主要问题，在复习课或者是课前复习中整合反馈给学生。每堂课的学习目标尽量拆分的细致，题目也对应的细致，那么在单元教学评价时，就可以将细致的学习目标进

行有机整合，出现一些复合性的题目，但是仍然要明确这个题目包含的学习目标都有哪些，方便学生明确这个题目做对了，是哪些目标已经掌握了，这个题目没有做对是哪一个或者是哪两个目标还存在问题。

在教学评价中教师要做的很多，将目标拆分细致、收集课堂评价结果、作业评价结果、通过评价结果进行教学和辅导内容的再整合，反复进行以上过程。但这些工作可以帮助学生明确自己努力的方向，从而慢慢实现自主复习，增强学生学习的自主意识，如果能将这些过程落实，那么教学效果也将成倍增长。

第五章　教学评价

德国教育学家第斯多惠说过："教育艺术的本质不在于传授的本质，而在于激励、唤醒和鼓舞"。

第一节　评价的必要性

一、什么是教学评价

有效地教和学都离不开评价的全程参与，教学评价是教学过程的重要组成部分，是以教学目标为依据，按照科学的标准，运用一切有效的技术手段，对教学过程及结果进行测量，并给予价值判断的过程。教学评价是对教学工作所作的测量、分析和评定。它包括对学生学业成绩的评价，对教师教学质量的评价和进行课程评价。目的是促进学生全面发展，促进教师教学水平的提高，监控学生学业质量，有助于对教学内容、教学方法和学生的培养指明方向。

1. 教学评价主要功能：

①导向与激励功能

导向功能是指教学评价在具体的教育教学活动中有定向指引的作用，能引导学生趋于理想的目标，有效的教学评价就像一个指挥棒、一盏指明灯，引导着教学活动的方案和侧重点。

激励功能是教师在教学活动中合理地运用教学评价，采用正面的语言、积极的态度，能够激发学生的内在驱动力，调动学生学习的兴趣和积极性，从而达到教育和管理的目的。在许多教师的教学生涯中，都有过这样的案例，一位学生因为教师对他的正面评价而喜欢这位教师，进而喜欢学习这门课，在一门课上找回了自信进而带动了对其他学科的学习热情，从一名自驱力不强的学生转化成一名能够主动学习，充满学习兴趣和动力的学生。教师掌握正确的评价方法是多么的重要啊，陶行知说过："你的教鞭下有瓦特，你的冷眼里有牛顿，你的嘲笑中有爱迪生。你别忙着把他们赶跑。你可不要等到坐火轮、点电灯、学微积分，才认识到他们是你当年的小学生。"

②鉴定与选拔功能

在全国轰轰烈烈的素质教育改革背景之下，教师好像讳于提起评价的鉴定与选拔的功能，但在学生的学习生涯乃至步入社会，都绕不开也躲不掉通过评价来甄别和选拔人才。如何弱化"一考定终身""一把尺子量到底"，近年来课程改革和考试改革做了很多尝试，但素质教育绝不只是拓宽知识面、把"百分制"换算成"等级制"、把"期末考试"换成"质量监测"这么简单。

小到中小学学生学业质量诊断，大到初高中学业水平考试（中、高考），处处体现评价的鉴定与选拔功能，这也是中国自古以来最公平的选拔竞争平台。因此，学生的每一场测试结束后都急了解分数，了解自己是进步还是退步；教师要对每一次诊断都细细分析，锱铢必较；家长们想要在第一时间指导自己孩子的成绩，如何查漏补缺，千方百计提高孩子的成绩。要实现全方位育人，为党和国家培养德智体美劳全面发展的创新型人才，社会、学校和家庭到何时才能转变观念，教育工作者和决策者还是任重而道远。

③诊断与改进功能

教学评价的诊断功能体现在对教师教学过程的诊断和对学生学习过程与结果的诊断，教师和学生通过评价反馈可以自主地调整教学方案和改进学习态度和方法。

教育案例：

简单磁现象教学反思

本节课教学特色有三个方面：

第一激发学生学习兴趣方面，本节课一共设计了两个魔术，在引课的过程中设计了一个魔术，通过让学生产生疑惑，激发学生的学习兴趣，同时在对引课环节的魔术揭秘后，马上又给学生展示一个与磁化相关的魔术，前后进行呼应，让学生在轻松愉快的环境下进行学习。

第二在整节课的教学过程中始终强调对所学知识的应用。包括：1. 利用磁性去辨别物质以及如何利用磁性方便生产和生活，如何判断物体是否具有磁性。2. 利用磁体的指向性制成指南针。3. 利用磁极间相互作用制成磁悬浮列车。4. 利用磁化制成的磁卡、磁带等。体现物理课程理念中从生活走向物理，从物理走向社会的思想。

第三在教学中强调科学探究的思想。让学生在磁极的学习过程中，通过研究条形磁铁上磁性强弱与位置的关系而真正感受到磁极的磁性最强。体验实验探究的过程，通过将现阶段不可测量的"磁性强弱"转化为可测量和观察的"吸引铁钉个数的多少"，了解"转换"的思想。

同时，在讲解磁化的过程中，引导学生学会质疑，在质疑的过程中会对实验进行评估，培养了学生质疑和实事求是的思想。

教学反思也是教师对自身教学过程的评价，通过教学反思这种自我评价，形成案例，教师可以明确自身的优势和不足，在日后的教育教学实践中更好地改进教学方法，扬长避短。

④反馈与调节功能

教学评价的结果从本质上来说是一种反馈信息，通过反馈，教师可以及时了解自己的教育活动是否达到预期效果，学生也可以从中得到学习成功与否的体验。教师通过评价反馈从而调节自己的教学进度和课程安排，学生可以通过评价反馈了解自己的学习情况，明确学习目标和努力方向，实现自我调节。教师可以根据对学生学习过程和结果的教学评价手段进行质量分析，从而为学生的学习效果和教师的教学效果提供客观依据，有助于帮助教师调整教学计划、改进教学方法和对学生的个性化辅导，也有助于帮助学生改进学习方法、更有效地分配学习时间、提高学生学习的主观能动性。

⑤教育与管理功能

教学评价的管理功能是利用评价促使学生完成预期的学习任务，利用评价督促和约束学生的学习行为，是学校为达成学生学习目标的管理手段，各级教育行政管理部门也可以通过教学评价达到对学校、教师和学生的管理目的。

教学评价的教育功能是指利用教学评价进行对学生的思想、行为、品质的教育，物理学科也需要在日常教学中重视对学生进行情感、态度与价值观的教育，利用好形成性评价，通过学生自评、互评、教师评价等方式培养具有高尚的道德情操、具有崇高的爱国信念、具有责任担当的和敢于实验创新的接班人。

2. 教学评价的目的

教学评价贯穿教学活动的始终，没有正确的教学评价的指引和导向，就没办法实现新课程标准中对学生的培养目标。义务教育课程规定了教育目标、教育内容和教学基本要求，体现国家意志，在立德树人中发挥着关键作用。2001年颁布的《义务教育课程设置实验方案》和2011年颁布的义务教育课程标准，坚持了正确的改革方向，体现了先进的教育理念，为基础教育质量提高做出了积极贡献。随着义务教育全面普及，教育需求从"有学上"转向"上好学"，必须进一步明确"培养什么人、怎样培养人、为谁培养人"，优化学校育人蓝图。当今世界科技进步日新月异，网络新媒体迅速普及，人们生活、学习、工作方式不断改变，儿童青少年成长环境深刻变化，人才培养面临新的挑战。2012年底召开的党的"十八大"明确提出："科技创新是提高社会生产力和综合国力的战略支撑，必须摆在国家发展全局的核心位置。"强调要坚持走中国特色自主创新道路、实施创新驱动发展战略。这是我们党放眼世界、立足全局、面向未来做出的重大决策。

教师肩负着为国家培养创新型人才的重任，传统的课堂教学评价大多"以教师为中心、以课本为中心、以课堂为中心"，评价对象也就是学生处于被动地位，评价手段简单，侧重于选拔和结果，忽视了学生努力的过程，评价结果不利于发展学生核心素养。新课程标准要求"以学生为中心"，发挥评价促进发展、促进教师提高和改进教学实践的功能。要明确课堂教学的主体是学生，只有教师转变思想，才能潜移默化带动学生，从"要我学"转变为"我要学"。教师要认识到，要实现新课程标准的发展目标，一定要建立新的多元化的教学评价体系，改变原来评价手段中过于强调甄别与选拔的功能，利用教学评价发挥促进学生发展的功能。

评价是物理教学过程中的关键环节，科学的评价体系是实现课程目标的重要保障。物理课程的教学评价应根据课程标准规定的教学目标与要求，采用科学、合理的评价方式和手段，对教学过程和结果加以及时、有效的评估与监控，以起到对物理教学的积极导向作用。运用教学评价的同时坚持"一切为了学生的发展，为了一切学生的发展，为了发展学生的一切"。教师要积极指导学生参与评价自己的学习行为和学习过程，让学生明确自己在学业上的进步表现，获得成就感和自信心，并且能够通过评价反馈调整自己的学习进度。教师在教学评价中也要了解学生的需求，给学生的表现提供反馈，在发展中增强学生的自信，教师也可以通过评价反馈不断调整教学方法，达到更好地育人目的[①]。

二、有效的教学评价对于学生成长发展的重要性

教学评价是教学活动的指明灯，如果教学活动是信息传导系统，那么教学评价就是这个系统的反馈机制，只有运用好教学评价这个信息反馈机制，才能更有效地落实教师的教学内容，才能更好地促进学生的个性发展。

正如 2016 年习总书记在北京市八一学校考察时发表的讲话所言："广大教师要做学生锤炼品格的引路人，做学生学习知识的引路人，做学生创新思维的引路人，做学生奉献祖国的引路人。"要想做好这四个引路人，离不开教师有效的教学评价。教师的有效评价可以为学生营造良好的学习氛围，为学生主动学习提供能量，使学生在激励中进步。

教育案例：上课铃响了，同学们都安静地准备好课堂用具等待上课，老师走进教室环顾四周，角落里那个几乎从不抬头的学生还在沉睡。步入初中一年多了，各位老师提醒过、单独辅导过、找过家长、时常谈心，可这个孩子越来越不爱学习了，随着青春期的到来，还有好几次和老师发生冲突的经历。物理课是初二新开设的一门课，老师和同学们之间还有几分新鲜感，在开学之初老师就从其他同事的口中得知了班里这位难以管理的学生（后面用小 a 代替）的"风光伟绩"。

今天是一节新授实验课——《乐音与噪声》，老师拿出一排准备好的水杯琴，轻轻把手沾湿，双手摩擦水杯的边缘，给同学们演奏了一曲《小星星》。音乐响起的时候孩子们都不自觉地挺直了身子、伸长了脖子，目不转睛地注视着老师的操作，小 a 被这声音给吸引了，也不睡觉了，往前探着身体想看个清楚。演奏完毕，老师邀请两名同学上台体验如何让水杯发声，同学们都争先恐后的举起手来，老师发现小 a 也想上台，招手让他来试试，还提醒他注意观察水杯

---

①　赵国忠主编：《有效教学最需要什么》[S]. 南京大学出版社，2010：10

发声时的现象，然后针对本节课和上节课的学习目标对全班同学提出了问题，小 a 和其他同学一起举手并很好地回答了问题。老师对他的进步和细心提出了表扬，同时也表扬了其他积极发言乐于探索的同学（一视同仁），让大家为自己的认真学习鼓鼓掌（课堂的气氛非常热烈，同学们的兴趣被带动起来）。整节课设计了很多让学生亲身体验的实验，同学们用皮筋和梳子、尺子来探究音调与频率的关系，用鼓和音叉、乒乓球等探究响度与振幅的关系，小 a 同学一直参与到活动中去，和同学们一起完成了探究任务，得出了实验结论。在课堂快要结束的时候老师拿出精心设计的课堂诊断让学生们填写，并当堂批改完毕，绝大多数同学都完成了本节课的学习目标，小 a 也不例外，老师也及时对大家的表现做出肯定。下课后，老师和意犹未尽的小 a 聊了聊课外的科学知识，发现小 a 的思维非常敏捷，又对他进行了正面的评价。此后的物理课，小 a 都很认真，他和老师逐渐亲近起来。老师也了解到他家的情况，既是单亲家庭又是留守儿童，和爷爷奶奶住在一起，爷爷奶奶无力管教他，才养成了懒惰的习惯。老师时常督促他，找他谈心，有问题时也会及时给他指出来，对他既有鼓励也有严厉。小 a 在物理课堂上的努力没有白费，在第一次阶段诊断中他就取得了优秀的成绩，取得了进步奖和物理单科优秀两项奖状。慢慢地，这个孩子越来越有自信，上课睡觉的次数越来越少，其它科目的成绩也追了上来，到了初三，良好的基础已经养成，他俨然成了老师的得力小助手、同学们的好榜样，顺利考入心仪高中、大学。每年有时间的时候还会回母校看看老师们，成了老师们口中"浪子回头金不换"的榜样。

案例分析：学生是接受教育的主体，没有哪一个学生是天生不爱学习、不追求上进的。在我多年的教育生涯中，见过许多内驱力强，在学习上具有主动性的学生，但更多的是内驱力不太强，存在或多或少学习习惯不足的学生。这些学生的内心都渴望着老师、同伴和家长对他们的正面评价，正确的评价"指挥棒"，对促进学生学习进步、身心健康、全面发展起着重大的作用。教师能够发现学生身上的闪光点，让他感觉到自己不差、能行，感觉到在学校学习时有一种积极、阳光的心态，对学生的终身发展有着重要的意义。

在具体的教育教学实践中，通过评价，教师可以了解学生的具体学习情况，给学生提供反馈，帮助学生增强信心，及时调整方法，引导学生不断进步；通过评价，可向家长提供学生学习中的优点、存在的问题、进步或退步的信息；通过评价，可向教师提供综合信息，随时改进教学方案，促进学生的进步。有效的评价使学生、教师、家长之间建立了有效沟通，实现了学校、家庭的互相支持，推动学生的进步。

三、义务教育物理课程标准修订前后对评价要求的变化

随着义务教育全面普及，义务教育课程标注也在与时俱进，不断进行修订完善。2022年新修订的义务教育物理课程标准聚焦发展学生核心素养，培养学生适应未来发展的正确价值观、必备品格和关键能力，引导学生明确人生发展方向，成长为德智体美劳全面发展的社会主义建设者和接班人。

新课标课程理念

1. 面向全体学生，培养学生核心素养

义务教育物理课程以习近平新时代中国特色社会主义思想为指导，以学生发展为本，以提升全体学生核心素养为宗旨，为每个学生的学习和发展提供机会。注重落实物理课程的育人价值，培养学生适应个人终身发展和社会发展需要的正确价值观、必备品格和关键能力。

2. 从生活走向物理，从物理走向社会

遵循初中学生身心发展规律，贴近学生生活，关注学习生长点，以具体事实、鲜活案例、生活经验和基本概念等引导学生进行理性思考。注重时代性，加强与生产生活、社会发展及科技进步的联系，凸显我国科技成就，引导学生增强文化自信，树立科技强国的远大理想。

3. 以主题为线索，构建课程结构

依据物理学科内涵，遵循学生认知规律，明确物理学习主题。主题内分级呈现，层层递进；主题间相互关联，各有侧重。注重"知行合一、学以致用"，体现物理课程基础性、实践性等特点。

4. 注重科学探究，倡导教学方式多样化

注重科学探究，突出问题导向，强调真实问题情境，引导学生不断探索，提高分析问题、解决问题的实践本领和科学思维能力，发展核心素养。倡导教学方式多样化，鼓励教学中根据教学目标、教学内容、教学对象及教学资源等

的实际情况，灵活选用教学方式，合理运用信息技术。

5. 发挥评价的育人功能，促进学生核心素养发展

坚持核心素养导向，注重以评价促进学生发展，构建目标明确、主体多元、方式多样和功能全面的物理课程评价体系。不仅重视对学生学习过程的评价和终结性学业成就的考核，而且关注学生的个体差异，帮助学生建立自信，激发学生学习物理的兴趣和动机，充分发挥评价的育人功能。

2022年新修订的义务教育物理课程标准明确强调"构建目标明确、主体多元、方式多样和功能全面的物理课程评价体系"，实现"教——学——评"一体化，关注学生的个体差异，帮助学生建立自信，激发学生学习物理的兴趣和动机，充分发挥评价的育人功能。

教学评价既是课程改革的热点，也是难点，教师教学评价贯穿整个课堂教学的始终。在过去的教育教学实践中，教师对学生教学评价内容、形式单一，被评价者比较被动，过于侧重测试性评价，忽视非测试性评价；侧重终结性评价，忽视形成性评价。考试成绩是评价学生的最终标准，评价的内容就是基础知识，忽略了对学生日常学习过程中的表现的评价。

其实，在2011年的课标中已经有倡导"立足过程，促进发展"的学生学习评价，提倡多样化的评价方法，促进学生全面而富有个性地发展，促进教师反思和改进教学，实现评价的"诊断、激励和发展"的功能，教师们也在尝试以多样化的评价手段应用于课堂教学之中，但还存在很多问题和不足，有"为评价而评价"之嫌。

2022年新课标新增了"学业质量"部分，分为"学业质量内涵"和"学业质量描述"两部分，学业质量标准以核心素养为主要维度，结合课程内容，对学生学业成就具体表现特征的整体描述，是学业水平考试命题的依据，同时对学生学习活动、教师教学活动、教材编写等具有指导作用，这就为教师正确发挥评价的育人功能指明了方向。教师对学生的评价应围绕核心素养的达成和学业质量标准的具体要求，创设真实且有价值的物理问题情境，采用主体多元、形式多样的评价方式，全面客观地了解学生核心素养的发展状况；找出存在的问题，明确发展的方向，及时有效地反馈评价结果，充分发挥评价的诊断和激励功能，促进学生核心素养的发展。

因此，教师教学评价方式的改变迫在眉睫，"多元"化的教学评价是今后每一名物理教师课堂教学中要实施并实践的重点。若不能实现真正的"多元化"评价，大部分教师仍会"穿新鞋，走老路"，使促进学生发展、发挥评价的育人功能停留在文本和口号中，也背离了新课程标准改革的初衷。

四、"教——学——评"一体化实施过程中存在问题

1. 课堂评价不具体，缺乏针对性，不能针对教学目标制定有效的教学评价手段。教学目标是教育的出发点和归宿，如果不能针对教学目标对学生的学习和老师的教学进行评价，那么评价也就成为了无根之木、无源之水，没办法检验学生的学习效果，更遑论达到以评价促进学生发展的目标了。

在具体教学实践过程中，反馈既可以促进学习目标的达成，也可以阻碍学习目标的达成，当教学评价不能正确分析学生是否达成学习目标时，就不能发挥评价的反馈与调节功能了。教学评价所反馈的信息对于学习目标未达成的原因分析不明，导致完成学习目标的改善性操作产生偏差，则阻碍学习过程的完成。反馈包含的信息不只是客观的知识体系及学习技巧的达成，也涵盖学习者认知体系本身，如学习动机、认知模型、学习策略等的反馈，全方位反馈信息才能起到全方位促进学习的作用。

2. 课堂评价"假、大、空"，评价反馈低效，盲目地夸奖，如用评述性的语言"很好""你真棒"，"好"在哪里？"棒"在何处？有什么地方需要发扬？又有什么地方需要改进？学生经常听到这些空中楼阁式的夸奖，逐渐变得麻木，不爱主动思考问题背后的知识，不能对学生起到启发、激励和鼓舞的作用，也没办法激发学生学习物理的兴趣。

教学评价应该是教师对学生反馈的一种信息，是学生对学习目标和学习结果差距的对比和认知，并能促进学生根据反馈信息针对性地调整学习目标策略。所以反馈信息应具有可操作性，目的是改善学习。教学评价应该能够反映学生学习目标和学习结果的差距，伴随着学生课堂学习的整个过程，帮助学生与学习目标对比产生反馈，与已掌握知识对比产生反馈，与教学过程对比产生反馈，并引导学生将反馈信息进行二次处理，形成应对策略，产生新的学习活动。

3. 课堂评价不能体现以学生为主体，不及时，有滞后性，不能利用评价反

馈机制及时调整教学方案，课堂教学死板、生硬。在物理教学课堂中，教师容易把注意力更多地集中在是否及时完成预设的教学环节、课堂教学活动是否丰富、顺畅，对于学生可能出现的问题预设不足，造成课堂反馈不够充分。对于学生不能回答的问题，教师容易直接给出答案，导致学生在课堂上不爱动脑筋，产生惰性。

教师不能针对学生课堂表现及时获取学生学习信息，并且对课堂生成问题及时地进行调整和补救，在课堂上容易忽略本节课的学习情况和对学生的形成性评价，往往是在下课后通过反思或者其他评价方式"复盘"上一节课存在的问题，再通过下一节课或者复习课进行补救练习，不利于制定符合学生认知规律的学习过程。

学生通常对在学习的第一时间就能够记住的知识点是掌握得最牢固的，教师要更好地发挥评价对学生学习的促进作用，就必须灵活地掌握多元化评价方法，及时在课堂教学过程中对学生进行过程性评价，通过个人展示、小组合作、课堂诊断等多种手段促进学生学习。

4. 课堂评价任务不明确，评价量表设计不合理。

尤其是在学生自评时设计这样的问题："通过本节课的学习，我知道了乐音三要素是＿＿、＿＿、＿＿。"在评价量表中把学习任务和评价任务混为一谈，不能体现对学生的形成性评价和对学生掌握技能和方法的评价。教学评价任务量表有助于帮助教师分析本节课上学生是否完成学习任务并达到教学目标，应该针对学生课堂活动中的学习行为来制定，评价指标应该具有层次性、生成性特点，能反映学生的优势和不足，能为学生进一步改进做出指导[1]。

五、多元化评价体系对国家创新驱动发展战略实施的必要性

党的十八大以来，以习近平同志为核心的党中央，把创新作为引领发展的第一动力，摆在党和国家发展全局的核心位置，立足中国特色，着眼全球发展大势，把握阶段性特征，对新时代科技创新谋篇布局。在我国加快推进社会主

---

[1] 丁丽云.《"教-学-评一体化"实施过程中的问题及其解决对策》.《中国教育学刊》[J], 2018(23): 66-68.

义现代化、实现"两个一百年"奋斗目标和中华民族伟大复兴中国梦的关键阶段，必须始终坚持抓创新就是抓发展、谋创新就是谋未来，让创新成为国家意志和全社会的共同行动，走出一条从人才强、科技强到产业强、经济强、国家强的发展新路径，为我国未来十几年乃至更长时间创造一个新的增长周期。

我国的创新驱动发展目标是建立创新型国家和科技强国，中国未来的发展要靠科技来驱动，而不是靠传统的劳动力以及资源能源驱动，创新的目的是为了驱动发展。创新的制度环境、市场环境和文化环境更加优化，尊重知识、崇尚创新、保护产权、包容多元成为全社会的共同理念和价值导向。科技创新、科学普及是实现创新发展的两翼。没有全民科学素质普遍提高，就难以建立起宏大的高素质创新大军，难以实现科技成果快速转化。

物理教师要在日常教学研修和实践中完善创新导向的评价制度，根据不同创新活动的规律和特点，建立健全科学的创新评价制度体系。科学的创新评价制度体系一定是多元的评价体系，"多元"不只体现在评价方法的多元，还包括评价主体的多元。评价主体的多元性，是在关注教师对学生评价的同时，更加重视"生－生"互评、学生对教师的评价，通过讨论与对话，增强教师与学生、学生与教师、学生与学生之间的沟通，能够及时反馈教学内容是否得到有效的落实，也能够促使被评价者更好地自我反思和自我成长。

物理教师肩负着为国家普及全民科学素养、培养创新型人才的重任，要摒弃过去的"维分数论"，要认识到每个学生的发展特点不同，具有不同的优点和特长，要坚定每一名学生都会成为对社会有用的人才的信念。利用好多元化评价体系，辩证地看待学生成绩，以促进学生终生发展为目标，以培养国家、社会和家庭需要的人才为己任，客观、公正地做出评价，帮助学生进步。

第二节　多样评价

多元智能理论（theory of multiple intelligences，简称 MI 理论）由美国教育学家和心理学家加德纳（H.Gardner）博士提出，是一种全新的人类智能结构的理论。这种理论对于智力的定义与传统的智力认识不同，他认为智力不是人的一种能力而是一组能力，多元智能内涵包括了九大智能：语言智能、逻辑数学智能、空间智能、音乐智能、身体运动智能、自然智能、人际智能、自我认知智能和存在智能。每一种智能在人类认识和改造世界的过程中都发挥着巨大的作用，具有同等重要的作用。

多元智能理论的"多元"没有固定的数字，加德纳所提出的九大智能更像是一个理论框架，随着今后各种教育心理学科的发展，多元智能理论的种类也有可能有新的发展。

新修订的义务教育物理课程标准明确强调"构建目标明确、主体多元、方式多样和功能全面的物理课程评价体系"，实现"教学评"一体化，充分发挥评价的育人功能，比旧版课标中注重评价的"诊断、激励和发展"功能更进了一步。

传统的评价通过考试把学生进行排序、分类、淘汰，让学生发现自己的弱项和缺点，打击学生的自信心，不利于学生的身心健康，对学生全面发展起不到促进作用。建立科学的多元化评价体系有助于发展学生潜能，每一个学生都有自己的智力强项或弱项，都存在自己独特的闪光点，可能会体现在逻辑思维方面，也可能会体现在空间思维方面，又或者体现在自然认知方面……教师对学生进行正确的评价，发现学生特有的智能强项，有助于学生正确认识自我，激发学习兴趣。

多元化评价体系的建立对于社会、学校和教师而言都是一件任重而道远的长期实践任务，农村中学的独特学情也需要我们认真研究如何建立符合学生学情的多元化评价体系。

我们在农村中学物理教学活动中也在有意识地进行多样评价，下面我就物理教师日常应用的几种评价谈谈我的认识：

教学评价	定义	落实方法
过程性评价	在教学过程中进行的，教师以教学目标为依据，通过一定的标准和手段，对教学活动及其结果给予价值判断，并进行测量、分析和评定。	例如：教师对学生课堂表现的口头表扬、鼓励、班级量化评价体系等等。
结果性评价	在教学活动结束后对教学活动的最后成果做出的价值判断，是一种对学习效果的评价。	例如：课堂诊断、期中学习质量诊断、期末考试、学业水平测试等。

续表

教学评价	定义	落实方法
增值性评价	不以学生的考试成绩作为评价学校和教师的唯一标准，引导学校多元化发展。	例如：学生相对于自己过去的成绩有了进步就该褒奖。
素质评价	从入学开始建立学生成长档案，对学生进行综合素质能力的评价。	例如：北京市中小学综合素质评价平台、学生成长导师制、学生成长手册等。

一、过程性评价

过程性评价也可以看作是对学生进行日常观察评价。教师在物理课堂过程中要善于利用日常观察评价，启发学生"猜猜看"，进而探究物理现象所引发的物理问题。

下面以《牛顿第一定律》一节，浅谈一下如何在物理课堂上运用过程性评价的一些思考。

整节课围绕问题导向的启发式、探究式和互动式的教学方法，教师提前构建出结构清晰、便于学生解决的预设问题，有利于学生生成新的认知。

首先，利用源于生活实际的科技馆实例，通过创设情境引入新课，让学生产生悬念：在平直轨道上匀速行驶的火车模型中弹出一个小球，当小球落下时会落向哪里？

通过引导分析，然后利用课堂中学生互动讨论后动态生成的问题进行开放式探究，让学生体验科学探究的主要过程和探究方法；再通过进行实验探究，学生发现现象并通过实验现象自觉总结归纳其中蕴含的科学道理，在实验的基础上进行科学推理。

最后根据物理规律解决生活中的实际问题，再对课堂引入时提出的悬念进行回顾并分析，首尾呼应，每一环节都充满课堂活力。

《牛顿第一定律》一节，可以设计这样的问题主线来推进学生主动学习：

问题1：小车的运动状态和阻力有什么关系？

问题2：小车在水平面运动，竖直方向受什么力？水平方向受什么力？

问题3：怎样改变小车在水平面受的阻力？

问题4：怎样让小车在水平面运动的初速度相同？

问题5：通过实验现象，你能得到什么实验结论？

问题6：假设小车在水平面上所受阻力为零，小车运动速度和距离分别会怎样？……

学生在思考和讨论这些问题串的时候积极参与到教学活动中来，是科学探究的主体，而不是一个个漠不关心的旁观者。教师预先设计的环节，能够激发学生的学习需求。

澳大利亚教育学者比格斯研究发现：学生通常表现出来的学习方式主要有三种，即表层式学习方式、深层式学习方式和成就式学习方式。表层式学习方式中学生的学习是被动的，是为了实现其他目的而学习，而不是由于学习兴趣。学习成了学生不得不完成的一项任务，而这项不能引起学生兴趣的任务往往导致学生产生厌学情绪，他们既担心自己的学习成绩又不愿意为此付出努力。而深层式学习方式中学生的学习是主动的，学习的动机是为了最大限度地满足学生的好奇心和探究兴趣。深层式学习方式也是问题导向式学习，学生可以将学习任务与自身兴趣结合起来，深层式学习往往能给学生带来心理上的满足感，这种满足感也就是学习本身所含有的报酬，不仅是为了成绩，而是在学习过程中获得的积极成长和发展，让学生在学习中更加深入地了解世界。由此可见，深层式学习方式是单纯的，是不带功利性目标的，是基于学习本身的一种学习方式。成就式学习方式可以说是学生的学习技能和学习策略，与深层式学习方式不同，是基于学习结果的学习方式。教师在教学过程中运用各种方式来引导学生进行深层式学习，学生的学习兴趣不仅是决定学习效果的重要因素，学生对于学习内容的兴趣本身就是学习的重要组成部分，是学生主动学习的动机，能使学生通过学习过程品尝到学习本身的果实。

在《牛顿第一定律》一节中教师要关注学生的学习效果，不光要评价学生的学习结果，还要关注学生的学习过程，评价学生运用了哪一种学习方式。通过学生的思考、讨论、解决问题、探究实验以及推理科学结论这一连串的学习活动，教师可以观察到学生丰富多样的学习过程，不同的学生具有不同的思想，从而有不同的学习结果。教师运用过程性评价不应该单纯地关注学生是否达到预期学习目标，还要正面评价学生有价值的思想，肯定学生善于思考、勇于探究的科学思维，鼓励学生大胆创新，让学生乐于动脑、乐于实践，养成利用科学的方法解决实际问题的习惯。这样，学生学习物理的积极性会大大地提高，学生具有积极的学习动机，体会学习本身带来的乐趣，就达到了教育评价的目的。

当然，过程性评价不仅仅是教师评价，还可以有学生自评、小组互评等评价方式。学生自评和小组互评发生在一个学习阶段结束后，学生对于自己和他人在学习过程中的学习情况进行自我反思和互相点评。教师可在学生点评后加以引导。在具体的操作过程中，教师可以采用课堂观察、班级量化表、个别交流、实验操作展示等方式对学生进行过程性评价。学生是充满无限可能的复杂个体，不管运用什么评价手段也不能完全正确地评价出一个学生的所有素质，所以，教师要尽可能多地为学生搭建展示自我的平台，让学生能够通过各种活动认识自我，能够正确评价自己，也能够正确评价他人，在物理课堂中建立自信心，以兴趣推动学习，以交流评价促进学习。

二、结果性评价

结果性评价是学生在经历了一段学习过程后，教师对学生学习效果进行的评价，可以是课堂诊断，也可以是单元检测，又或者是期中、期末考试。在往常的做法中，通常是用闭卷测试这一方式进行的。

结果性评价能使教师快速简便地了解学生对课堂学习的掌握情况，也有助于反馈出教师教学需要改进和重点落实的知识点，还可以为学生自己指明需要改进和努力的方向。可以说，结果性评价在学生学习过程中起举足轻重的作用，教育的选拔制度也意味着结果性评价是选拔和甄别的最终标准。

虽然教育改革三令五申禁止用分数给学生进行排名，但学生和教师对于分数的敏感性还和过去如出一辙。在实际操作中，教师容易把结果性评价单纯地作为教育管理学生的一种手段，阶段性测试成绩出来后，教师往往看到的是学生的缺点，整体分析、单独点评，把一张试卷的每个错题翻来覆去地研究，分分必究。学生考好了自然是皆大欢喜，考得差了也不过是失落于自己的分数太低，而不是因为学习目的是否达成。学生越是纠结于失去的分数，就越是在发现自己的短处，不能体会到学习的乐趣，也无法在学习过程中建立自信，长此以往，恶性循环，对学生学习效果乃至全面发展弊大于利。

结果性评价要起到促进学生学习发展的目的，就需要教师在预设试题时仔细研究，认真设计真实问题情境，严格对应新课标制定的学习目标，从考察学生死记硬背知识转向考察学生核心素养，考察学生科学探究能力，考察学生解决问题的能力。

我想，结果性评价也不一定必须是试卷的测评，也可以是学生的阶段性成果总结，以思维导图或小组作业形式呈现，或者其他能够体现学生的学习效果的形式，让学生有获得感而不是缺憾感。课堂诊断这样的结果性评价应该更关注进步的学生，让学生获得进步的成就感，让学生能为学习进步而积极进取，认真学习。总之，结果性评价最关键的要素是"公平"，能够公平地体现每一名学生的学习成果，通过结果性评价正确地反馈学生的学习情况，促进学生全面发展。

三、增值性评价

增值性评价是当前国际上应用的最为前沿的教育评价手段之一，不以学生的考试成绩作为评价学生和教师的唯一标准，而是更侧重于评价学生与以往成绩相比取得的进步。增值性评价切实基于学生过去的学情，着眼于学生未来的发展，坚持落实立德树人的根本任务，促进学生全面发展，对于帮助学生的成长具有重要的作用。

农村中学的学生存在自身独特的学情，农村地区全民科学素养普及率较低，学生很少从家庭中获得对于发展科学素养的帮助和支持，部分学生基础知识薄弱，这是我们农村地区物理学科教学中现实存在的问题。物理这门课是学生在初二新接触的一门科学课，很多农村学生对于物理学科涉及的很多生活中的知识很陌生，如果说从一开始就拿他们的学习效果去与发达地区的学生的成绩去对比，教师和学生就很容易产生挫败感，这样的对比脱离了学生实际学情。而且，在对比的过程中，教师往往容易过于关注学生的分数，会过于关注成绩优秀的学生和成绩落后的学生，有失教育的公平性。

运用增值性评价可以较好地解决这个问题，为每一名学生建立学习档案，教师可以关注每一名学生的进步或退步情况，因材施教，有教无类，有助于落实教育的公平。在教师落实增值性评价的过程中，不光要关注学生成绩的增值，还要关注学生的行为发展、学习态度以及物理核心素养能力的进步等方面，为促进学生的全面发展而努力。

物理教学中教师要怎样应用增值性评价促进学生学习呢？

在结果性评价中可以应用增值性评价。教师在新授课结束后通过课堂诊断的方式检测学生学习目标的落实情况，及时评价反馈，根据学生掌握情况及时调整教学内容，并将每名学生的诊断情况建立学习档案。教师可以把学生学习档案做得细致一些，针对义务教育课程标准中的学生学业要求做出学习观察量表，对应学生反馈进行填写，并且在下一次诊断后对学生做出增值性评价，发现学生的进步，并且教师评判进步的标准是客观公正的，也能得到学生的信服，在经历了努力之后，学习的成果实实在在地反映在学习成长档案中，能更好地增强学生的自信心和学习物理的积极性。

学生姓名								
xx	√	√		√		√	√		√	
xx	√	√	√	√		√	√		
xx	√	√		√		√	√	√	
xx			√	√		√	√	√	
xx	√	√	√	√		√	√	√	
xx	√	√	√	√	√	√	√	√	

《机械运动》学习档案

参照物　　速度公式　　音调　　　　　　科学方法

上表是我在平时教学中设计的一个学生学习成长档案，比较简单，还很不成熟。通过这个简单的评价量表可以反馈出学生对于学习目标的掌握情况，进步和退步的情况也有所体现。教师可以根据学生成长对进步学生进行增值性评价，包括但不限于口头表扬、红花奖励、与家长沟通交流等等能建立学生自信心的方式，让学生的感受从"我能学"到"我会学"再转化为"我爱学"。常常监测，时时督促，使学生的学习兴趣和学习成果形成正向循环，对于学生的发展能起到促进作用。这样的操作方法也使得结果性评价向过程性评价方向进行转化，更符合新课标倡导的"以人为本"，利用多元化评价手段达到育人目的。

当然，还可以根据学生的单元诊断成绩，与上一单元的诊断练习进行对比；又或者把学生期末学习情况与期中学习情况对比分析，对学生进行增值性评价，这也是学校里常常应用的评价方法。但是如何在进行增值性评价的同时，轻"分数"而重"成长"，还需要教师把握好评价这把尺子，在与学生交流的时候把侧重点落在物理知识和科学素养的落实上，让学生明白，诊断的目的是帮助学生查漏补缺，帮助学生成就更好的自己。

在过程性评价中同样也可以对学生采用增值性评价的方法。在学生学习过程中，教师随时关注学生发展状态，对于学生学习态度的进步、科学探究能力方面的进步以及解决问题次数的提高，都可以及时对他们进行价值引导，进行激励评价。如何在学习过程中发现学生的进步，需要老师有一双敏锐的眼睛，也更需要科学的方法。比如，可以在课前预设课堂观察评价量表，由学生自评、互评以及小组互评等方法发现学生的闪光点。要想建立科学的增值性评价体系，可能要长期地进行观察，持之以恒地记录，才能更好地发挥增值性评价在过程性评价中的作用。

四、素质评价

素质教育是从国家层面提出的教育的理想目标，根本目的是全面提高学生的基本素质。素质教育的本质是以人为本，面向全体学生，尊重个体发展的需要，开发学生的潜在能力，包括但不限于思想道德素质、智力能力、审美能力、创新能力、劳动能力等等。素质评价的目的就是监督和评价素质教育是否得到了有效落实，为学校和教师的教育方向提供引导作用。

素质评价与过程性评价和结果性评价各有重叠之处，可以说，过程性评价和结果性评价也是为素质评价而服务的。初中学生从入学开始，学校就要为每位学生建立学生成长档案，信息要录入学生综合素质评价平台，伴随学生的整个学习过程，在学生转学、升学时都跟随学生转移。综合素质评价系统科学完善，评价方式多样，有学生自评、互评、任课教师评价、班主任评价等多种评价方式。评价内容主要分为以下几个方面：

1. 思想道德素质评价，在具体评价量表中细化出不同条目，评价者给被评价者打分。

2. 学习能力评价，主要考察学生学习的态度、是否能够完成学习目标、收集和分析信息能力、归纳总结与反思改进的能力。

3．实践能力评价，考察学生发现问题并利用实践解决问题的能力、随机应变的能力、团结协作的能力以及动手操作的能力。物理课堂上有很多与实践能力相关的课程，要落实物理学科核心素养，就必须要培养并提高学生的实践能力。

所以，物理教师要重视实验课，学生必做实验一定要让学生亲自动手操作，非必做实验也要创造条件让学生尽可能地动手实践，让学生真正在"做中学"，将物理知识与生活经验、实践体验结合起来，通过实践活动提高学生的物理核心素养。

北师大版八年级物理第三章第一节力，这一节是新授概念课，没有学生必做实验，但是我校物理教师在日常教学中为了让学生更好地掌握物理知识，深入落实核心素养，在课前预设多种实验方案，让学生在课堂中通过动手体验、小组合作等方式进行实验探究，并能够针对实验现象归纳总结出物理规律。学生经历了实验的过程，体会了科学探究的程序，在亲身操作中体验物理规律的发现过程，能够更深刻地记住物理知识，既能培养学生的实践能力，也有助于提高学生的学习能力。

4．审美与表现能力评价，这种能力不只存在于音乐、美术这类艺术学科，物理学科同样可以培养学生的审美与表现能力。理科特有的规律之美在"光现象""磁现象""运动和力"等单元都有体现，物理学科本身就具有多样性的科学之美。物理，简单来说是世界万物蕴含的规律道理。物理之美，存在于自然美与物理知识的联系间，存在于简洁的秩序，存在于规律的真实。教师要引导学生发现物理之美，让学生认识到物理学科中的对称美、平衡美以及科学家的治学之美。教师在教学过程中可以布置多种形式的作业和组织学科知识活动，通过作业和活动评价学生的审美和表现能力[1]。

5．劳动能力评价，劳动能力是对学生终身发展都非常重要的一项能力，在过去，学校、教师和家庭不太重视对于学生劳动能力的培养，现在随着素质教育的大力推行，大家的观念也有所转变，对于劳动能力也越发重视起来。

劳动能力的培养不只是存在于扫地、做值日、做家务等简单的力所能及的小事中，在物理课堂中也可以培养学生的劳动能力。"杠杆"一课中有着多种

---

① 马凤枝．《物理教学中应体现审美教育》《太原教育学报》[J]，2010（6）：41-44．

劳动工具，有的学生一开始还不会用羊角锤拔钉子，教师可以让学生亲自动手操作，体验怎样使用工具能够更省力，体会在用不同的工具时阻力与动力大小的变化，观察工具的结构，建立力臂的概念。学生熟悉的"扫地"这一劳动中也有杠杆的知识，扫把也是一个杠杆，教师在引导学生学习过杠杆的知识后，还可以让学生用杠杆知识解释生活中的现象。

教师引导学生认识到物理知识与生活实际的联系，体会到科技带给人们生活上的便利，不仅能够提高学生的生活技能，还能够帮助学生用科学的眼光重新看待劳动，从而更加珍惜劳动成果，尊重劳动人民。

素质评价导向是符合我国现阶段社会发展需要的，通过素质评价的综合量表和评价细目可以让教师和学生明确如何学习，怎样培养和成为一名国家和社会需要的高素质人才。但在实际操作中，综合素质评价平台有流于形式的风险，对于大部分学生，都能得到 A 类评价，起不到选拔和甄别作用。如果让素质评价起到选拔作用，评价的内容和标准如何设计，怎样保证教育的公平性，也是一个需要慎重考虑的问题。

在我看来，素质教育和应试教育也不是完全对立的关系，教师通过精心预设评价内容，在过程性评价和结果性评价中侧重于考察学生综合能力和核心素养，也能起到素质评价的作用。

实施以上多样评价方式，建立多元化评价体系，最重要的是要树立正确的评价观念，不能只重视评价的选拔与甄别功能，更要发挥评价的激励与导向、教育与管理功能。教师要做到客观、公平、公正，以学生为主体，做学生学习的陪伴者、帮助者，利用多元化评价体系引导学生自省、自悟，鼓舞和唤醒学生的学习动机，让学生体会学习的乐趣，在评价中进步，在评价中成长。

第三节　发挥评价的育人功能，促进学生核心素养发展

教学的目的是什么？相信大多数人会肯定地回答："培养人。"但是，如何通过教学来培养人，能够培养出什么样的人，却很难得到确切而自信的回答；

例如，大多数老师能够比较清晰地回答每一节课要教几个知识点，要做几道练习题。但是，如果进一步追问，学生学的这几个知识点、做的这几道练习题，能使学生获得怎样的变化和发展，怎样才能通过这些知识学习让学生获得这些发展等问题，却少有人能够给出明确、肯定的回答。[①]

如果教学停留在知识点的传递上而不去促进学生的主动发展，就偏离了其本义和目的。教学，当然离不开知识（人类历史文化成果）的学习，但教学绝不是把储存在书本上的知识转移到学生的头脑里再储存起来，而是要把外在于学生的、和学生没有关系的知识，在教学中转化为学生主动活动的对象，从而与学生建立起意义关联，并通过学生个体的主动学习转变成学生成长的养分。这样的教学，就抓住了它的根本——既实现了人类历史文化的代际传承，也实现了培养人、发展人的根本目的。[②]

中国学生发展核心素养以科学性、时代性和民族性为基本原则，以培养"全面发展的人"为核心，分为"文化基础""自主发展""社会参与"3个方面，综合表现为六大素养，具体细化为"国家认同"等18个基础要点。具体如下图：

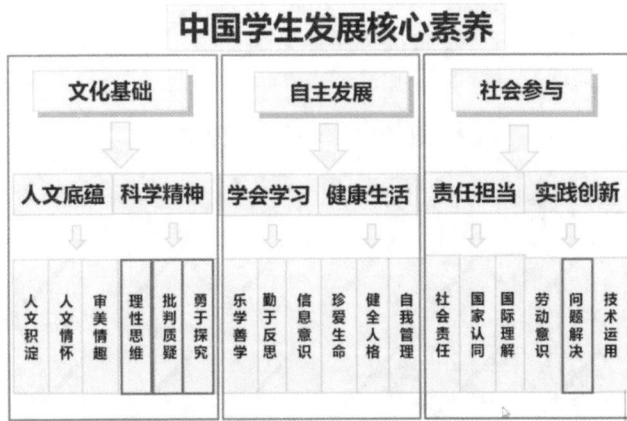

《义务教育物理课程标准（2022版）》描述物理课程性质如下：

物理学是自然科学领域研究物质的基本结构、相互作用和运动规律的一门

① 刘月霞、郭华.《深度学习走向核心素养》[S]. 教育科学出版社，2018，4-5
② 刘月霞、郭华.《深度学习走向核心素养》[S]. 教育科学出版社，2018：29

基础学科。物理学通过科学观察、实验探究、推理计算等形成系统的研究方法和理论体系。从古代的自然哲学，到近代的相对论、量子论等，物理学引领着人类对自然奥秘的探索，深化着人类对自然界的认识。物理学对化学、生物学、天文学等自然科学产生了重要影响，推动了材料、能源、环境和信息等领域的科学技术进步，促进了人类生产生活方式的变革，对人类的思维方式、价值观等都产生了深远影响，为人类文明和社会进步做出了巨大贡献。

义务教育物理课程是一门以实验为基础的自然科学课程，与小学科学和高中物理课程相衔接，与化学、生物学等课程相关联，具有基础性、实践性等特点。义务教育物理课程旨在促进人类科学事业的传承与社会的发展，帮助学生从物理学视角认识自然、解决相关实际问题，初步形成科学的自然观；引导学生经历科学探究过程，学习科学研究方法，养成科学思维习惯，进而学会学习；引领学生认识科学、技术、社会、环境之间的关系，形成科学态度和正确价值观，增强社会责任感、民族自豪感；激发学生热爱党、热爱祖国、热爱人民的情感，为培养德智体美劳全面发展的社会主义建设者和接班人奠定基础。

因而，物理课程培养的核心素养包括"物理观念""科学思维""科学探究"和"科学态度与责任"四个方面，具体如下图：

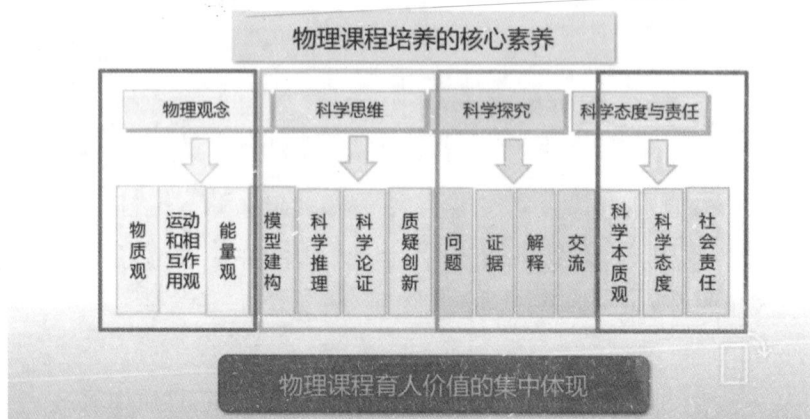

物理核心素养即是物理课程育人价值的集中体现。

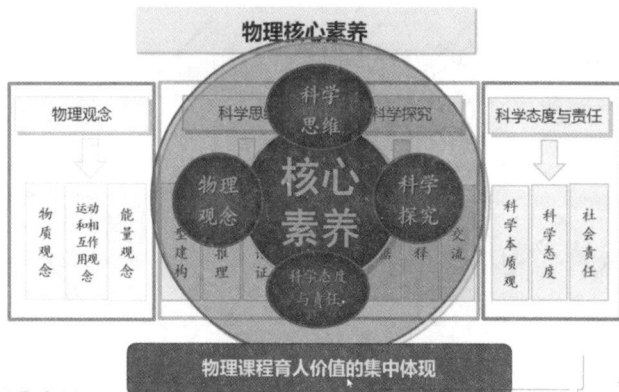

《义务教育物理课程标准（2022版）》明确指出：

物理学习评价应全面落实新时代教育评价改革要求，以学生发展为本，强化素养导向，着力推进评价观念、评价方式和评价方法的改革，促进学生学习和教师教学的改进。强化评价与课程标准、教学的一致性，促进"教—学—评"有机衔接，提升评价质量，充分发挥评价的育人功能。

核心素养导向的评价旨在评价学生物理课程学习的真实学业成就，评价学生在课程学习过程中形成的，能够灵活地整合物理观念、科学思维、科学探究，应对和解决各种复杂、不确定的现实生活情境问题的综合品质，以及在解决问题过程中表现出来的科学态度与责任。因此评价要注意以下几方面的原则。[①]

1. 坚持素养立意。教育评价是一种基于证据的推理过程。在设计和实施评价的过程中，应深入理解核心素养的内涵，以及学生在解决问题中的行为表现，准确把握学业质量标准的要求，设计指向诊断学生在"物理观念""科学思维""科学探究""科学态度与责任"等方面的发展状况的评价，为客观、准确评价核心素养发展状况提供可靠依据。

2. 重视真实全面的评价。学生个体由于性格、认知等方面的不同，在不同的问题情境中可能有不同的表现，因此在诊断学生的核心素养发展状况时，应借助多种任务情境，获取不同场合、时间和形式中的学生行为表现的真实信息，关注所有学生以及核心素养各要素的发展，从而准确、全面地评价学生核心素

① 李春密.《义务教育课程标准（2022年版）课例式解读初中物理》[S]. 教育科学出版社，2022：3

养的发展情况。

3. 采取主体多元、形式多样的评价。从评价主体上看，要充分发挥学校、教师和学生等不同角色在评价中的作用，从不同视角进行评价。由于物理课程要培养的学生核心素养的构成成分多而复杂，相比物理知识具有更强的综合性、情感性、内隐性和适应性，因此要采用形式多样的方式进行评价，采用学生自我评价与同伴评价、单项评价与整体评价、定址评价与定性评价、终结性评价与过程性评价、大规模测试评价与日常性积累评价相结合的方法，保证评价结果的准确性和改进策略的有效性。

4. 增强反馈的有效性。应充分认识评价结果各呈现方式的优势和不足，选用恰当的方式进行反馈，让学生学会反思，了解自己取得了哪些进步、已有的优势和潜能，以及存在的问题和不足。倡导学生参与评价结果的反馈和解释，将评价反馈过程转变为激励发展、促进学习的途径。评价结果的反馈应以鼓励、肯定和表扬为主，避免评价对学生产生负面影响。

5. 发挥评价的激励与发展功能。评价的核心目的在于激励发展。开展基于核心素养的评价，不仅要关注学生在不同阶段核心素养的发展水平，更要关注如何通过评价促进学生的发展。收集证据时，既要重视结果，也要重视过程。此外，通过对学生进行重复性、跨时间的测量和证据收集，建立学生核心素养发展的成长记录档案袋，记录成长轨迹，反映学生不断发展的状况，实现以评导学，以评促学，激励学生进步。

核心素养是一种复杂的学习结果，单一的评价方式难以考查学生核心素养的全貌。因此，教师应充分了解课堂评价、作业评价、阶段性评价及跨学科实践评价等评价方式的功能，发挥评价促进教学改革、促进学生发展的功能。

一、课堂评价：

课堂评价是师生交流的一种有效方式。教学中教师应根据课堂教学的具体情况，分层次制定适合不同学生的教学目标和评价任务，针对不同水平学生的行为表现，选用恰当、生动的语言进行即时评价。

在课堂评价中，可从评价目标的建立、评价内容的选择和评价指标的制定三方面进行思考。

1. 评价目标应根据核心素养的内涵和学业质量标准的要求确立，制定明确、具体、可测的课堂评价目标，以便有效测试学生核心素养的达成情况。

案例1 "光"单元教学目标设计（中学物理单元教学设计指南 汤清修）

单元名称			单元课时数
光			9
分析学情			
已有基础	光现象在日常生活中非常普遍，学生在实际生活中对光已经有非常丰富的感性认识。在七年级的《科学》的学习中，他们已经接触了光的直线传播的初步知识，知道了光的反射、折射现象以及眼睛的构造。同时，对于这一单元中要用到的数学学科的相关知识，如轴对称图形、对称轴的概念、简单的几何作图等，学生已经有了知识储备。		
认知水平	虽然八年级的学生还不擅长用物理的视角观察周围的现象，但是他们好奇心强，有一定的动手能力，还有较强烈的求知欲望。这一单元的学习旨在让学生将对光的初步感性认识上升到理性认知，从光的形成到传播规律、成像特点及其应用，初步建构知识体系。		
学习难点	本单元学习的难点是"光的反射定律中法线的引入""平面镜成的虚像""探究凸透镜成像规律过程中的数据分析"等。 探究光的反射定律时，需要在空间确定反射光线的位置。对初中学生来讲，他们没有立体几何的知识，可以通过法线的引入，将反射光线放入入射光线与法线所确定的平面上进行研究。 在研究平面镜成像特点时，要第一次接触虚像的概念。 在凸透镜成像规律的探究中，需要分析大量数据，从而得出焦距和两倍焦距处是讨论成像规律的关键点。		
解析重难点			
重、难点	基本要求	方法能力	育人价值
光的反射定律	知道光的反射现象。知道光反射时遵循的规律，能解释生活中光的反射现象。	在探究光的反射定律过程中，经历猜想、验证猜想的过程。 运用光的反射定律，解释生活中相关的光现象。	体会物理学是对自然现象的描述和解释。
平面镜成像特点	理解平面镜成像特点：像与物关于镜面对称。根据平面镜成像的特点确定像（物）的位置，解释生活中平面镜成像的现象。会利用平面镜成像特点作图。	"探究平面镜成像特点"的实验：能根据生活经验、实验观察，就物体在平面镜中所成像的大小、位置等作做出假设。会辨认平面镜所成虚像并确认位置，能根据实验现象及数据，分析归纳得出平面镜成像的特点。	在探究活动中养成善于观察、敢于提问、乐于探究的学习习惯。
光的折射	知道光的折射现象，知道光折射时遵循的规律，知道不同介质对光的折射本领不同。	通过对比不同介质对光的折射本领的不同，感受观察、对比的科学方法。通过经历探究折射角与入射角关系的过程，感受归纳的方法。	领略大自然中折射现象的美妙，获得热爱、亲近大自然的感情。

续表

凸透镜 成像规律	知道凸透镜成像规律，会用凸透镜成像规律解释照相机、幻灯机、放大镜的成像原理，用凸透镜成像规律分析一些简单的实际问题。	能依据生活经验、实验观察，提出探究的问题；能对搜集的实验信息做出归类与比较，得到凸透镜成像的初步规律。通过经历数据共享后呈现规律，得出结论的过程，理解探究中交流与分享的作用。	感悟生活中的物理，激发学习物理的兴趣。

撰写目标

　　本单元的主要学习活动是科学探究活动，通过经历四次重要的探究活动，逐步体会"观察、比较、猜想、验证、归纳、推理"等科学方法。通过小组合作，大组交流共享实验数据的过程，感悟与人合作的重要性。

　　理解光的反射定律：通过经历猜想和验证猜想的过程，探究反射光线和入射光线的位置关系，知道引入法线的作用，得到光反射时遵循的规律；会用图示的方法表示光的反射定律；能用光的反射定律解释生活中相关的光现象，体会物理学是对自然现象的描述和解释。

　　理解平面镜成像特点：通过探究平面镜成像特点的过程，经历形成猜想与假设、收集证据、验证猜想的过程，根据实验现象及数据，分析归纳得出平面镜成像的特点，并能利用平面镜成像的特点，解释生活中相关的光现象，逐步养成善于观察、敢于提问、乐于探究、学以致用的学习习惯。

　　知道光的折射规律：通过经历探究折射角与入射角关系的过程，感受归纳的方法，知道光折射时遵循的初步规律。经历对比不同介质对光折射本领的不同，感受观察、对比的科学方法，领略大自然中折射现象的美妙，获得对大自然热爱、亲近的体验。

　　理解凸透镜成像的规律：通过探究凸透镜成像规律的过程，经历依据生活经验、实验观察提出探究的问题，对收集的实验信息做出归纳、比较的科学方法，得到凸透镜成像的初步规律。通过将生活中的照相机、幻灯机、放大镜的成像原理与凸透镜成像规律建立联系，感悟生活中的物理，激发学生学习物理的兴趣。

规划课时

　　第一课时　光的反射定律

　　第二课时　学生实验：探究平面镜成像特点

　　第三课时　平面镜成像特点

　　第四课时　光的折射

　　第五课时　透镜

　　第六、七课时　学生实验：探究凸透镜成像规律

　　第八课时　凸透镜成像规律的应用

　　第九课时　光的色散

　　2. 评价内容的选择应为有利于学生开展探究的真实问题情境，收集能真实反映学生核心素养发展状况的行为表现，提高评价的真实性和准确性。

案例 2　探究影响蒸发快慢的因素

生活现象	展开晾晒的衣服干得更快	
提出问题	水的蒸发快慢与水的表面积有关吗？	
猜想假设	水的表面积越大，水的蒸发越快。	
实验器材和装置	电子秤、水、大小不同的两只杯子 （改变：水的表面积； 检验：水的质量； 控制：其它条件相同。）	
实验原理		
实验步骤		
数据记录和处理		
实验结果		
误差分析		
实验反思		

　　从学生身边现象开展物理学习，利用身边物品进行物理探究，自主完成实验报告，然后交流反馈，外显学生思维过程的同时引导学生"做中学"，鼓励学生自由交流和表达，逐渐积累善于自主学习的能力。

　　3. 对于评价指标的制定，在评价活动中，应以学业质量为依据，结合具体任务和课程内容，制定评价标准，并以此为依据，收集能反映学生核心素养关键特征的信息，明确他们的表现，存在哪些不足，以及努力的方向等。具体有以下四个关键步骤：

　　第一步是制定评价方案。依据学习目标，围绕本学科核心素养的发展目标和课时目标，整体设计发生在学习全程的评价方案和工具，包括可以反映学生学习活动、学习结果、教师教学行为的评价标准、评价方式、信息反馈手段。

如在进行单元检测、模块检测等阶段性水平测试时，可以采用有不同层次题目的纸笔测验，检验学生对内容的理解与掌握程度，诊断学业水平现状；针对思维容量大、思维层级丰富的学习重点、难点或核心学习活动，可以制定表现性评价方案，即结合对学生的语言、行为或作品的评价，对学生活动表现进行水平预设和行为描述，形成表现性评价指标、评价维度及目标达成的层级标准，最终研制评价工具（任务）。评价的主体可以是多元的；评价的形式可以是正式的，也可以是非正式的，如口头提问学生"有哪些收获？""问题解决了吗？""还有问题吗？"

第二步是确定评价反馈的内容与方式。要对学生学习的关键表现进行即时评价，反馈学生的学业情况和学习表现。反馈时要结合单元学习过程中不同学习活动的形式、特点，选择多样化的评价信息反馈办法，要特别关注学生完成挑战性任务时的思维表现、合作能力和沟通能力，给出具体的反馈信息，以促进学生的自我调整，激励学生进一步探究知识与迁移运用知识。

第三步是论证评价方案。论证内容包括评价方案与学习目标的自治性、评价指标的可操作性，重点是评价方案是否有利于促进学习目标的达成，是否符合学生特点；评价内容和方式是否与学习目标一致，是否指向学生的理解、应用和思维发展，以及评价是否规范与具有开放性，评价主体是否多元。

第四步是公开评价标准。在每个单元学习活动开始前，教师应清晰、明确地让每名学生都知道和理解评价标准，具体包括评价的维度、内容、水平标准和方式，以便学生可以随时对照标准进行自我评价；倡导共同制定和执行标准，由教师团队制定标准或者师生共同制定标准，并让学生充分参与评价活动。教师运用适合的评价标准来评价学生的思维发展状况、学习态度、过程表现等，使每个学生都能够获得成就感[1]。

二、作业评价：

作业评价不仅是诊断学生学习成果的重要手段，更是收集学生学习情况、

---

[1] 黄敏、潘小明.《中小学教科研中的行动研究》.《中小学教师培训》[J].2011（07）：13

设计后续教学的重要渠道，应以阶段性学业要求和学业质量为依据，设计层次分明、类型多样的作业。在设计作业时，应充分考虑不同类型作业的育人功能，既要评价学生过去和当前的学习状况，更要为改进教学提供依据。

作业评价还应注重评价学生的学习态度和学习成果，在明确学生学习中存在的问题的同时，提出学生进一步发展的建议，以便帮助学生认识问题、做出改进。特别注意要合理调控作业量，避免机械训练、简单重复，切实减轻课业负担。

1. 以核心素养为导向，加强基础性作业设计，为学生的认知发展提供有力支撑：

国际 21 世纪教育委员会在向联合国教科文组织提交的报告中指出："终身学习是 21 世纪人的通行证。"早在 20 世纪 60 年代中期，在联合国教科文组织及其他有关国际机构的大力提倡、推广和普及下，1994 年，"首届世界终身学习会议"在罗马隆重举行，终身学习在世界范围内形成共识。终身教育早已经作为一个极其重要的教育概念而在全世界广泛传播。

终身学习启示我们树立终身教育思想，使学生学会学习，更重要的是培养学生养成主动的、不断探索的、自我更新的、学以致用的和优化知识的良好习惯。

这就要求我们一线教师不断强化终身学习、可持续发展的作业观，把作业作为学生自主学习的重要组成部分，促进学生学会自主学习，保持对自主学习的兴趣。

基于此，笔者在实际教学中就"课前预习作业"进行了以下尝试：

物理观察是在既定条件下，以知觉物质及其运动中的变化及其相互关联为目的的一种观察，可以分为自然条件下的观察和实验观察。这其中，演示实验的观察由于受时间、空间、同伴、情绪等影响较大，往往是学生最需要接受指导、复习巩固的重中之重。

观察演示实验，要目的明确：为什么要做这个实验，采用什么仪器，仪器如何放置，实验怎样操作，观察到什么现象，能够得到什么结论，实验还有哪些注意事项，不完善的地方……这些都是观察的依据。

而学生毫无准备的观察这么多内容的效果不言而喻。如果能在课前为学生准备一份详尽的"观察清单"使学生"学有准备"才能实现有目的的观察。

下面向大家展示我发给学生的在历史上具有划时代意义的奥斯特实验的预习"观察清单"。

如图 5-3-1 所示是世界上著名的具有划时代意义的实验，在桌面上放置一枚小磁针，小磁针静止时针尖指向<u>南北</u>（选填"南北"或"东西"）方向；在静止的小磁针上方<u>平行</u>（选填"平行"或"垂直"）地放置一根直导线，而且导线必须沿<u>南北</u>（选填"东西"或"南北"）方向放置，若导线沿<u>东西</u>（选填"东西"或"南北"）方向

图 5-3-1

放置时导线周围的磁场恰与小磁针指向<u>一致</u>，会造成小磁针不偏转的假象；

这其中，学生对"若导线沿<u>东西</u>（选填"东西"或"南北"）方向放置时导线周围的磁场恰与小磁针指向<u>一致</u>，会造成小磁针不偏转的假象；"这两空不容易理解。

老师们可以给学生介绍用右手螺旋定则判断通电长直导线产生磁场的方向，把右图推送给大家。我认为是有必要的。

学生通过预习老师根据教材图片 5-3-2 设置的不同角度的一系列提示问题，有助于培养有目的地观察，通过明确观察的对象和引起变化的条件，从而得出概念和规律，受到科学思维的训练；这样的预习清单更有助于培养学生阅读和思考的能力

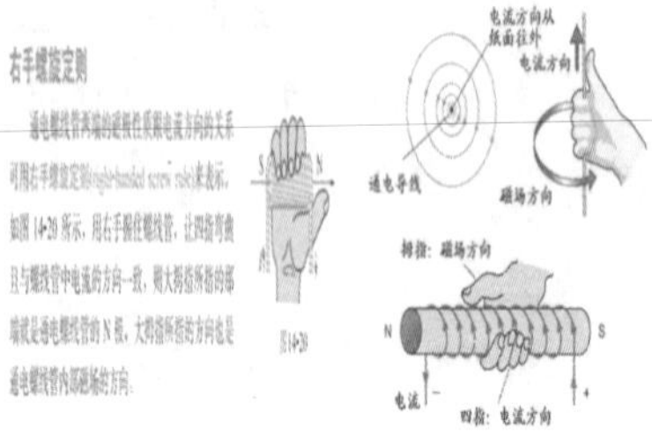

图 5-3-2

2. 探索适合核心素养发展需求的新型作业设计，更好满足学习的多样化需求：

作业具有多种教育功能，除了教学实践中最常用的巩固功能外，作业还具有诊断功能和建构功能。

诊断类作业的主要目的是诊断学生学习新知识所需要的知识、技能、经验是否已经具备，存在哪些问题，以便教师尽早发现学生进一步学习存在的问题，从而能够采取相应的补救措施，提高学生学习新知识的效率，减轻学生学习负担。

建构类作业的主要目的是帮助学生建立知识之间的内在联系、理论与实际

应用的联系，深化理解，提升能力。

科学思维、科学探究、科学精神、社会责任等关键能力和必备品格的形成，单靠纸笔作业是无法完成的，必须探索实践类作业、探究类作业、阅读类作业等多种适应与发展核心素养的作业类型。

3. 针对学生差异，探索个性化作业设计，逐渐积累爱做作业的习惯，激发学生主动学习的热情：

如果作业跟学生的知识和能力水平不匹配，难易程度不适当，作业量过大，没有考虑不同层次学生的不同需求，就会导致相当一部分学生难以完成作业，导致学生厌学，家长焦虑。

这就要求教师根据学生的实际发展水平布置作业。教师要有目的，有计划的，通过访谈、调查、检测、提问、作业批改等方式对学生的学习情况进行具体、细致调查分析，了解学生的问题和困惑，知识、技能和方法的掌握情况、出现的错误情况，进而针对每个学生的问题和错误精准布置作业，引导学生集中精力解决自己的问题和错误，从而大大提高学习效率。

三、阶段性评价：

在经过某阶段的学习后，需对学生进行阶段性评价，以便较为全面和深入地了解学生的学习状况和存在的问题。注意创设符合初中学生认知特点的真实问题情境，以利于诊断学生这一阶段的学习成果，避免设计繁难偏旧的问题。促进学生在问题情境中提取变量、分析综合、创造性地解决实际问题等能力的提升。阶段性评价要有较高的信度和效度，要制定科学、可行的评价指标，能客观、全面、真实地反映学生的发展状况。同时避免随意增加测验试题的难度，注重保护学生学习的积极性。

四、跨学科实践评价：

跨学科实践评价应强调学科之间的联系，重视考查学生综合运用多学科的知识与技能解决实际问题的能力，考查学生的科学思维能力、科学探究能力及科学态度与责任等。跨学科实践评价应采用多样化的评价方式，以终结性评价与过程性评价相结合的方式，评价学生综合解决问题的能力。在跨学科实践评价中，应注重创设具有综合性、实践性和开放性的跨学科问题情境，提出有针对性的问题，引导学生积极参与跨学科实践，促进学生核心素养的全面发展。

教育的根本目的是为了每一位学生的全面发展，新课程理念下的教学评价，倡导关注学生在学习中的表现，包括学生在课堂师生互动、自主学习、同伴合作中的行为表现、参与热情、情感体验和探究思考的过程等，即关注学生是怎么学的。不仅关注学生的学业成绩，而且要发现和发展学生多方面的潜能。关注形成性评价，及时发现学生发展中的需要，帮助学生认识自我、建立自信，激发其内在发展的动力，从而促进每一位学生都能在原有水平上获得发展，实现个体价值。

总之，在新一轮课程改革中，必须以面向全体学生的全面发展为宗旨，更新评价观念，改进评价方法，构建多元化、发展性的评价体系，完善评价的功能，注重形成性评价与终结性评价结合，发展性评价与甄别性评价结合，以促进学生科学素养的提高、教师专业素质的发展和物理教学的改进。

第四节　浅析农村中学物理学业评价

2022版物理课程标准明确指出：发挥评价的育人功能，促进学生核心素养发展。即"坚持核心素养导向，注重以评价促进学生发展，构建目标明确主体多元、方式多样和功能全面的物理课程评价体系。不仅重视对学生学习过程的评价和终结性学业成就的考核，而且关注学生的个体差异，帮助学生建立自信，激发学生学习物理的兴趣和动机，充分发挥评价的育人功能。"

不老屯中学虽然是北京远郊一所深山区初中学校，但李子臣校长一直在学校管理、课程改革和教学改革方面引领老师们深耕细作，深入发展。并与北京十一学校开展深度合作，在教学模式上大胆改革。

学生的能力是多方面的，每个学生都有各自优势。学生在学习建构过程活动中，表现出来的能力不是单一维度的数值反映，而是多维度、综合能力的体现，因此对学生学习评价也应该是多方面的。

美国哈佛大学教授、当代世界著名的心理学家和教育家霍华德·加德纳于1983年出版的《心智的结构》一书中提出了他的多元智力理论。在加德纳的多元智力框架中，人的智力至少包括：言语——语言智力、音乐——节奏智力、逻辑——数理智力、视觉——空间智力、身体——动觉智力、自知——自省智力和交往—交流智力。在这7种智能中每个人都各有所长，不能单独从一个方面去评价学生技能的高低，而应综合各方面内容对学生进行评价。

物理组的老师们深切认识到物理学习评价应全面落实新时代教育评价改革要求，以学生发展为本，强化素养导向，着力推进评价观念、评价方式和评价方法的改革，促进学生学习和教师教学的改进。强化评价与课程标准、教学的一致性，促进"教—学—评"有机衔接，提升评价质量，充分发挥评价的育人功能。

我们结合我校学生实际经过教育教学实践与摸索，初步确立了具有我校特色的、以促进学生全面发展的多元评价体系。

一、不同层面的多元化评价：

1. 目标多元化。

评价目标多元化是指对学生的评价既关注学生物理知识和技能的理解掌握，更关注他们的物理核心素养的形成和发展；既关注学生的学习结果，更关注他们在学习过程中的变化与发展。

过去，由于长期受应试教育的影响，对学生的评价往往是物理知识、技能、能力，特别是理解力、记忆力方面的评价较多，对学生物理观念、科学思维、科学态度与责任等的关注少之又少，只有诸多方面的潜能得到充分而又和谐的发展，才能真正体现一个人核心素质发展水平。

2. 主体多元化。

以往的评价主体主要是教师，学生是被评价者，是评价的客体，学生在评价中处于被动地位。新课程需要对学生的学习评价的主体是多元的，这包括教师评价、学生自评和互评等，提倡把学生小组的评价与对小组中每个学生的评价结合起来，把学校评价、社会评价和家长评价结合起来。其中，评价活动的重点环节是学生自评。

评价主体的多元化，一方面可以从多个方面、多个角度出发对学生进行更全面、更客观、更科学的评价。另一方面，学生由原先的被评价者成为评价主体，在评价过程中，不再处于过去单纯的被动状态，而是处于一种主动的积极参与状态，充分体现他们在学习活动中的主体地位，这有利于学生对自己的学习活动进行反思，对自己的活动进行自我调控、自我完善、自我修正，从而不断提高学习的质量与效率。

3. 方法多元化。

以往我们常常强调采用定量的方法去评价学生的学习，因为它精确、客观，但我们知道，人的很多方面是不能只用定量的方法去评价的。比如人的态度、情感、价值观，就不易量化。加德纳的多元智能理论说明每个人的智能的组合方式是不一样的，怎么能仅靠一种方法去衡量所有的受教育者呢？

因此我们强调对学生的学习评价的方法多元化。用多样的评价方法去评价学生的不同方面，用不同的评价方法去衡量每一个学生，目的在于促进每个个体的积极主动发展。

二、不老屯中学物理多元化评价策略的实施：

1. 规范评价语言。

德国教育家第斯多惠说："教学艺术的本质不是传授，而在于激励、唤醒、鼓励。"可见教师的语言是否得当对孩子的成长很重要，尤其是教师的评价语言就更加举足轻重了。

（1）评价语言形式多样，不单一化。

在教学中，有的教师认为评价就是口头表扬，这种认识是不全面的。通过积极的评价，可以增强学生的信心，提高自我肯定度，激起进一步学习的兴趣；适当的否定评价往往能引起学生一定的焦虑感，能使学生更加勤奋努力。从正反两个方面进行激励，增加发展的积极性和主动性。而且，评价语言不只局限于有声语言，无声语言同样具有魅力。课堂中因为评价针对人、事、物都是多样的，从而评价的方式也应该是灵活多样的。教师可用语言、爱抚、微笑、手势等等对学生进行评价，把自己的赏识及鼓励传达给学生，以自己的真情实意去感染学生，学生才能兴趣盎然，畅所欲言，课堂才会更加精彩。

教育心理学中提到：站在讲台上，教师如果过于严肃，不苟言笑，会使学生产生惧怕心理而妨碍师生的感情交流，阻塞学生的思维。而微笑的表情既让学生感到亲切又不失尊严，能让学生在轻松愉快的氛围中学习，而且还能拉近师生之间的感情距离，从而"亲其师，信其道"。

因为教学的对象是学生，他们有着丰富的情感。而教师如果多揣摩一些学生的心理，信任每一个学生。在教学中多给学生一点鼓励，及时发现他们身上的"闪光点"，使他们树立起自信，那么学生就会最大限度发挥自己的潜能。教师总是把微笑带进课堂，利用自己充沛的情感，给学生送去亲切、期待、赞许等信息，让学生想学、乐学。如："老师相信你可以做得更好。""你怎么这么棒！""你太令我为之自豪了！"或者什么都不说，只是真诚的竖起大拇哥、带动大家为他鼓掌喝彩……尽管只是简单的言语动作，却足以令学生体验到成功的喜悦，无形中也拉近了老师与学生之间的感情距离，使学生精神振奋，充满信心地投入学习。

在教师与学生联系的桥梁"我想我说"中就曾出现这样的话语：我真的很佩服您，知道为什么吗？就因为您可以把我们征服。您就好像是个会法术的人，用微笑把我们制服。我们也就像您的小兵一样听您的指挥，执行您的任务。每次我们接到指令就马上的做好任务，以前是，现在是，以后还是……

规范教师评价语言，珍视学生独特的感受、体验和理解，重视对学生多角度、有创意的评价，激发了学生思维的积极性和创造性，让更多的学生有广阔的思维空间，在和谐的氛围中驰骋想象畅所欲言，相互启发，集思广益，以获得更多更美的创新灵感，使学生个性思维得到充分发展。

（2）在评价过程中，不断发掘学生的闪光点。

学习中，学生只要出力尽心了，教师都应诚心的为他们祝贺，真心地为他们高兴，不吝啬鼓励性的词语，不含混评价和挑错评价。课堂上"节外生枝"、"出格"行为只有在正确的引导下，才会绽放出五彩缤纷的花朵。如："好，坐下吧""不对""很好"这种评价好不知道好在哪里，差不知道差在哪里，让学生迷失方向，评价的效果不能得到应有的体现。挑错评价结果只能让上课回答问题的学生越来越少，让学生越来越不愿意参与探究等活动。作为学习的主体，学生真正渴望得到的是教师公平、合理、正确的评价。当教师用准确、得体的评价语言真诚的、客观的、赏识学生的闪光点时，学生对自己下的结论是具有积极性的。只有这样才可以使学生真正感到身心的愉悦和获得成功的快乐体验。

2. 丰富评价内容。

（1）丰富课堂、考试形式与内容。课堂作为学生学习的主阵地，考试作为学业评价的一种重要形式，在新课程实施中不仅需要，而且很重要，为什么考，考什么内容，用什么形式考，考试结果如何评价，评价结果如何使用，教师应该进行深入有效地探索。注重将过程性评价和期末终结性评价相结合，将笔试形式和开放性考试形式相结合，将单一的知识考查和展示学生整体素质考查相结合，将考试的评价与平时的质量监控相结合。

比如，物理复习课中，如何调动学生的积极性，让学生能够集中起注意力，在宽松的环境中，掌握已有的知识，这是一个问题。解决这个问题的最好办法就是竞赛，出套竞赛题？学生对这种方法已经严重的缺乏兴趣；和学生一起总结知识点、再做相应的针对训练？也是毫无新意。

能否利用"一站到底"的游戏模式来进行？首先，需要准备一副扑克牌，利用抽签的方式把小组分成八队，每队再次抽签，抽出队员的排序。当拿出扑克的时候，全体学生的注意力都已经被集中起来了，又是抽签决定排名，使大部分学困生不再麻木的面对 CD 顺序，因此这些学生也是少有的主动进行参与。

其次，在课前，将所要复习的内容，制作成一张张的小条，打乱知识点的顺序，让学生自己选择题号，回答相应的问题。知识点很小，但包含了很多的内容：定义、定理、公式、物理意义、识图、方法等等。至此，准备工作已经基本完成。

在实施过程中，学生的兴致爆棚，参与率几乎就是百分百，所以，决定谁第一个上台，依然采取抽签的方式，先从八张牌中抽出组号，再抽出一个事先所对应的号码，还是随机。这个时候学习优秀的学生泰然自若，希望自己被抽上，学习吃力的学生，由于事先得知所涉及的内容不是很难，也跃跃欲试，于是，一场大型的娱乐综艺复习节目"一站到底"，拉开了序幕。

坐着学习的学生，和站在讲台上的学生，完全是不同的，有些学生，尤其是学习好的学生，在面对所提出的简单问题，居然出现了"卡壳"，这让坐在台下的"观众们"惊诧万分，因为，这个题目也许在及格线附近的学生也能想到，这下更加刺激了所有学生的热情。高涨的氛围，使台上的选手更加的紧张，出错率也是急剧攀升。最初决定挑战者的抽签模式也跟不上学生迫切上台的愿望，于是我就直接喊"34""53"……前面的数字是组号，后面的数字是选手号码，如果答对，就将擂主 pk 下台，自己成为新的擂主，面对林立的高高举起的手，我知道，学生还是喜欢上了这样的课堂。

铃声不合时宜的响起，学生意犹未尽，抱怨时间太短；抱怨自己这个问题会却没说对；抱怨这样的的上课才是自己最喜欢的；抱怨自己的心脏都受不了了；抱怨为什么站在前面就满脑袋空白，回来就想起来了……更有一部分学生主动的讨论起这个问题应该是这样的。当然，还有的学生马上去查看自己组和自己的得分情况。

在本节课中，评价学生在活动中的表现，不再是以惯性的好或者不好当做标准，不同程度的学生在活动中都得到了极大的鼓舞，树立起努力学习物理的信心，并且能够让基础好的同学认识到自己的不足，基础差的同学也能找到自己新的起点。

主动的学习，才是学习的最终目的；兴趣，才是主动的源泉。娱乐与学习相结合，希望能够让学生感到更大更多的乐趣，也希望能够让学生有更加强大的心理素质。

（2）丰富学生的综合素质评价内容。

针对学生综合素质评价存在的内容简单化、形式化，只是简单地把期末评价分解，简单地在学习之外增加一些内容，这样不能体现差异性这一弊端，我们学生的综合素质评价注重发展过程的评价，对于学生在学习过程中为达到目标付出的努力和体验给予及时评价，关注赏识每个学生的点滴进步，从而使学生时时感到来自教师、家长、同伴的支持和帮助，在评价中不断纠正自己的行为，以达到预期的效果。

比如，每月由教师、家长和同学对学生实行"学习五认真"（认真预习、认真上课、认真复习、认真作业和认真考试）评价，从"基础知识、学习态度、学习兴趣、学习方法、学习习惯、学习能力"几项对学生进行"学习过程"评价，依托家访活动、家长访校日等活动为学生提供平等的发展机遇和展示的舞台，让每个学生都能体验到到成功和进步的快乐，在正确的评价中健康的成长。

3. 优化评价方法。

评价方法的恰当选择，是对学生的学习行为进行有效评价的重要条件。

（1）坚持综合性评价，全面提高学生的核心素养。为了体现"全面""综合"，无论是总目标，还是阶段目标，我们都从"物理观念""科学思维""科学探究""科学态度与责任"这四个维度提出，以突出评价的整体性和综合性。

物理学习评价量表

评价内容	评价标准	自评	互评	教师评价
学习态度	1分 – 对学习没有兴趣，不想学 2分 – 在教师的督促下有部分行动 3分 – 主动学习，有一定的进取心 4分 – 学习态度积极，有进取心			
小组合作	1分 – 与小组成员没太多的交流、互助 2分 – 能在教师的分配下参与小组活动 3分 – 主动参与小组活动 4分 – 积极参与小组活动			
课堂参与	1分 – 基本不能参与课堂学习 2分 – 能在教师的强调下参与部分学习 3分 – 主动参与课堂学习 4分 – 积极参与课堂学习			
自主探究	1分 – 不能自主探究 2分 – 能在教师的帮助下完成一部分 3分 – 能独立完成一部分 4分 – 独立完成大部分自主探究			
创新意识	1分 – 没有创新意识，踏踏实实 2分 – 能在他人的帮助下完成一部分 3分 – 能积极参与创新，提出自己的见解 4分 – 能主导创新并进行完善			
综合评价				

对于学生的综合评价，我们采用考试和考查相结合、综合考查和单项考查相结合、全面考查和抽样考查相结合，具体的做法是：学生学业成绩评定，实行三、三、四制，平时成绩占百分之三十，期中占百分之三十，期末占百分之四十，不盲目武断地以一次考试评定学生成绩好坏。

（2）坚持自主性评价

①唤醒学生自主管理。

不老屯中学的教育改革，肩负着唤醒学生的主动性、唤醒学生的自我管理、唤醒学生的积极性的重要职责。随着转型的渐进，学生的笑容也逐渐出现了，学生的自信也在逐步提升，通过各项活动的举办、通过各种社团的开展，学生接触的内容丰富起来的同时，也敢于站在台上，落落大方，言谈有度，与改革前相比，发生了重大的变化。

比如，学校决定将早晨的时间"还给"学生，早餐的固定时间变为一段时间内的任何时间点，随时可以就餐。这一小小的变化，也引起了导师们的担忧：学生不按时起床怎么办？学生就餐混乱怎么办？学生吃完饭乱跑怎么办？学生在学科教室干什么？学生到学科教室就是聊天怎么办？等等。

面对诸多的疑惑式关怀，学校决定先试试看，再做最终的决定。出乎大家的意料，在试行前一晚，公布这一试行办法的时候，学生很是沉静，这让原本也是担心的老师们，更加的不放心了，又试着问大家，都谁能早起，让所有人诧异的是很多学生都说出了自己的状态：有的说没问题，小意思；有的说自己睡觉轻，有点小动静，自己就会醒；更多的是无所谓。对于学生的反应，老师们却心里敲起鼓来，很是害怕学生这平淡的反应下，造成不好的结果。

最终，这种担心反转成了惊讶。第二天清晨，照例按点巡视男生宿舍，刚下楼，心里咯噔下：完了，起床铃打完半天了，学生的宿舍还是黑着灯、静悄悄的。满心的是失望，只能无奈的推门，催促学生起床，但是，当推开门，震惊的是只有空荡荡的床铺、叠得整整齐齐的被褥、清理干净的地面。第二个房间、第三个、第四个、第五个、第六个，以往赖在床上、贪图温暖被窝的学生都不见了，只有空荡却又整齐的房间对我咧开了嘴。

学科教室也不知道怎么样了？惊喜才起，另一份担心又出现了，赶紧跑到教学楼。蹑手蹑脚上楼，楼道静悄悄，偶尔有几个学生吃早餐归来，轻声说着什么，小心的"偷听"一下，居然没有抱怨早起的疲惫，也没有提前起床的兴奋，很是平常。让原本要做学生思想工作的老师们"失落"，准备好的"说教词"全无用武之地。看看学生们在干什么吧，站在学科教室的门口，教室里，没有学科教师，只有学生在安静的自习，间或有几个小声的讨论一下问题，也有偷摸的开个低声的小玩笑。意料之外，意料之外，真是意料之外。厉害，厉害，真是厉害。完完全全是没想到，这也是"你心中的学生"和"最真实的学生"的巨大的落差。

问学生对于早晨自我管理的看法，学生的反应出奇的平淡，用很不一样的眼神回答我：这怎么了？有什么不一样？没什么特殊的啊？这样的回答，让老师讪讪的败下阵来：您们继续学，请继续。最后又稍高声音的想找一下面子："值日生别忘了值日！"得到了头也不抬的遥远的回答："早就做完了。"撤了，还是该干什么就干什么吧！在这里，我是多余的！

成功唤醒，必将带来最大的收获！

②促进学生自律成长。

我们的学生时代，学校也有作息表、课程表，日复一日，年复一年，小学、初中、高中、大学。从教以来，首先做的也是雷同的内容，交给学生的也是相同的各种表，学生被动的惯性的沿着表格机械的爬行。

学校的转型，首先让学生手里的表格不再重复，"私人订制"，让惰性爬行的学生终于站了起来，大胆尝试时间的放开，收获的却是学生自我管理能力的唤醒，让学生有机会去为奔跑做好热身运动。

当然，学生懵懂的自我管理意识的形成，也不会就是这么简简单单的。

首先要他律，学生终究是未成年人，在他们的认知中，有对有错，这就需要在教育过程中，教育和引导、肯定和否定、奖励和惩罚，不能让他们为所欲为、无所顾忌，要让他们知道，自己的行为一定要遵守相应的规则。

其次，要自律，从这批孩子刚到初中，我们几乎每周都多次向他们渗透"自律"，只有他们从自己的内心，真正的认识到正确的思想和规则的范围，才能获得最大程度的自由，"自律才有自由"。

最后才能真正的形成最佳的"自我管理"，学习的主动性和自觉性就会随之增加。

学生就像风筝，只有适当的送线，他才能飞得更高，更能看到广阔天空的精彩，才能更好的实现自我。

自律，对于所有学生来说，新奇又激动，不仅如此，变革的大形势下，他们也经历了一个不同以往的仪式，并逐步接触新的学校生活。

为了降低相互接触的可能，学校工作从入校之前就开始了，先是提前召开网络家长会议，重点提示送的内涵，在家长的配合下，学生在校门口排队的时候，没有一位家长送。而每天的多次测温，学生也毫无任何抵触，课堂的重新分配，也让他们有了新鲜感；虽然戴着口罩上课还是很不舒服，也能坚持下来；以往的很多陋习也自觉的强制自己改善。

制度的约束，也让学生有了养成好习惯的契机，就餐按顺序，食不言；课间学会按照规定去做，不再有追逐打闹的情况，也学会了降低音量的交流，减小嘈杂的同时，也让他们学会了公众场合不再大声喧哗的正确做法；在洗漱及卫生间的使用，也能够做到谦让有序，不将这些场所当做交流的避风港。

还有更多的学生，主动承担起了更多的责任，帮助老师和同学做一些力所能及的事情，没有出现推诿或者用磨蹭代替抗议的事情，这都是一个好的转变。老师有什么交代，都会有人主动来应承，并按时甚至提高质量的完成。

新形势转化成了新的契机，对学生而言确是好的机会，好习惯的养成，也是成功开始。

规矩 + 自律 = 健康茁壮成长。

老子曾说：知人者智，自知者明。我们把阳明先生的"知行合一"作为办学理念，恰好是要求学生正确对待自己内心的觉知。

丹尼斯·韦特利说："为了不称心的生活消耗的精力和令人满意的生活付出一样多。"学生被动的学习，是不称心，逐步的、适度的让他们体现自我，既可以让学生的自信心有所提高，又可以让学生对学校的满意度增加，从"上学"转为"求学"。

学校的转型，不在于为学生提供舒适的环境，不在于为学生提供更多饭菜的选择，也不在于为学生增加诸多的社团选项，更重要的在于唤醒，通过多种方向的转变，来唤醒更多学生最大的自我。

自我管理的能力，也在对学生的评价中，最受学生喜欢的加分项，他们可以通过自己的努力，为自己赢得相应的积分，看到自己努力换回的成果，更多的学生也纠正了自己懒惰的习惯，用更多的主动，去拼搏自己未曾有过的成功。

③促进集体凝聚力。

对于学生的评价，不仅仅从个人的角度，也要将学生的集体意识凝聚起来，让学生从个人的成长，促进团队的成功，团队的成功帮助个人更上一层楼，在此之前需要让学生对每个集体都有归属感：

归属感，或称隶属感，隶属，指个人自己感觉被别人或被团体认可与接纳时的一种感受。

美国著名心理学家马斯洛在 1943 年提出"需要层次理论"，他认为，"归属和爱的需要"是人的重要心理需要，只有满足了这一需要，人们才有可能"自我实现"。

Goodenow（1993）提出，学校归属感（sense of school belonging）是学生在学校环境中得到老师和同学们的接受、尊重和支持的感觉，在学校生活和课堂活动中感觉自己是重要的一部分。De Vos 和 Dijkstra（2000）把学校归属感定义为，学生感觉到自己是班级或学校的重要一员、被他人接受、被他人认为有价值及与他人成为一个整体的一种情感。L.H.Anderman（1999）指出学校归属感就是学生在一个特定的学校内感到自己是受人尊重的，是舒服的；2003 年，他在原有基础之上完善了对学校归属感的理解，他认为学校归属感提及的是学生观察到的教学的社会背景以及他们认为自己在学校结构中的位置是怎样的一种感受。

处在转型过程中的我们，不可避免的走班制和导师制，有着诸多的优势，对学生的成长也起到了巨大的作用。但是，经过两个月的运行，大部分老师对学生是否有归属感，产生了极大的怀疑，学生的表现中，也为这种怀疑，增添了极重的砝码，提供了充足的证据。不再有班级的概念，更多的是对独立个体的自我封闭，也不认为自己是年级、是学校的一部分。

比如：室外值日和清扫操场的过程中，需要有明确的划分，才能完成任务，这样的划分，虽然促进了个人或者小的团队效率，但是，更多是，我完成了，你们挨说。

原行政班的同学犯错，大部分同学，都会幸灾乐祸，旁观，摘清自己，甚至推波助澜。

对同学获得的奖励，更是默然，对集体所受的表彰，丝毫没有心动；对集体活动，除了被动参与，很少有积极的表现，甚至只愿意待在自己的小圈子……

针对学生表现的种种，我们采取了很多的应对方法，让学生在劳动时打破原划定的区域，先完成的帮助其他人，所有的值日生，必须同时撤走；增多团队建设活动，举行团体运动，足球、篮球，虽然不能人人上场，但是人人要参与，啦啦队、后勤服务等，既能鼓励学生参与意识，又能增加学生的团体意识。

还有，将大部分的活动都交于学生，从申请、策划，到申请场地、找摄像、邀请观众等等，经过几期的活动，从开始的寥寥数人，到最后一个学科教室的座位都不够，说明学生主动参与的热情也潜移默化的培养起来了。不仅如此，由于学生是主办方，所以他们也学会了去考虑各种因素，争取让自己所主办的活动，更加的完美，在思考中，自发的培养出自己的多方面的能力。

对于少数"冥顽不化"的学生，我们主要通过导师谈心的方法，先让学生对自己所在的小团队有认同感、参与感，从每周五到家签到、每周末汇报体温开始，逐步加入摄影、家务、家庭责任等小活动，培养学生良好习惯的同时，也让学生逐步由导师命令变为积极参加，慢慢的融入到导师的周围。

当学生有了一定的团队意识之后，由年级组出面，通过召开年级会的方式，广泛征求全体学生的意见，最后确定了《年级公约》《月度之星》《学生活动》等板块墙报的征集意见、评选方法等，这些后续的活动，不是以前由几个优秀学生长期霸占榜单的情形，而是人人都有机会，鼓励学生凸显自己的优点，并将之公示，让大家可以领略每个人的风采。再加上各位学科教师的全力支持，在学科教室内外都有各位学生的亮点在闪光，当学生自己路过的时候，会不好意思偷看一眼，然后装作若无其事的走开，当确定大家不再关注自己的时候，还会偷偷回来再看一遍、两遍。

为了巩固取得的成果，我们还以平行班为基础，重新建立班级，让学生自投出班长，负责本平行班的各项事务，这样，就建立起一个由自己——导师团队——平行班——初二年级共同组成的一套生态系统。由学生会主导、学生自我监督、纪检组严格巡查、各位导师和年级组指导的平行制度，来增加学生的集体意识和集体荣誉感。

在这个制度中，还鼓励学生提出合理化建议和设想，包括对学科教室的安排、任课教师的态度和作业的问题、年级文化的建设等等，让学生有我是学习的主人的觉悟，让学生有我是年级一员的感觉。

中国学者徐琴美（2005）等人指出，学校归属感是学生对自己所就读的学校在思想上、感情上和心理上的认同和投入，愿意承担作为学校一员的各项责任和义务及乐于参与学校活动。

所以，必须要学生在思想上和感情上多加投入，调动学生参与集体活动的积极性，才能让学生更好的融入到集体中，从而促进学生更好的发展。

随着转型的深入，各种问题还会逐渐暴露出来，有好的，也有坏的，但问题的出现，是一个好的现象，因为这是解决问题的开端，问题的解决，也会逐步将学生的坏习惯消除，提高学生的能力，有效促进学习的效率。

（3）坚持家校联系性评价。

全面改革评价制度，我们让家长参与学校教育教学评价。开展家长"三进"活动，组织家长进办公室评价教师备课批改；进教室评价教师的班级管理和孩子的多种学习成果；进课堂随堂听课，全方位了解并评价教师的教学工作和学生的学习情况。

比如：云校过评中对学生的每节课进行评价，学生和家长也可以通过各自的账号登录，查看自己在校的每一天、每一周、每个学段的表现情况：

物理课上的表现

个人得分情况

	性别	出勤情况 出勤情况(满分:25)	作业情况 作业情况(满分:25)	课堂纪律 课堂纪律(满分:25)	课堂学习 课堂学习(满分:25)	本次总分	最终得分
导师8班	男	25	12	25	14	76	75.5
导师4班	女	25	16	25	15	81	78.4
导师6班	女	25	18	25	17	85	80.6
导师4班	男	25	16	25	15	81	84.1
导师2班	男	25	12	25	14	76	76.4
导师9班	女	25	16	25	14	76	76.6
导师3班	男	25	16	25	15	81	85.4
导师6班	男	25	12	25	14	76	78.6
导师2班	男	25	16	25	15	81	80.5
导师8班	女	25	12	25	14	76	80
导师2班	男	25	18	25	17	85	83.4
导师10班	男						0
导师7班	男	25	13	25	12	75	77.1

评价次数	评价时间	出勤情况 出勤情况(满分:25)	作业情况 作业情况(满分:25)	课堂纪律 课堂纪律(满分:25)	课堂学习 课堂学习(满分:25)	本次总分
第1次评价	2022-09-07 10:05:36	25	11	25	10	71
第2次评价	2022-09-14 19:48:40	25	12	25	13	75
第3次评价	2022-09-16 11:04:23	25	11	25	11	72
第4次评价	2022-09-19 17:12:01	25	11	25	11	72
第5次评价	2022-09-23 19:57:17	25	12	25	13	75
第6次评价	2022-09-26 16:52:42	25	10	25	10	70
第7次评价	2022-10-08 16:12:24	25	14	25	12	76
第8次评价	2022-10-11 08:03:52	25	12	25	12	74
第9次评价	2022-10-14 13:57:04	25	10	25	10	70
第10次评价	2022-10-17 16:42:01	25	10	25	11	71
第11次评价	2022-10-20 13:08:57	25	11	25	10	71
第12次评价	2022-10-21 12:00:07	25	10	25	10	70
第13次评价	2022-10-24 18:08:32	25	10	25	10	70
第14次评价	2022-10-31 18:38:56	25	13	25	12	75
第15次评价	2022-11-02 17:43:56	25	12	25	15	77
第16次评价	2022-11-04 17:33:05	25	14	25	15	79
第17次评价	2022-11-04 17:33:41	25	12	25	14	76
第18次评价	2022-11-09 18:47:26	25	16	25	16	82
第19次评价	2022-11-15 11:25:47	25	16	25	18	84
最后得分		25	11.9	25	12.3	74.2

家长也可以通过数据的反馈，及时、准确地掌握学生在校的表现，学生通过每节课教师的评价，清楚自己的问题所在，以便准确、快速的改正。

此项评价主要包括四项，每项还要有不同的要求：

第一项出勤：

1. 上课前是否能够及时进入课堂。

2. 进入课堂后按要求坐好。

3. 物理学习用具的准备、摆放。

4. 不在教室内追逐打闹。

第二项作业：

1. 作业是否及时上交。

2. 是否独立完成。

3. 格式是否规范。

4. 错题的处理。

5. 正确率。

第三项课堂纪律：

1. 是否遵守课堂常规。

2. 随意回答问题

3. 故意毁坏实验器材。

4．打扰别的同学的学习过程。

5．利用实验器材做违规的事。

第四项学习态度：

1．预习情况。

2．学习状态。

3．小组合作。

4．回答问题的准确率。

5．认真对待自己的过评表。

学校还建立校长值班制度，规定了校长接待日，开通了校长热线，及时听取家长对学校教学工作的各项建议，赢取家长对学校教育教学改革的理解、支持和监督，有力地推动了新课程改革的实施。

（4）坚持定量、定性评价结合，完善学生评价制度。

我们本着定量、定性评价相结合的原则，全面改革了学生评价制度，废除单纯以分数评定学生的做法，对学生进行综合评定，多向评估，全面废除分数制，实行等级制。

期末不但表彰三好生，而且表彰优秀少先队员和优秀特长生。张扬学生个性，鼓励学生奋发向上，全面提高了学生的素质。

4．阶段性评价的开展

（1）课堂教学即时评价——学生课堂学习的亮点

在平时的学习中，教师进行日常的口头评价，例如课堂教学中即时评价。这种评价能直接地激励学生，体现语言技巧的评价也更容易让学生接受。在评价中教师坚持做到"赏识每一个学生，感受每一颗心灵"。在评价的内容方面，也根据不同学生在不同阶段的特点，设计有所侧重的评价目标，如有的学生天性胆小，发言不够大胆，由此把大胆发言作为主要的评价目标。再如女生一般比男生自尊心更强一些，为此在评价中照顾到性别差异；学习比较差的学生和学习比较好的学生，在教学中的表现也是不同的，教师也会用不同的要求来对他们进行评价，从而充分肯定学生的进步。

（2）教学评价记录卡评价——学生在校学习的日记

教学记录卡在评价方面的运用，主要包括学习过程的评价和学习结果的评价。学习过程的评价包括学习情感、态度，合作、交流意识，学习方法、策略，解决问题方法、思维过程等的评价。例如常规性课堂评价记录卡根据学生在课堂的表现（认真听讲、主动参与、合作意识、整体表现）进行课堂评价。也会根据一个阶段做成阶段性教学评价记录卡。如每学完一个单元，教师会及时指导学生对学习的兴趣、解决问题的方法等进行各种评价。其它还有家长观察记录卡，家长每月填写一次家长观察记录卡，教师会逐月比较学生学习的变化，从而及时对学生进行针对性评价。评价的形式也由学生自评、互评、教师评价组成。这种评价方式有利于观察学生在不同阶段、不同学习内容的学习状况，从而作出相应的针对性的处理，让学生及时调整自己的学习策略。

（3）作业评语——师生心灵交流的绿地

作业评语和期末评语是对学生过程评价的一种方式。作业本是我们师生交流最经常、最方便的一块绿地，时刻可以针对学生的近期表现和学生进行对话式评价。例如：虽然你还没有登上高峰，但你这种坚持攀登的精神值得赞扬；我相信喜欢漂亮的女孩子事事都喜欢做的漂亮；你人长得漂亮，字写得美观，球打得好，画画得好，如果你也能学会很多的文化知识那该多好啊……这些评语在委婉地指出不足的同时指明了发展的方向和方法。这种评价方法体现了评价的过程性和激励性，为促进学生的健康发展提供了可能。

（4）综合素质评价——学生全面发展的档案

成长档案袋可以说是记录了学生在某一时期一系列的成长"故事"，是评价学生进步过程、努力程度、反省能力及其最终发展水平的理想方式。它对于学生的自主性、反思能力、创新精神和实践能力的培养有重要的作用。存入的内容包括学生设计的各种计划、总结表格，做好的作品或写好的文章，获得的各种荣誉或表扬记录等等。整个形成过程通常由学生和教师共同完成。成长档案袋的内容通常涵盖了一项任务从起始阶段到完成阶段的完整过程。

一是可以建立学生学习评价档案。在日常的学习中，学生的众多表现都是他们发展的足迹，这些足迹就是我们评价的依据，所以搞好过程评价还需要为学生建立学习评价档案，记录学生发展的足迹。这种档案，可包括学生课堂上学习的积极性和认真程度、参加课堂活动情况、课外查阅资料完成学习任务情况以及检测情况，对学生课内课外学习情况进行综合评价。本档案可由学生自己填写，可由小组长填写，最后教师可根据学生自己填写情况和小组长填写情况以及自己平时掌握的情况综合填写。

二是可以建立学生学习成果档案。学生在学习过程中的灵感积累、小制作、小设计、小论文、小剧本和小报刊等收入档案袋，定期进行成果展示，增加学生的成就感，以激发其兴趣。对以上成果的学生自评、同学互评、家长教师评议意见也记录在档。通过以上档案袋评价形式的运作，可以获取学生发展过程中的重要信息，可以促进与反映学生一般认知能力上的发展，可以让学生体验到成功的快乐，从而切实促进学生的发展。